팀 켈러,

당신을 위한 로마서 2

Romans 8-16 For You

ⓒ Timothy Keller, 2015

Originally published in English in the U.K. under the title: *Romans 8 – 16 For You*
by The Good Book Company
All rights reserved.

Korean edition copyright © 2015 by Duranno Press, a division of Duranno Ministry
38, Seobinggo-ro 65-gil, Yongsan-gu, Seoul, Republic of Korea

This edition is published by arrangement with The Good Book Company.

팀 켈러,

당신을 위한 로마서 2

지은이 | 팀 켈러
옮긴이 | 김건우
초판 발행 | 2015. 3. 23.
19쇄 발행 | 2025. 10. 20.
등록번호 | 제1988-000080호
등록된 곳 | 서울시 용산구 서빙고로65길 38
발행처 | 사단법인 두란노서원
영업부 | 02) 2078-3333 FAX | 080-749-3705
출판부 | 02) 2078-3330

책값은 뒤표지에 있습니다.
ISBN 978-89-531-2190-4 04230
        978-89-531-2122-5 (세트)

독자의 의견을 기다립니다.
tpress@duranno.com   http://www.duranno.com

두란노서원은 바울 사도가 3차 전도 여행 때 에베소에서 성령 받은 제자들을 따로 세워 하나님의 말씀으로 양육
하던 장소입니다. 사도행전 19장 8-20절의 정신에 따라 첫째 목회자를 돕는 사역과 평신도를 훈련시키는 사역,
둘째 세계선교™와 문서선교 단행본·잡지 사역, 셋째 예수문화 및 경배와 찬양 사역, 그리고 가정·상담 사역 등을
감당하고 있습니다. 1980년 12월 22일에 창립된 두란노서원은 주님 오실 때까지 이 사역들을 계속할 것입니다.

팀 켈러,

당신을 위한
로마서 2

팀 켈러 지음 | 김건우 옮김

두란노

바울 신학의 핵심을 담은 로마서 읽기는 과거와 마찬가지로 지금 이 시대에도 방황하는 그리스도인들에게 새로운 인생의 전기를 마련해 줄 것이다. 우리 시대의 고민을 가지고 로마서를 읽고자 하는 독자들에게 이 책은 균형 잡힌 시각을 가진 좋은 친구가 되어 줄 것이다. 이 책은 간단명료하면서도 깊이 있는 내용을 담았다. 누구나 읽고 이해할 수 있을 만큼 명쾌하지만, 누가 읽어도 유익할 내용이 가득하다.

신현우_ 총신대학교 신학대학원 신약학 교수

성경은 '구원에 이르는 지혜'와 '하나님 뜻대로 살 힘'을 준다. 그러나 우리는 성경을 잘 이해하지 못해 이런 은혜를 받지 못할 때가 많다. 팀 켈러의 《당신을 위한 로마서 2》는 탁월한 성경 해석으로 성경의 '진리'와 '힘'을 풍성히 얻게 해주는 책이다. 이 책을 통해 우리의 믿음이 행함이 있는 바른 믿음이 되어 한국 교회가 바로 세워지기 바란다.

오덕호_ 한일장신대학교 총장, 신약학 교수

목회자이자 신학자인 팀 켈러의 《당신을 위한 로마서》는 로마서에 담긴 복음의 정수를 이해하기 쉽게 펼쳐 보여 주고, 그것을 오늘의 삶에 적용하도록 해주는 친절한 안내서이다. 가볍게 읽을 수 있는 설교집은 아니지만 저자의 논점을 차근차근 따라가다 보면 누구라도 복음으로 "심장이 전율하고, 생각이 뚜렷해지고, 삶이 새롭게 되는" 기쁨을 맛보게 될 것이다. 복음의 고귀한 가치를 깨닫는 것이 너무도 갈급한 한국 교회에 켈러의 이 책이 시원한 생수가 되리라 확신한다.

양용의_ 에스라성경대학원대학교 신약학 교수

머리가 시원해지고, 가슴이 두근거리는 일을 찾는다면 이 책을 읽으라. 이 책의 친절한 해설들은 로마서가 왜 로마서인지, 그리고 성경의 정수인지 명료하게 보여 줄 것이다. 우리 마음을 설레게 하는 메시지는 로마서가 옛날 책이 아니라 역사를 관통하여 지금도 현대인들에게 격렬한 싸움을 거는 영원한 하나님의 말씀임을 보여 준다.

조병수_ 합동신학대학원대학교 총장, 신약학 교수

로마서가 바울 신학의 완성본이며 기독교 신앙의 본질을 품고 있는 중요한 서신이라는 것은 누구나 동의하는 사실이다. 그럼에도 치밀한 변증의 어조로 쓰인 이 서신이 읽기 어렵고 더러 혼란스럽다는 이야기도 종종 들린다. 이런 까닭에 평신도의 로마서 공부와 목회자의 로

마서 설교 준비에 요긴한 참고서가 필요했는데, 이 책은 이러한 필요에 안성맞춤인 책이다. 차근차근 로마서의 핵심 주제를 다루되 가지런히 본문의 의미를 풀어 내면서 그 구체적인 적용을 이끌어 내준다. 복음의 실천적 효용성을 높이도록 구성한 것이 이 책의 최대 장점이다.

차정식_ 한일장신대학교 신약학 교수

로마서의 중요성은 아무리 강조해도 지나치지 않다. 그러나 바울이 로마서를 기록한 진정한 목적, 로마서의 중심 주제와 내용을 정확하게 읽어 낸다는 것은 결코 쉬운 일이 아니다. 더구나 1980년 대 이후 일어난 '새 관점' 학자들이 루터, 칼뱅 이후 로마서에 대한 '이신칭의' 중심의 구원론적 해석을 주도한 전통적인 입장을 반대하고, 새로운 교회론적, 사회론적 접근을 주장하면서, 지금 로마서 해석은 신학계는 물론 교회 안에서도 뜨거운 감자로 부각되었다. 과연 로마서의 중심 주제와 내용은 무엇인가? 미국 뉴욕 맨해튼에서 교회 개척을 시작한 지 20년 만에 매주 8천 명 이상의 교인들이 출석하는 교회로 발전시킨 팀 켈러 목사는, 종전에 번역 출판된 상권(1-7장)에 이어 하권(8-16장)에서도, 영국의 저명한 목회자였던 로이드 존스 목사와 존 스토트 목사처럼, 로마서에 대한 전통적인 입장을 견지하면서 로마서를 오늘 우리 시대의 교회와 사회 현장에 적용하려는 열린 자세를 보여 주고 있다. 로마서는 신학 논문이라기보다는 오히려 목회적 편지요, 설교이기 때문에, 켈러 목사의 로마서 해석이 신학자의 전문적인 주

석보다 더 정확하고 설득력이 있을 수 있다. 로마서를 사랑하는 신학
도, 설교자들에게 일독을 권한다.

최갑종_ 백석대학교 총장, 신약학 교수

쉽고도 간결한 해석과 깊은 영성이 배어 있는 로마서 안내서이다. 로
마서 말씀을 이해하고 묵상하고 삶에 적용하기를 원하는 사람들에게
적극적으로 권하고 싶다. 평신도 성경 공부 교재로 사용하기에 유용
하고 적절한 책이다.

최흥식_ 횃불트리니티신학대학원대학교 신약학 교수

팀 켈러 목사가 포스트모던 캔버스 위에 복음의 색깔을 적당히 덧칠
하여 센스 있는 화술로 '대박'을 터트리고 있는 설교자라고 속단하는
자. 대도시의 지친 영혼들에게 기발한 전략으로 교회의 새바람을 일
으키는 목회자라고 오해하는 자. 《당신을 위한 로마서》를 조금이라도
펼쳐 읽어 보라! 성경의 강수에 깊이 뿌리박은 팀 켈러의 일급수 복
음 풀이를 만나는 순간 그대의 속단과 오해가 부끄러워지리라. 우리
의 심장이 성령으로 뜨거워지리라.

허주_ 아세아연합신학대학교 신약학 교수

Contents

●

복음을 믿는 것이
어떻게 우리의 삶을
변화시키는가

로마서는 복음의 핵심에 관한 가장 일관된 설명이면서, 복음이 우리 마음속에 어떻게 역사하는지 보여 주는 감동적인 탐구이기도 하다.

1-7장은 믿음으로 의롭다 함을 받음, 그리스도와의 연합, 우리의 행위가 아닌 그리스도로 말미암는 구원과 같은 놀라운 복음의 진리들을 밝혀 준다. 이러한 진리들은 대단히 깊은 수준에서 다뤄지고 있다. 이 시리즈의 첫 번째 책인《당신을 위한 로마서 1》은 이러한 복음의 진리들을 조목조목 되짚어 당신이 그것을 누리고 적용하도록 도와준다.

:: 복음은 이해하는 것이 아니라 살아내는 것이다

이제 로마서에 관한 두 번째 책이다. 8-16장에서 바울은 5-7장에서 질문하기 시작한 한 가지 문제에 대해 답하려고 한다. 곧 복음을 믿는 것이 어떻게 실제 삶의 변화로 이어지는가 하는 문제다.

바울은 주후 57년 경 세 번째 전도 여행을 하면서 그리스의 고린도에서 로마 교회에 보내는 편지를 쓴 것이 틀림없다. 유대인들과 이방인 개종자들로 구성된 로마 교회는 헌신되었지만 영적으로는 어린 그리스도인들의 교회였다. 바울은 비록 이들을 만난 적은 없었지만, 이들에게 가장 필요한 것이 복음이라는 것을 알았다. 그리고 이들이 그저 머리로 복음을 이해하기보다 복음을 사랑하고 복음에 따라 살기를 갈망했다. 기독교의 생명은 지식과 의지가 아니라 마음에 성령이 거주하고 또한 마음이 복음으로 충만한가에 달려 있다. 생각과 행위를 실제로 변하게 하는 것은 마음이다.

:: 해답은 '그러므로'에 있다

로마서 8-16장은 각각 "그러므로"로 시작하는 두 부분으로 구성되어 있다. 먼저 8장 1절에서 바울은 "그러므로 이제 그리스도 예수 안에 있는 자에게는 결코 정죄함이 없나니"라고 말한다. 이것은 그리스도인에게 있는 확신의 모든 근거를 요약한 것이다. 믿는 자들은 하나님 아버지로부터 어떤 정죄도 받지 않으며, 그분으로부터 분리될 수도 없다. 왜 그런가? 십자가 위에서 예수님이 이룬 구원 사역과 우리 내면에서 역사하는 성령 때문이다. 바울이 9-11장에서 계속해서 보여 주듯 우리의 구원은 전적으로 하나님의 선택에 관한 것이어서, 우리는 자신에 대해 겸손한 태도를 가지면서도 확신을 가질 수 있다.

둘째로, 12장 1-2절에서 바울은 이렇게 말한다. "그러므로 형제들아 내가 하나님의 모든 자비하심으로 너희를 권하노니 너희 몸을 하나님이 기뻐하시는 거룩한 산 제물로 드리라 … 이 세대를 본받지 말고 오직 마음을 새롭게 함으로 변화를 받아." 이것은 모든 그리스도인의 삶을 요약한 것이다. 믿는 사람의 삶은 감사로부터 비롯되어야 한다. 우리는 희생과 불편이 따르더라도 하나님 아버지께 순종하고 그분을 기쁘시게 하기 위해 산다. 로마서의 나머지 부분은 어떻게 우리 자신을 삶의 모든 영역에서 "산 제물"로 드릴 수 있는지에 대해서 말해 준다.

20세기 웨일즈 출신의 위대한 설교가 마틴 로이드 존스는 로마서에 대해 다음과 같이 말했다.

> 그것은 가장 빛나는 보석 가운데 하나다. 어떤 사람은 모든 성경 중에서 로마서가 가장 빛나고 찬란하며 반짝이는 보석, 곧 보석 중의 보석이라고 했다. 또한 그중에서도 로마서 8장이야말로 가장 환히 빛나는 보석이라고 했다. 로마서에서 가장 감동적인 장은 바로 8장이다[1]

:: 복음은 우리를 근본적으로 변화시킨다

나는 로마서를 통틀어 8장 5절이 가장 놀라운 내용이라고 생각하는데, 여기서 바울은 어떻게 하면 우리가 철저하고 근본적으로 새롭게 변화되는지에 관해 말한다. "영을 따르는 자는 영의 일을 생각하나니." 그리스도 안에서 자라기 위해, 그리고 그리스도를 닮은 사람이 되기 위해 우리는 늘 영적인 것들, 곧 하늘에 속한 것에 마음을 쏟지 않으면 안 된다. 복음이 우리 내면에서 참된 것이 되고, 우리가 하는 모든 것의 근거가 되기까지는 계속해서 복음에 관해 묵상하고 숙고하는 것을 배워야 한다.

내가 믿기로 로마서 8장에는 복음이 우리 마음속 깊이 역사해서 우리를 근본적으로 변화시키도록 하는 비밀이 들어 있다. 로마서의 나머지 부분들은 그 변화가 실제로 어떻게 일어나는지 보여 줄 것이다. 이 놀라운 편지의 후반부를 읽으면서 복음으로 당신의 심장이 전율케 되고, 생각이 뚜렷해지고, 삶이 새롭게 되길 기도한다.

로마서는 아마도 성경을 통틀어 가장 많이 연구된 책 가운데 하나일 것이다. 그리고 가장 촘촘한 논증으로 이루어져 있다. 이 책의 '부록 2'는 8-16장의 상세한 개요와 구조를 담고 있다. 또한 9-11장은 우리가 이해하고 인식하기에 가장 어려운 성경 내용 중 하나이므로, '부록 1'에서 하나님의 주권적 선택 교리를 더욱 자세하게 다룰 것이다.

이 책은 로마서에 관한 모든 것을 다루거나 결론을 내리려고 하지는 않는다. 로마서에 관한 주석도 아니어서, 주석서만큼 깊이 들어가지도 않고, 로마서에 관한 과거와 현재의 학문적 성과를 상세히 반영하지도 않는다. 이 책은 성경을 보는 눈을 열어 주고, 어떻게 오늘의 일상 속에서 말씀을 적용할지 제안하는 해설이자 안내서이다.

Part 1

복음은
'새로운 삶'을
살게 한다

ROMANS 8-16
FOR YOU
TIMOTHY KELLER

01

●

성령으로 죄와 싸우라

롬 8:1-13

●

그러므로 이제 그리스도
예수 안에 있는 자에게는
결코 정죄함이 없나니

로마서 7장에서 바울은 여전히 해결되지 않고 남아 있는 죄와 씨름하는 그리스도인의 모습을 보여 주었다. "…도리어 미워하는 것을 행함이라." 하지만 동시에 그리스도인은 죄를 혐오하게 되고 게다가 죄 짓는 것을 즐길 수 없는 근본적인 의식의 변화를 경험한다. 여전히 죄와 씨름하면서도 동시에 죄를 혐오한다는 두 가지 사실은 우리를 "참된 그리스도인이라면 더 이상 죄와 싸우지 않는다"라는 율법주의와 "참된 그리스도인도 사람이어서 다른 사람들과 마찬가지로 죄를 짓는다"라는 지나친 관대함, 둘 다를 멀리 하게 한다.

성령이 와서 우리의 "속사람"(7:22)을 새롭게 함으로써, 우리는 하나님을 경외하고 거룩해지는 것을 원하게 되었지만, 우리의 "육" 혹은 "죄 된 본성"은 이러한 소망을 가로막을 정도로 여전히 강력하다.

하지만 로마서 7장은 그리스도인의 삶에 대해서 모든 것을 말하지 않는다. 두 본성을 지닌 우리의 새로운 상태는 우리가 "영을 따라 행하지 않으면"(4절), 실제로 더 비참한 지경에 이를 수 있다. 바울은 어떻게 하면 성령 안에서 살 수 있는지 그 길을 보여 준다. 만약 그렇게 하지 않으면, 우리는 자신이 미워하는 행위를 계속하며 살게 될 것이다.

:: '결코 정죄함이 없나니'에 담긴 신비

바울은 우리가 성령을 따라 어떻게 살 것인지 알려 주기 전에, 먼저 하나님의 아들이 우리에게 어떻게 생명을 주셨는지 설명하고 있다. "그러므로"로 시작하는 1절은 죄가 여전히 강력하지만 마음으로는 "하나님의 법을 섬기며"(7:25), "우리 주 예수 그리스도를 통해서 이 사망의 몸에서" 구원받기를 소망한다고 그리스도인을 묘사했던 3장 21-27절(존 스토트의 입장)이나 6-7장(더글러스 무의 입장)과 곧바로 논리적으로 연결될 수 있을 것이다.

하지만 정작 바울은 그의 서신에서 8장 1절의 위대한 진리를 "정죄함이 없나니"라는 두 단어로 집약했다. 이 두 단어

---

1 그러므로 이제 그리스도 예수 안에 있는 자에게는 결코 정죄함이 없나니

는 그리스도인이 된 우리의 신분을 말해 준다. "정죄함이 없나니"는 법률 용어로 갚아야 할 빚이나 받아야 할 형벌이 없는 상태를 의미한다. 어느 누구도 당신을 고발하지 않는다. 예수 안에 있는 사람은 하나님으로부터 어떠한 정죄도 받지 않는다. 바울은 로마서 5장 16절과 18절에서 이미 이것을 말했다.

이것은 놀라운 사실이다! 하나님은 우리를 향해 어떤 면에서도 적대적으로 대하지 않으신다! 그분은 우리 안에서 어떤 흠결도 찾지 않으신다. 그분은 우리에게서 형벌을 줄 어떤 것도 발견하지 않으신다.

하지만 바울이 의미하는 바는 단지 그리스도인에게는 "정죄함이 없나니" 정도가 아니다. 그것보다 훨씬 더 강력한 표현이다. 바울은 그리스도인에게는 정죄함이 아예 없다고 말한다. 단지 잠깐 동안만 정죄함에서 해방되었고, 또다시 정죄함에 갇히게 되는 것이 아니라는 의미다. 우리에게는 정죄함이 더 이상 존재하지 않는다.

이것을 강조하는 이유는 단지 잠시 동안만 그리스도인들에게 정죄함이 없다고 생각하는 사람들이 많기 때문이다. 이 말의 의미를 우리의 과거, 또는 과거와 현재에만 한정하려는 사람들이 많다. 하지만 바울은 믿는 사람들에게 더 이상 정죄란 없다고 잘라서 말하고 있다. 정죄는 늘 돌아올 기회를 엿보지만 절대로 우리의 미래를 어둡게 하지 못한다!

죄를 고백하고 선한 삶을 사는 그리스도인은 그 순간 정죄 받지 않는다고 많은 사람들이 믿고 있다. 하지만 다시 죄를 지으면 그 죄를 고백하고 회개하기 전까지는 여전히 정죄함 가운데 있다고 믿는다. 달리 말해, 만약 그리스도인이 죄를 지으면 다시 정죄를 받아서 그 상태로 죽을 경우 구원받지 못할 수 있다는 것이다. 이것이 옳다면 그리스도인들은 늘 정죄를 받았다가 정죄에서 놓여남을 반복할 수밖에 없을 것이다.

하지만 이러한 관점은 바울이 말하고자 하는 내용의 포괄성과 그 힘에 미치지 못한다. 바울은 우리에게 글자 그대로 정죄함이 더 이상 존재하지 않는다고 말한다. "그리스도 예수 안에 있는 자에게는 결코 정죄함이 없나니"(1절). 따라서 우리가 그리스도 예수 안에 있는 순간, 정죄함은 영원히 사라졌다. 더 이상 우리에게 남겨진 정죄가 없다. 우리에게는 정죄함이 결코 있을 수 없다. 우리는 기쁘게 받아들여질 뿐이다!

:: '정죄함이 없나니'를 잊게 되면 어떤 일이 생길까

20세기 웨일즈 출신의 위대한 설교가 마틴 로이드 존스는 이렇게 말했다. "우리에게 있는 대부분의 문제들은 이 표현에 담긴 진리를 깨닫지 못하는 데서부터 나온다." 우리가 "이제 정죄함이 없나니"를 잊게 되면 어떤 일이 생길까?

우리는 한편으로 죄의식과 자신의 무가치함에 필요 이상으로 큰 고통을 느끼게 될 것이다. 그렇게 되면 자신의 가치를

증명할 필요가 생기고, 비판에 매우 예민하게 되어 자신을 방어하게 되고, 대인관계에 자신감이 없어지고, 기도와 예배를 통한 기쁨과 확신이 사라지고, 깊은 죄의식과 무가치함의 반작용일 수 있는 중독 증세까지 나타날 수 있다.

다른 한편으로는 거룩한 삶을 살고자 하는 동기부여가 생기기 어려울 것이다. 곧 자신을 통제할 만한 역량이 줄어든다. "정죄함이 없나니"의 의미를 깨닫지 못하는 그리스도인은 다만 두려운 마음에 억지로 순종한다. 그러면 사랑과 감사에서 나오는 강력한 동기부여를 결코 경험할 수 없다. 만약 우리가 "이제 정죄함이 없나니"에 담긴 충만한 신비를 알아차리지 못한다면, 8장 1-13절의 한 마디 한 마디를 이해하더라도, 그 참된 의미를 완전히 놓치고 말 것이다! 다음과 같은 로이드 존스의 비유는 이것을 잘 보여 준다.

믿지 않는 사람이 죄를 짓는 것과 믿는 사람이 죄를 짓는 것의 차이는 국법을 어긴 사람과 아내와의 관계에서 해서는 안 되는 일을 한 사람의 차이와 같다. 믿는 사람이 죄를 짓는 것은 마치 법을 어기지는 않았지만 아내의 마음에 상처를 준 것과 같다. 이것이 다른 점이다. 즉 법이 아니라 사랑과 관계의 문제다. 이 경우 잘못을 했어도 법적으로 더 이상 남편이 아닌 것은 아니다. 법은 전혀 중요하지 않다. 이것은 어떤 의미에서 법적인 정죄보다 훨씬 심각하다. 나라면 내가 사랑하는 사람에게 상처를 주느니 차라리 나와 인격적으로 아무런 관계도 없는, 보이는 법을 어기겠다. 후자의 경우 당신은 죄를 지었지만, 사랑에 대한 죄를 지었다. 따라서 부끄러울 수 있고 부끄러워해야 하지만, 정죄함을 받아서는 안 된다. 그렇게 하는 것은 다시 자신을 '율법 아래' 두는 것이기 때문이다.[1]

:: 더 이상 죄의 노예가 아니다

1절은 믿는 사람에게는 죄에 대한 정죄함이 없다는 로마서 1-7장의 중심 논제를 다시 생각나게 한다. 2절은 우리가 더는 죄의 노예 상태가 아니라는, 곧 하나님이 죄에 대해 거둔 승리의 두 번째 측면을 설명한다. "이는 그리스도 예수 안에 있는 생명의 성령의 법이 죄와 사망의 법에서 너를 해방하였음이라"(2절). 로마서 7장에서 보았듯이 바울은 '법'을 다음의 의미로 사용한다.

⒜ 하나님의 법 혹은 기준

⒝ 보편적인 원리

⒞ 힘이나 권세

따라서 8장 2절에서 '법'은 힘이나 능력을 의미하는 것이 분명하다. 성령은 죄의 노예 상태로부터 우리를 해방시키기 위해 우리 안으로 오셨다. 따라서 1절은 우리가 법적인 죄의 정죄함에서 놓여났다고 말하고, 2절은 우리가 실제적인 죄의 권세로부터 놓여났다고 말한다. 구원은 우리의 법적인 죄(1절)와 우리 내면의 타락(2절)의 문제를 해결한다.

1절과 2절의 관계에 대해 의문을 품는 사람들도 더러 있다. 바울이 기본적으로 말하는 바는 성령이 죄로부터 우리를 해방시켰기 때문에 그리스도인에게는 정죄함이 없다는 것이다. 하지만 1절과 2절의 관계를 오해하면 성령에 의해 우리가 성화됨으로써 우리가 의롭게 된다는, 우리가 하나님과 올바른 관계가 되는 것은 우리가 죄와 싸우고 하나님께 순종할 때라는 의미로 받아들일 수 있다.

하지만 지금까지 살펴본 로마서의 내용은 이것을 인정하지 않는다. 바울은 이렇게 말하는 듯하다. "하나님이 죄로부터 우리를 해방시키기 위해 성령을 보내셨기 때문에 우리가 정죄함에서 벗어난 것을 안다."

:: 어떻게 그것이 가능한가?

3-4절은 더 이상 우리에게 정죄함이 없고, 우리가 노예 상태도 아니라는 구원의 두 가지 요소를 하나님이 어떻게 충족시켰는지 보여 준다. 첫째로, 하나님은 당신의 아들을 인간

---

2 이는 그리스도 예수 안에 있는 생명의 성령의 법이 죄와 사망의 법에서 너를 해방하였음이라

의 모습으로 보내셔서(죄 있는 육신의 모양으로, 3절) 속죄물이 되게 하셨다. 달리 말해서, 그리스도의 죽으심으로 죄 값이 치러져 법적으로 죄가 무효가 되었다. 둘째로, 하나님은 단지 법적으로 죄를 무효로 만들기 위해서뿐만 아니라 우리의 실제 생활에서도 죄를 없애기 위해서 아들을 인간의 모습으로 보내셨다. "그 영을 따라 행하는 우리에게 율법의 요구가 이루어지게 하려 하심이니라"(4절). 성령이 우리 안에서 역사해서 율법에 순종할 수 있는 힘을 주시는 것이다(결코 완벽하게는 아니다. 따라서 우리의 구원을 돕거나 훼손하지는 못한다). 영국의 위대한 목사인 존 스토트는 이렇게 설명했다.

> 우리는 더 이상 구원의 방편으로써 율법에 얽매이지 않게 되었다. 하지만 거룩해지기 위해서는 율법을 지켜야 한다. 곧 율법이 우리를 의롭게 하는 근거로 우리를 구속하지는 않지만 행위의 한 가지 기준으로서 여전히 구속력이 있기에, 성령을 따라 살 때 우리는 율법의 요구를 충족시키기 위해 애쓴다.[2]

하지만 하나님은 왜 당신의 아들을 보내셔서 우리가 받을 정죄를 감당하게 하고, 성령을 보내 우리를 노예 상태에서

---

3 율법이 육신으로 말미암아 연약하여 할 수 없는 그것을 하나님은 하시나니 곧 죄로 말미암아 자기 아들을 죄 있는 육신의 모양으로 보내어 육신에 죄를 정하사

해방하셨을까? 4절은 그리스도께서 우리를 위해 하신 모든 것, 곧 그분의 성육신(자기 아들을 죄 있는 육신의 모양으로 보내어, 3절)과 죽으심, 부활은 우리로 하여금 거룩한 삶을 살도록 하기 위해서였다고 말한다. 이것은 놀라운 사실이다. 예수님의 공생애의 목표는 우리를 거룩하게 해서 '율법의 요구'를 충족시키려는 것이었다. 이것은 우리가 거룩한 삶을 사는 데 가장 큰 동기부여가 된다. 그러므로 죄를 지을 때마다 우리는 예수 그리스도의 공생애와 죽으심, 그리고 사역의 목표와 목적을 헛되게 만드는 것이다! 만약 이것으로도 거룩하게 살려는 동기가 생기지 않는다면 다른 어떤 것으로도 불가능하다.

:: 영의 일을 생각하는 사람만이 영을 따라 산다

8장의 나머지 부분에서 바울은 "그리스도 안에" 있음의 두 번째 중요한 유익, 곧 우리 삶에서 죄를 극복하는 것에 논의의 초점을 맞추고 있다. 7장에서 바울이 정성을 다해 상술했던 것처럼 우리 안에는 자신의 구원에 도움이 되거나 하나님께 순종하기 위한 어떠한 소망도 없다. 따라서 참된 변화를 이루기 위해서는 우리 자신의 노력이 아니라 오직 성령의 역사에 의지할 수밖에 없다.

---

4 육신을 따르지 않고 그 영을 따라 행하는 우리에게 율법의 요구가 이루어지게 하려 하심이니라

그렇다면 우리는 어떻게 성령과 함께 죄를 극복할 수 있을까? 달리 말해 우리의 속사람이 어떻게 진정으로 "영을 따르는"(5절) 삶을 원하게 할 수 있을까?(7:22) 그에 대한 대답은 "영의 일을 생각하는"(5절) 사람만이 영을 따라 살 수 있다는 것이다. 바울에 의하면 생각과 삶의 관계는 매우 밀접하다. 글자 그대로 바울은 이렇게 말한다. "육신을 따르는 자는 육신의 일을, 영을 따르는 자는 영의 일을 생각하나니." 곧 당신의 생각이 당신의 성격과 삶의 방식을 만든다. 무엇인가를 '생각하는' 것 혹은 무엇인가에 '생각을 집중하는' 것은 어떤 의미일까? 영어에서 '생각하다(mind)'가 동사로 쓰일 때는, 단지 '생각하다(to think about)'보다 더 깊은 의미가 담겨 있다. 즉 의도적으로 무엇인가에 집중하고 몰두하거나, 어떤 것에 완전히 사로잡혀 상상하고 주의를 기울이는 것을 의미한다.

지난 세기 캔터베리의 대주교였던 윌리엄 템플(William Temple)은 이렇게 말한 적이 있다. "당신의 종교는 당신이 홀로 떨어져 있을 때 하는 바로 그것이다." 바꾸어 말하자면 성가신 일이 전혀 없을 때 가장 자연스럽게 떠올리게 되는 그것이 당신이 살아가는 목적이자 종교라는 것이다. 그것이 무엇이든 당신의 생각을 가득 채우고 있는 것이 당신의 인생을 만든다. 우리 삶에서 죄를 극복하는 것도 생각에서부터 시작되고, 죄에 대한 승리도 성령께 생각을 집중할 때만 오는 것이다.

따라서 죄에 대항하여 이기는 방법은 "영의 일을 생각하는"(5절) 것이다. 성령의 일을 생각한다는 것은 단지 종교나 신학 일반에 대해 항상 생각하는 것과는 다르다. 성령의 일이란 다름 아닌 성령이 주목하는 일이다. 따라서 성령의 일을 생각한다는 것은 성령이 주목하는 일로 우리의 생각을 가득 채운 상태를 의미한다.

그렇다면 성령의 일이란 무엇인가? 8장에도 나오지만 성령은 우리가 하나님의 자녀라는 것을 알려 주기 위해 오셨다. 9장에서 보다 자세히 살펴보겠지만, 우선은 성령이 우리에게 '생각하기' 원하는 일, 혹은 진리가 무엇인지 알아보는 것이 도움이 될 것이다.

- 14절은 "하나님의 영으로 인도함을 받는 사람은 곧 하나님의 아들이라"고 말한다.
- 15-16절은 성령이 거절에 대한 두려움을 없애고 오히려 우리가 하나님의 사랑받는 자녀라는 확신을 준다고 말한다.
- 26-27절은 성령이 우리에게 기도 가운데 하나님께 나아갈 확신을 준다고 말한다.

이처럼 로마서 8장은 우리가 그리스도 안에서 어떻게 사랑을 받고 하나님의 양자로 받아들여졌는지에 대해 성령께 초

---

5 육신을 따르는 자는 육신의 일을, 영을 따르는 자는 영의 일을 생각하나니

점을 맞추며 설명하고 있다.

이는 골로새서 3장 1-4절의 내용과도 부합한다. "그러므로 너희가 그리스도와 함께 다시 살리심을 받았으면 위의 것을 찾으라. 거기는 그리스도께서 하나님 우편에 앉아 계시느니라… 너희 생명이 그리스도와 함께 하나님 안에 감추어졌음이라." 여기서 바울은 "위의 것"에 집중하라고 우리에게 말한다. 우리가 그리스도와 함께 살리심을 받았고 그리스도 안에서 하나님께 받아들여졌음을 기억하자. 이 말씀에서 성령에 대한 언급은 없지만 그 원리는 로마서 8장과 같다. 우리는 그리스도 안에서 우리에게 어떤 신분의 변화가 있었는지에 대해 집중해야 한다. 하나님이 우리를 사랑하신 것과 양자로 받아주신 것을 우리는 반복해서 생각하고 마음에 새겨야 한다. "영의 일을 생각하는 것"(5절)이란 하나님의 자녀라는 우리의 특권을 결코 잊지 말고, 이것이 우리의 생각과 관점을 지배하게 하고, 더 나아가 말과 행위까지 지배하게 하는 것을 의미한다.

:: 영의 일을 잊어버리게 하는 것

사람이라면 누구나 항상 무엇인가를 생각하고 있다. 바울은 성령의 일에 생각을 집중하는 사람들이 있는가 하면, "육신의 일"(5절)에만 골몰하는 사람들이 있다고 말한다. "육신 (sinful nature)"이라는 말은 1984년 판 NIV 성경이 헬라어 싸륵스(*sarx*)를 번역하며 사용한 표현이다. 반면 ESV 성경과 2011년 판 NIV 성경은 이를 "육(flesh)"이라고 번역했다. 이것은 우리의 감각을 지배하는 욕망으로, 그리스도 중심이 아닌 자기중심적 이며 거룩하기보다는 세속적인 세계관이다.

무엇이든 사람의 생각을 가득 채우고 있는 것이 그 사람의 삶을 지배하므로, 어떤 생각은 죽음을 부르고 또 다른 생각은 생명과 평화를 낳는다(6절). 그리스도인이 아닌 사람은(9절) 성령이 내주하지 않기 때문에 분명 마지막 심판의 날 하나님 앞에서 영원한 죽음이라는 공의로운 정죄함에 직면할 것이다. 하지만 여기서 바울의 관점은 내세나 죽음에만 국한되어 있지 않다. 오히려 육신의 일을 생각해서 육신을 따르는 자들이(5절) 이 세상에 살면서 경험하는 혼란과 좌절감을 가리키고 있다. 하나님이 인간을 창조하신 목적은 사람들이 세상에 살면서 하나님을 아는 것을 즐거워하고, 또한 하나님과 교제하며 번성하는 데 있었다. 그러므로 하나님의 뜻이 아니라 자신의 욕망에 이끌리게 되면 원래 누려야 하는 것보다 훨씬 못한 삶을 살 수밖에 없다. 평화를 누리기는커녕 자기 자신이나 다른 사람들과 충돌할 수밖에 없는 것이다. 자유와 생명을 누리보다 노예 상태로 죽음에 이르게 된다.

그렇다면 우리가 지닌 부정적인 감정이 어떻게 작용하는지 살펴보자. 예를 들어 당신이 어떤 일로 극심하게 속을 태우고 있다고 가정해 보자. 당신이 전적으로 무관심하거나 냉담한 사람이 아니라면 근심하지 않을 수 없을 것이다. 하지만 당신이 근심하다가 쇠약해진다면, 그것은 당신이 하나님의 자녀이며, 또한 하나님이 자녀들에게 사랑을 베푸시기 위해 우주 만물을 다스리신다는 것을 잊어버렸기 때문일 가능성이 많다. 과도한 근심은 "영의 일"을 잊어버리고 있다는 것을 의미한다.

또 다른 예로 당신이 죄의식이나 무가치함에 휩싸여 있을 때를 생각해 보자. 종종 죄 값을 치르거나 죄를 해결하기 위해 과도한 책임을 떠맡을 때 이렇게 되기 쉽다. 이 경우에도 당신은 "영의 일"을 잊고 있다. 요한일서 3장 20절은 이렇게 말한다. "우리 마음이 혹 우리를 책망할 일이 있어도 하나님은 우리 마음보다 크시고." 우리가 하나님께 양자로 받아들여졌음을 기억한다면, 자신이 무가치하다는 감정을 이겨낼 수 있을 것이다.

:: 육신의 생각을 죽여라

로마서 8장 7절의 메시지는 단순하고 명확하다. "육신의 생각은 하나님과 원수가 되나니." 우리의 생각은 중립적일 수 없어서 하나를 거부하지 않고는 다른 하나에 집중할 수 없다. "육의 일에 사로잡힌"(7절, ESV) 생각은 성령의 뜻을 거스르게 된다. 본성상 우리의 생각은 죄를 극복할 수 없다. 물론 우리는 특정한 충동에 사로잡히는 것이 무익하고, 어떤 행동은 파괴

---

6 육신의 생각은 사망이요 영의 생각은 생명과 평안이니라

적이라는 것을 알기도 한다. 더욱이 그것을 없애기로 결심하고 성공하기도 한다. 하지만 하나님께 적대감을 품는 죄의 뿌리는 여전히 우리 생각 속에 깊이 박혀 있다. 그래서 죄는 우리 삶에서 견제되지 않은 채 계속 자라게 된다.

이런 적대감 때문에 우리는 하나님을 기쁘시게 할 수 없다. 8절의 내용은 7절과 마찬가지로 단도직입적이다. "육신에 있는 자들은 하나님을 기쁘시게 할 수 없느니라." 우리 자신에게는 하나님께 인정받는 삶을 살 수 있는 어떤 힘도 없다. 왜 그런가? 우리의 행위를 조종하는 생각이 하나님께 적대감을 품고 있기 때문이다. 물론 죄에 물든 육신(flesh)의 지배를 받는 사람도 선한 생각과 올바른 행위를 할 수 있다. 하지만 그것은 하나님과 원수 된 상태에서 나온 것이기 때문에 하나님의 기쁨이 되지는 못한다.

다음의 비유를 보면 이해하기 쉬울 것이다. 자신의 동료를 잘 돕고 군복도 항상 단정하게 입는 어떤 반군이 있다고 하자. 그가 친절하고 단정한 것은 '좋은' 일이지만, 그의 신분은 여전히 대적하는 반군일 뿐이다. 따라서 이 반군의 양심적인 행위나 관용을 보고받은 정당한 통치자가 반란 중에 나온 그의 행위를 기뻐할 것이라고 기대하기는 어렵다!

하지만 그리스도인인 당신에게는(9절) 이렇게 살아가야 할 어떠한 필요나 의무도 없다. 성령이 그 속에 거하므로, 그리스도인은 육신을 따르지 않고 성령을 따라 산다. 우리가 그리스도를 영접하고 하나님 보시기에 의롭게 되었을 때, 성령이 우리에게 들어와서 우리를 영적으로 살렸다. 그러므로 그리스도인은 비록 육체는 쇠약해져 가지만(10절), 영혼과 생각은 살아 숨 쉬고 있다.

바울은 우리의 영혼과 생각이 죄로 물든 육신을 따라서는 안 되고, 언젠가는 오히려 육신이 우리의 영혼을 따르게 될 것이라고 말한다. 그리스 철학에서는 영혼은 선한 것이어서 기꺼이 받아들여야 하는 반면, 육체는 악한 것이어서 버리거나 언젠가는 완전히 벗어버릴 것으로 인식되었다. 하지만 11절은 이러한 철학을 완전히 뒤엎는다. "그리스도 예수를 죽은 자 가운데서 살리신 이가 너희 안에 거하시는 그의 영으로 말미암아 너희 죽을 몸도 살리시리라." 곧 때가 되면 우리의 육체도 성령에 의해 완전히 새롭게 되고 영원히 살게 된다는 것이다. 따라서 여기에 육체는 악하고 영혼은 선하다는 이원론이 설 자리는 없다. 때가 되면 우리의 육체와 영혼은 모두 완전해질 것이다.

그렇지만 지금 당장은 우리가 영적으로 성장하는 것을 싫어하고 방해하는 죄 된 본성이 여전히 우리 속에 남아 있다. 그러므로 우리의 죽을 몸이 살아날 것을 기대하면서도(11절), 우리는 반드시 몸의 행실을 죽여야 한다(13절). 존 스토트가 주

---

7 육신의 생각은 하나님과 원수가 되나니 이는 하나님의 법에 굴복하지 아니할 뿐 아니라 할 수도 없음이라

장하듯이 바울은 장차 있을 일이 아니라 현재의 생명과 죽음을 말하는 듯하다. 바울은 이렇게 말하고 있다. "만약 당신 속에 남아 있는 죄 된 본성을 내버려둬서 그것이 번성하게 된다면 심각한 문제가 발생할 것입니다. 따라서 당신은 성령으로 그것을 공격해서 죽여야만 합니다. 당신이 죄로 물든 본성을 더 많이 없앨수록 성령이 주는 생명과 평화의 영적인 풍성함을 더 많이 누리게 될 것입니다"(6절).

:: 성령을 통해 몸의 행실을 근절하라

이렇게 죄의 본성을 '죽이는' 과정을 과거 신학자들은 "근절(mortification)"이라고 부르곤 했다. 이것은 흠정역(KJV)의 표현이다. "성령을 통해 몸의 행실을 근절하면(mortify) 너는 살 것이다"(13절).

그렇다면 12-13절은 죄를 근절하는 것이 무엇이며, 어떻게 그것을 할 수 있다고 말하는가? 첫째, 죄의 근절은 죄 된 습관에 대해 인정사정없이 온 마음으로 저항하는 것을 의미한다. "죽이면"(타나토우테, *thanatoute*)으로 번역된 이 말에는 폭력적이고 총체적이라는 의미가 들어 있다. 곧 잘못되었다고 알고

---

8 육신에 있는 자들은 하나님을 기쁘시게 할 수 없느니라 9 만일 너희 속에 하나님의 영이 거하시면 너희가 육신에 있지 아니하고 영에 있나니 누구든지 그리스도의 영이 없으면 그리스도의 사람이 아니라

있는 것을 총체적으로 거부하는 것이며, 잘못된 태도와 행위를 무자비하게 섬멸하기 위해서 전쟁을 선포하는 것이다.

이는 그리스도인이라면 결코 죄를 가볍게 대해서는 안 된다는 의미이기도 하다. 우리는 죄를 단지 떼어놓는 것을 목표로 삼거나, "나는 죄를 다스릴 수 있어"라고 해서는 안 된다. 오히려 죄를 최대한 할 수 있는 데까지 멀리해야 한다. 단지 피하는 것이 아니라 죄를 짓게 만드는 것과 심지어 그렇게 한다고 의심되는 것조차 멀리해야 한다. 이것은 전쟁이다!

둘째, 복음을 기억하고 삶에 적용함으로써 죄로 향했던 마음의 동기가 바뀌게 되는 것을 의미한다. 이러한 근절의 과정은 단지 죄로 물든 행위에 저항하는 것보다 훨씬 깊은 차원에서 일어난다. 곧 마음의 동기에서다. "그러므로 형제들아 우리가 빚진 자로되 육신에게 져서 육신대로 살 것이 아니니라"(12절). 이것은 결정적인 선언이다. "그러므로"는 우리가 그리스도의 의로 구속받았고 언젠가 육신이 부활해서 모든 악과 고통으로부터 완전히 구원받을 것이라는 바울의 앞 주장을 가리킨다. 그러고 나서 바울은 "그러므로 우리가 빚진"이라고 말한다. NRSV 성경은 이 말을 "우리는 육신에 빚진 자들이 아니다"라고 번역하고 있다. 다시 말해 그리스도인은 그리스도께 빚진 자들이므로, 그분이 우리를 위해 하신 일과 앞으로 하실

---

10 또 그리스도께서 너희 안에 계시면 몸은 죄로 말미암아 죽은 것이나 영은 의로 말미암아 살아 있는 것이니라

일들을 생각한다면, 그분을 섬기며 사랑하고 감사하지 않을 수 없다는 것이다.

바울은 우리를 향한 그리스도의 헤아릴 수 없는 사랑에 끊임없이 맞닿아 있어야 우리의 죄를 근절할 수 있다고 말한다. 그러한 접촉을 통해 감사와 은혜를 더욱 깨닫게 된다. 죄는 자기 연민과 받을 빚이 있다고 느끼는 감정에서만 자랄 수 있다. "나의 몫을 정당하게 챙기지 못했어! 내가 필요한 만큼 가지지 못했어! 나는 힘들게 살고 있어! 하나님께도, 사람들에게도 나 자신에게마저 나는 받아야 할 빚이 있어!" 이것이 마땅히 받아야 할 빚이나 권리가 자신에게 있다는 사람의 마음가짐이다. 하지만 바울은 우리가 빚진 자라는 사실을 반드시 기억하라고 말한다. 만약 우리가 하나님의 은혜에 완전히 잠겨 버린다면, 죄를 짓고 싶은 마음의 욕망이 줄어들고 약해져서 결국은 없어지게 될 것이다.

그러므로 "죽이면"(13절)은 "영의 일을 생각하는"(5절) 데서 자연스럽게 생겨난다. 근절은 우리 마음이 그리스도의 구속만을 생각해서 감사와 사랑으로 부드럽게 되고 그 결과 마음속에 있던 죄의 힘이 고갈되는 것이다. 우리가 죄 자체를 미워하게 되면 죄 또한 우리를 미혹하는 힘을 상실하게 될 것이다.

---

11 예수를 죽은 자 가운데서 살리신 이의 영이 너희 안에 거하시면 그리스도 예수를 죽은 자 가운데서 살리신 이가 너희 안에 거하시는 그의 영으로 말미암아 너희 죽을 몸도 살리시리라 12 그러므로 형제들아 우리가 빚진 자로되 육신에게 져서 육신대로 살 것이 아니니라

요컨대 우리가 죄로 물든 습관으로부터 단호하게 돌아서서 성령의 일을 생각하며 그리스도의 은혜와 사랑에 빚진 마음으로 죄를 짓고자 하는 동기에서 돌아설 때 그것이야말로 성령 안에서 죄를 죽이는 것이다.

:: 하나님이 우리를 어떻게 사랑하셨는지를 보라

만약 우리가 몸의 악한 행실을 죽이는 것에 대해 심각하게 고려한다면(6절과 13절은 충분한 동기를 부여해 준다), 하루 온종일 자신에게 은혜의 설교를 할 필요가 있다. 특히 시험을 당할 때는 더욱 그렇다.

우리의 생각은 삶으로 드러난다는 것을 기억하자(5절). 안타까운 것은 많은 그리스도인들이 율법 위주의 설교로 자신을 통제하려고 한다는 것이다. 다음과 같이 자신에게 말하는 것이다. "내가 만약 저 일을 하면 하나님이 감동하실 거야, 그것은 그리스도인으로서 나의 원칙에 어긋나잖아, 그렇게 하면 내 주변 사람들이 힘들어 할 거야, 그것은 내 자존감을 떨어뜨리는 일이야." 이 중 일부 또는 전부가 맞는 말일 수도 있지만 바울은 이것들로는 충분하지 않다고 한다! 왜냐하면 이것으로는 죄를 죽일 수 없기 때문이다. 이는 우리가 받는 유혹을 율법 앞에서

---

13 너희가 육신대로 살면 반드시 죽을 것이로되 영으로써 몸의 행실을 죽이면 살리니

의 두려움을 이용하여 억제하게 만들 뿐이다.

대신 우리는 복음의 논리를 자신을 향해 펼쳐야 한다. "하나님께서 나를 위해 행하신 것을 보라! 그런데 지금 나는 그분께 무엇을 하고 있는 것인가?" 우리는 죄의 유혹을 받을 때 복음으로 나아가서 하나님이 우리를 어떻게 사랑하셨는지 발견해야 한다. 아들을 십자가에 못 박으시고 성령을 우리 마음에 보내셔서 죄의 역겨움을 알려 주시고, 또한 육신을 따라 살려는 욕망 대신 구세주를 사랑하는 마음을 주신 것을 깨달아야 한다. 청교도 존 오웬(John Owen) 목사는 자신의 마음을 향해 이렇게 설교했다.

내가 무슨 짓을 한 것인가? 어떤 사랑, 어떤 긍휼, 어떤 보혈과 어떤 은혜를 멸시하고 짓밟은 것인가? 내가 그런 식으로 하나님의 사랑과 예수님의 보혈, 성령의 은혜에 대해 갚았단 말인가? 그렇게 하나님의 사랑에 보답했단 말인가? 그리스도께서 죽음을 통해 정결케 하신 내 마음을 다시 더럽힌 것인가? …귀하신 주 예수님께 무엇이라고 할 것인가? …그분과 교제하기를 그리도 하찮게 여긴 것인가? …정녕 그리스도께서 죽으신 그 목적을 망치려고 계속 애쓸 것인가?[3]

02

●

하나님의 자녀로 살아가라

롬 8:14-25

●

그리스도인이 어떤 사람이며, 그것이 왜 특권인지 알려면 하나님의 자녀로 입양되는 것이 무엇인지 제대로 이해해야 한다. 곧 "하나님의 영으로 인도함을 받는 사람은 곧 하나님의 아들이라"(14절)와 "우리가 하나님의 자녀인 것"(16절)이라는 바울의 선언에 담긴 중대한 의미를 파악해야 한다.

> 우리가 하나님의 친아들이자 친딸이라는 개념은 그리스도인으로서 살아가는 원동력이 된다. …우리가 하나님의 아들이 된다는 것은 창조의 절정이자 구속의 목적이다.[1]

입양은 이스라엘이나 중동 국가들보다는 로마 사회에서 훨씬 더 관습적으로 행해지던 법적 절차였다. 로마 시민인 바울에게 입양은 낯설지 않은 개념이었을 것이다. 입양은 주로 부유한 성인이 자신의 재산을 물려줄 상속인이 없을 경우 시행되었다. 상속자는 누군가를 입양해야 했는데, 그 대상은 어린이나 청년, 어른을 막론하고 모두 가능했다. 입양이 되는 순간 새로운 아들에게 몇 가지 일이 즉시 실현되는데 첫째, 그에게 있던 빚과 법적인 채무들이 변제되었다. 둘째, 그는 새로운 이름을 부여 받고 곧바로 양아버지의 모든 재산을 받는 상속자가 되었다. 셋째, 그의 양아버지는 그의 모든 행위들(빚이나 범죄 등)에 대한 법적인 책임을 곧바로 지게 되었다. 넷째, 하지만 양아들도 아버지를 공경하고 기쁘게 해드려야 하는 새로운 의무를 지게 된다. 바울의 선언문 속에는 이러한 의미가 모두 담겨 있다.

로마서 8장 14-21절에서 그리스도인들은 하나님의 "아들들(휘오이, *huioi*)"로, 또한 하나님의 "자녀들(테크논, *teknon*)"로 각각 세 번씩 표현된다. 중립적인 성을 뜻하는 '자녀들'을 더 적합한 표현으로 여기는 오늘날의 관점에서 보면, 남성과 여성을 하나의 남성명사(아들들)로 통칭하는 것이 사리에 맞지 않아 보인다. 어떤 사람들은 이런 표현 때문에 마음이 불편해질 수도 있다. 하지만 성경을 수정하려 해서는 안 될 것이다. 로마 사회에서 아들의 신분은 남성에게만 주어지는 특권이자 권

---

14 무릇 하나님의 영으로 인도함을 받는 사람은 곧 하나님의 아들이라

력이었다. 그런데 바울은 대담하게도 이 표현을 모든 그리스도인들에게 적용하고 있다! 이것은 하나님이 우리에게 영광을 주실 때 남성과 여성을 구별하지 않으신다는 것을 보여 준다. 남성이건 여성이건 모든 그리스도인들이 하나님의 상속자들이다. 따라서 그리스도 안에서 이뤄진 남성과 여성의 구별 없는 "입양을 통한 권한 부여"를 바울이 남성적 개념만을 사용해서 설명하려고 했다면 그것은 자기모순일 것이다. 그리스도인 남성들이 그리스도의 신부(계 21:2)로 불리는 것을 불쾌하게 여기지 말아야 하듯이, 그리스도인 여성들도 "아들들"로 불리는 것에 더 이상 화를 내서는 안 된다. 그리스도인들은 모두 아들들이고 신부들이다. 하나님의 은유는 공평하다! 각각의 은유는 그리스도와 우리의 관계에 대해 무엇인가를 말해 준다.

:: 누가 하나님의 자녀인가

무엇이 우리를 하나님의 아들로 만드는가? 로마서 8장 14절은 하나님의 아들은 하나님의 영을 소유했다고 명확히 말한다. "하나님의 영으로 인도함을 받는 사람은 곧 하나님의 아들이라." 영어 표현에서도 그 의미가 꽤 분명하지만 헬라어로는 그 의미가 보다 확실히 드러난다. 호우토이(Houtoi, 그들은)에는 대단히 총체적이라는 뉘앙스가 있어서 '그들 모두' 혹은 '그 모든 사람들'로 번역하면 그 의미가 가장 잘 살아난다. 마치 이렇게 말하는 것과 같다. "성령을 가진 모든 사람들은 곧 하나님의 아들들이다." 성령을 가진 모든 사람은 하나님께 입양된 사람이고, 입양되지 않은 사람은 성령을 가질 수도 없고 성령의 "인도함을 받을" 수도 없다.

많은 사람들이 "성령으로 인도함을 받으면" 성령이 올바른 배우자와 직업, 집 등을 선택하는 데 도움을 줄 것이라고 착각한다. 하지만 이런 태도는 14절이 13절과 매우 긴밀하게 연결되었다는 점을 간과함으로 비롯되는 착각이다. NIV 성경을 보면 14절은 13절에서 시작된 문장이 이어진 것이다. 14절은 가르(gar, 왜냐하면)로 시작되고 있는데 이는 바로 전에 말했던 것에 대해 설명하려는 것이다. 바울은 13절에서 우리가 성령과 함께할 때 우리 안에 있는 죄에 대해 온전히 승리할 수 있다고 말했다. 그리고 죄를 제압하는 이 위대한 능력을 왜 우리가 사용할 수 있게 되었는지 설명한다. 그것은 우리가 하나님의 아들들 혹은 자녀들이기 때문이다. 따라서 "영으로 인도함을 받는" 것은 13절의 "영으로써 몸의 행실을 죽이는" 것과 같은 것이 틀림없다. 곧 우리는 성령이 미워하는 죄를 미워하고, 성령이 사랑하는 일들을 사랑하게 된다. 우리는 이런 식으로 성령의 인도함을 받는다.

14절의 의미는 명확하다. 성령이 우리 안에 오시지 않았다면(9절), 우리가 그리스도께 속하지 않은 것처럼, 우리는 하나님의 아들이 아니다. 거꾸로 해도 이 등식은 성립된다. 우리가 믿음으로 그리스도께 속했다면, 우리는 하나님의 아들이고, 성령을 모시고 있다. 이 세 가지는 분리될 수 없고, 세 가지가 모두 맞든지 틀리든지 해야 한다.

15절은 그리스도인이 "양자의 영을 받은" 사람이라고 명시하고 있다. "양자"에 해당되는 휘오테시아스(*huiothesias*)는 글자 그대로 '아들이 되다'라는 의미로, ESV 성경처럼 "입양"으로 정확히 번역할 수 있다. '입양'이라는 비유에는 어느 누구도 하나님과 온전한 관계로 태어나지 않았다는 사실이 암시되어 있다. 우리가 양자의 신분을 받았다는 것은 우리에게 잃어버려졌던 때가 있었다는 사실을 증명한다. 우리는 원래 하나님의 자녀가 아니었다. 이것은 우리가 하나님과 필연적으로 부자관계에 있지는 않았음을 의미한다. 원래 우리는 영적인 고아요, 죄의 노예들이었다.

둘째, 입양의 비유는 하나님과 우리의 관계가 하나님에 의한 법적인 행위에 전적으로 달린 것임을 말해 준다. 우리는 아버지를 얻거나 부모를 얻기 위해서 '흥정하지' 못한다. 입양은 아버지 편에서 일방적으로 비싼 대가를 지불하는 법적인 행위다. 아들이 양자 지위를 얻기 위해서 할 수 있는 것은 아무것도 없다. 아들의 신분은 다만 주어질 뿐이다.

많은 사람들이 하나님이 모든 인간을 창조하셨으므로

---

15 너희는 다시 무서워하는 종의 영을 받지 아니하고 양자의 영을 받았으므로 우리가 아빠 아버지라고 부르짖느니라

"모든 인류가 하나님의 자녀"라고 생각하는 오늘날, 이 가르침의 의미를 명확히 이해하는 것은 참 중요하다. 사도행전 17장 29절에서 바울은 모든 인류를 하나님의 "소생"이라고 부른다. 하지만 소생에 해당하는 헬라어 게노스(genos)는 대개 '후손'을 뜻한다. 이와 같은 의미에서 모델 T를 만들어 자동차를 대중화시킨 헨리 포드를 '자동차의 아버지'라 부를 수 있을 것이다. 하지만 성경은 "하나님의 자녀"라는 말 속에 담긴 모든 풍성함을 그리스도를 구세주와 주님으로 영접한 사람들만을 위해서 분명하게 남겨 둔다. "영접하는 자 곧 그 이름을 믿는 자들에게는 하나님의 자녀가 되는 권세를 주셨으니"(요 1:12). 아들 됨은 그리스도를 영접하는 사람에게만 주어진다. 예수 그리스도를 제외하고는 누구도 본래 하나님의 아들이 아니다.

:: 하나님의 아들이 누리는 특권들

로마서 8장 15-17절에서 바울은 하나님의 아들로서 그리스도인들이 갖는 일곱 가지의 엄청난 특권에 대해 선언한다. 한 가지 한 가지가 모두 놀랍고, 묵상하며 맛볼 가치가 있는 것들이다. 여기서는 처음 네 가지부터 살펴보기로 하자(15-16절).

• 안전 : 우리는 두려워하지 않고 아들 됨을 누린다(15절). 종업원이나 종은 기본적으로 직업을 잃거나 처벌을 받을

까 두려워서 복종하게 된다. 하지만 부모와 자식 간의 관계에는 그 관계를 잃지는 않을까 하는 두려움이 없다.

• 권세 : 우리의 신분은 종이 아닌 아들이다(15절). 종은 집에서 어떤 권세도 갖지 못한다. 그들은 시키는 대로만 할 수 있다. 하지만 자녀들은 권세가 있다. 하나님의 자녀에게는 죄와 사탄을 다스리는 권세가 주어진다. 그리고 아버지께 속한 영지를 돌볼 책임도 주어진다. 자녀들은 가문의 명예를 지켜야 하며 자신 있고 기품 있게 처신해야 한다. 이처럼 우리에게는 놀랍고 새로운 신분이 주어졌다.

• 친밀함 : 우리는 성령에 힘입어 하나님을 아빠(Abba)라고 부른다(15절). 'Abba'는 원래 아람어인데, 가장 친밀한 관계를 의미하는 '아빠'로 번역될 수 있다. 자녀는 아버지라는 호칭보다 사랑과 신뢰, 친밀함을 나타내는 '아빠'로 종종 부르곤 한다. 이렇게 그리스도인들도 아빠라고 부르며 매순간 모든 존재하는 것의 생명을 지속시키는 전능하신 창조주께 나아간다!

이와 관련해서 마틴 로이드 존스가 언급한 내용은 매우 적절하다.

'아빠'는 어린아이가 내는 혀 짧은 소리이다. "아빠 아버지라고 부르짖느니라"(15절)에서 "부르짖는다"에 유의하

---

16 성령이 친히 우리의 영과 더불어 우리가 하나님의 자녀인 것을 증언하시나니

자. 바울은 매우 강한 이 표현을 의도적으로 사용한 것이 분명하다. 그것은 큰소리를 내어 외치는 것으로 깊은 감정을 드러낸다. 이는 하나님을 아는 참된 지식을 명백하게 보여 준다. 하나님은 더 이상 우리에게서 멀리 떨어져 계신 분이 아니다. 우리는 하나님을 단지 지적으로, 신학적으로, 이론적으로, 교리적으로만 이해하지 않는다. 이것은 자녀가 아닌 사람도 할 수 있는 일이다. 오히려 우리의 예배와 기도는 자발적인 것이다. 그것은 아버지를 아는 자녀의 자발성이자 확신이다.[2]

• 확신 : "성령이 친히 우리의 영과 더불어 우리가 하나님의 자녀인 것을 증언하시나니"(16절). 우리가 하나님께 '아빠'라고 부르짖을 때 어떤 방식으로든 성령은 우리와 함께하셔서 우리가 하나님의 참 가족이라는 확신을 준다. 이러한 성령의 '증언'이 무엇인가에 대해서는 많은 논쟁이 있어 왔지만, 우리 마음속에서 "그래, 하나님은 나를 정말로 사랑하셔"라고 하는 내적인 증언이라고 보는 의견이 우세하다.

바울은 다음과 같은 질문에 대답하고 있다. "우리가 하나님의 자녀라는 것을 어떻게 알 수 있지?" 이것은 '우리가 어떻게 하나님의 자녀인지 확신할 수 있는가'라는 중대한 질문이다. 바울은 성령이 우리의 영과 더불어 우리가 하나님의 자녀임을 증언하고 있다고 말한다. "증언하다"로 번역된 헬라어는 마르튀레오(*martyreo*)이다. 바로 영어의 '순교(martyr)'라는 단어의 어원이다. 원래 이 말은 까다로운 사건을 의심의 여지없이 해결해 줄 권위 있는 증인을 의미했다. 바울이 묘사하고 있는 상황은 이런 것이다. 재판이 진행 중이고 피고는 범죄 행위로 기소되었다. 피고에게 불리한 증거도 있고, 반대로 유리한 증거도 있는 것 같다. 그때 갑자기 결정적인 사실을 입증할 새로운 증인이 등장한다! 증인은 이렇게 말한다. "제가 그곳에 있었는데, 피고는 없었습니다. 피고는 무죄입니다!" 이 증인은 피고와 "더불어 증언한다." 피고와 똑같은 진술을 하며 의심할 여지가 없는 판결을 이끌어 낸다.

바울이 우리의 영이 이미 증언하고 있다고 말하는 것에 유의하자. "성령이 우리의 영과 더불어 증언하시나니"(16절). 이것은 우리가 그리스도인이라는 증거가 이미 우리에게 있다는 의미이다. 우리는 자신이 그리스도를 신뢰한다는 것을 안다. 그리고 그리스도의 약속을 가졌다. 또한 우리의 삶이 새롭게 되었고 성장하고 있음을 안다. 이러한 모든 증거들은 우리의 영과 마음에 우리가 참으로 하나님의 것이라는 어느 정도의 확신을 준다. 하지만 바울은 성령이 우리와 더불어 우리가 알고 있는 것에 더해서 '증언한다'고 말한다. 이것은 우리 마음 안에서 성령이 직접 증언하는 것을 가리키는 것으로 보인다. 또한 하나님의 직접적인 임재와 사랑을 느끼는 것을 말하는 것 같다(바울이 이미 5장 5절에서 말했다). 우리는 항상 그렇게 느끼기도 하고 아니면 가끔씩 느끼기도 하는데, 아마도 이 증언이 강한 느낌이 아니기 때문일 것이다. 하지만 우리가 아빠 하나님께 부르짖을 때, 그분이 참으로 우리의 아빠라고 깊이 확신하는 자신을 발견하는 때가 분명 있을 것이다. 이는 우리가 살아 있는 하나님의 아들이라고 우리를 위해 또한 우리에게 증언하는 성령의 일이다.

하나님의 자녀들은 안전과 권세, 친밀함, 그리고 확신의 특권을 누린다. 8장 17절은 하나님의 자녀들에게 있는 나머지 세 가지 특권에 대해 설명한다.

:: 이어지는 하나님의 특권들

• 상속권 : "자녀이면 상속자, 곧 하나님의 상속자요"(17절). 우리에게는 상상할 수 없는 미래가 보장되어 있다. 고대 사회에서는 장자가 상속자였다. 부모의 사랑을 받는 자녀가 여럿 있다 해도, 상속자가 가문의 이름도 잇고 재산의 가장 큰 몫을 차지했다. 이와 같은 방식 덕분에 명문가의 영향력은 분산되거나 소실되지 않은 채 온전히 유지될 수 있었다. 여기서 바울은 상속을 비유로 말하는 것이지, 상속 자체를 지지하거

---

17 자녀이면 또한 상속자 곧 하나님의 상속자요 그리스도와 함께 한 상속자니 우리가 그와 함께 영광을 받기 위하여 고난도 함께 받아야 할 것이니라

나 반대하지는 않는다. 그런데 바울은 놀랍게도 이제 모든 그리스도인들을 "하나님의 상속자"라고 부른다. 상속자는 부모의 재산 가운데 가장 큰 몫을 차지하기에 이것은 기적 같은 일이다. 우리를 위하여 준비되어 있는 것이 너무나 크고 영광스러워서, 저마다 자신이 하나님께 가장 많은 상속을 받았다고 느낄 것이라고 바울은 말한다. 이 부분에 대해서는 19-22절에서 더욱 자세히 살펴볼 것이다.

• 단련 : "자녀이면 상속자, 곧 하나님의 상속자요… 우리가 고난도 함께 받아야 할 것이니라"(17절). 아버지들은 항상 자신의 자녀들을 단련시킨다. 부모는 자녀를 단련시킬 때, 나중에 훨씬 더 큰 고난을 초래하게 될 행동을 하지 않도록 가벼운 고난을 먼저 허락한다. "우리 육신의 아버지가 우리를 징계하여도… 오직 하나님은 우리의 유익을 위하여"(히 12:9-10). 좋은 아버지는 사랑하는 마음으로 자녀를 단련시킨다. 그는 자신의 힘이나 권력을 만끽하고자 하는 이기심으로 권위를 사용하지 않는다. 마찬가지로 자식의 사랑과 지지를 잃을까 두려워서 아버지로서 자식을 단련해야 하는 어려움을 회피하지도 않을 것이다. 세상에서 가장 사랑이 많으신 아버지께서 허락하시는 단련을 통과하는 것은 우리에게 힘겹지만 영광스러운 특권이다.

• 가족과 닮아 감 : "고난도 함께 받아야 할 것이니라"(17절). 그리스도인들에게는 이 세상에서 모든 사람들이 당하는

고난뿐만 아니라 그들이 특별히 그리스도의 형제자매이기 때문에 겪는 고난도 있다. 그리스도께서는 죄를 폭로하시고, 심판을 경고하시고, 자신을 통한 구원을 선포하시는 메시아로서의 정체성 때문에 사람들로부터 버림을 당했다. 마찬가지로 그리스도의 가족인 우리도 그분을 위해 살고 그분에 대해 말할 때 고난을 겪게 될 것이다. 우리는 하나님의 아들이신 그리스도처럼 되기 위해 하나님의 아들들이 되었다! 하나님은 "그 아들의 형상을 본받게 하기 위하여 미리 정했으니 이는 그로 많은 형제 중에서 맏아들이 되게 하려"(29절)고, 우리 안에서 그리고 우리의 상황을 통해서 일하신다. 비록 우리가 양자이지만, 하나님은 우리 속에 그리스도의 모습을 심어 주셨다. 실제로 우리는 하나님의 아들로서 그분의 아들이신 그리스도를 점점 닮아 간다. 즉 한 가족으로 같은 고난을 당하면서, 점점 더 아버지와 그의 아들이신 그리스도의 성격과 태도를 닮아 간다. 이것이 바로 그리스도인들이 박해 받는 것을 특권으로 여기는 이유다(행 5:41, 벧전 4:13, 16 참조). 우리는 하나님의 아들이신 그리스도처럼 되기 위해 하나님의 아들들이 되었다!

:: 어떤 영을 따라 살 것인가

이 모든 특권들은 "너희는 다시 무서워하는 종의 영을 받지 아니하고… 양자의 영을 받았으므로"(15절)라는 바울의 말이 무엇을 의미하는지 알려 준다. 바울은 그리스도인으로서 우리가 살아가는 두 가지 다른 방식, 곧 노예로서 살아가는지, 또는 아들로서 살아가는지에 대한 결정적인 점을 말하고 있다. 우리는 그리스도를 믿고 의롭다 함을 받은 후에도, 종의 영을 '다시' 가질 수 있다. 행위로 인정받으려는 태도로 돌아가서, 마치 자신의 행위 때문에 하나님의 복을 더 받거나 계속 받는 것처럼 행동할 수 있는 것이다.

탕자의 비유에서(눅 15:11-32), 둘째아들은 가족을 버리고 멀리 떠나 방탕하게 살다가 아버지께 받은 유산을 모두 탕진해 버렸다. 그제야 비로소 정신이 들어 자신의 죄를 깨닫게 되었다. 그는 집으로 돌아가기로 마음먹었지만 자신이 아버지의 아들로 불릴 만한 자격이 있는지에 대해서는 아예 기대조차 하지 않았다. 그저 품꾼의 하나로 받아들여지기만을 바랐다(눅 15:19). 신앙을 고백하는 그리스도인을 포함해서 사람들은 둘째 아들과 같은 태도로 하나님께 나아가기 쉽다. 우리는 곧잘 이렇게 말한다. "아, 나에게는 하나님의 자녀가 될 만한 어떠한 가치도 없어! 내가 기대할 수 있는 것은 그분의 품꾼들과 치열하게 경쟁하는 것밖에 없어. 내가 일을 잘하면 하나님이 품삯을 주시겠지. 그분은 나의 기도에 응답하시고 나에게 호의를 베푸셔서 나를 보호해 주실 거야. 하지만 내가 일을 제대로 하지 못하면, 내쫓기고 말 거야."

하지만 하나님의 자녀는 절대로 버려질 것을 두려워하지

않는다. 사실 육신의 부모조차 이렇게 말한다. "그렇더라도, 그 일과 상관없이 그 아이는 여전히 내 딸이야!" 혹은 "그 아이가 저지른 모든 잘못에도 불구하고, 내 아들이라는 사실에는 변함이 없어!" 이렇듯 부모와 자식 간의 관계는 기준에 맞는 성과를 내었는가가 아니라 무조건적인 사랑에 기초하고 있다.

따라서 바울이 말하는 '양자의 영'은 우리가 고용주나 주인이 아니라 아버지께로 나아갈 수 있게 해주는 성령의 능력을 의미한다. 본래 우리는 자신의 행위가 하나님의 기준에 도달하지 못할까 두려워하는 영으로만 하나님께 나아갈 수 있다. 하지만 성령은 이와 같은 모든 태도를 없애 준다. 즉 성령은 우리 마음속에 가장 깊은 영적이고 감정적인 안정감을 준다. 이 안정감 덕분에 우리는 하나님의 사랑받는 자녀들로서, 또한 한 가족으로서 하나님께 나아갈 수 있다. "성령에 의해" 우리는 하나님께 "아빠"라고 부르짖는다(15절).

종의 영과 아들의 영 사이에는 다음과 같은 차이가 있다.

:: 자녀가 되는 것은 놀라운 특권이다

8장 17절에서 바울은 하나님의 가족으로서 우리의 형제인 예수님의 고난에 참여하면 "그와 함께 영광도" 받을 것이라고 말한다. 하지만 이 세상에서 하나님의 자녀로서 살며 겪게 되는 역경과 고뇌를 감수할 정도로 우리가 받은 상속은 가

종	아들
강제에 의해 어쩔 수 없이 복종한다.	'아빠'에 대한 사랑과 기쁨으로 순종한다.
고통 받거나 빼앗길까 두려워서 일한다. 처벌이 돌아온다.	단련은 벌 받는 것이 아니라 사랑에서 나온 훈육임을 안다.
실수하면 주인에게 벌을 받을지도 모른다는 불안감이 있다	실수해도 아버지께 용서받을 것이라는 안정감이 있다.
눈에 보이는 행위에 집중하고 규정들에 따른다.	관계와 태도에 집중한다.
일을 해야 하지만 어떠한 명예도 얻지 못한다.	명예롭게 되었고 함께 일하도록 초대받았다.

치가 있을까? 우리가 아는 몇몇 사람을 포함해서 대다수는 그럴 만한 가치가 없다고 대답할 확률이 높다. 이들은 그리스도인으로서 신앙을 고백하고 하나님의 뜻대로 살고자 얼마 동안은 애쓰지만, 이내 자신이 당하는 고난에서 어떠한 가치도 찾지 못하고 믿음에서 떨어져 나간다.

하지만 바울은 그럴 만한 가치가 있다고 강조한다. "생각하건대 현재의 고난은 장차 우리에게 나타날 영광과 비교할 수 없도다"(18절). 바울의 말을 풀어 보면 이렇다. "당신이 장차 어디를 향해 가고 있는지 안다면, 지금 겪고 있는 어려움이나 고난에 아무런 가치도 없다는 생각은 절대로 하지 못할 것입니다."

그렇다면 그리스도인들이 때로 고통을 감내하면서도 매일 나아가고 있는, 이처럼 영광스러운 상속은 무엇인가? 바울은 19-23절에서 그것을 펼쳐 보이고 있다.

"피조물이 고대하는 바는 하나님의 아들들이 나타나는 것이니"(19절). 장차 눈부시게 강한 영광이 우리에게 임할 때 모든 피조물은 우리와 더불어 영화롭게 될 것이다. 자연은 실제로 새로워지고 회복되고 구속받게 될 것이다. "하나님의 아들들이 나타나는 것"이 무엇을 의미하는지는 완전히 알 수 없지만, 우리의 아들 됨이 사람들 앞에 드러나서, 명확해지고, 인정받는 것을 의미하는 것임은 틀림없다. 또한 우리가 마침내 완전히 "그 아들의 형상을 본받게"(29절) 될 것을 의미하기도 한다. 우리는 그리스도와 같이 완전히 거룩하게 되어서, 그분과 같이 눈부실 만큼 아름답게 될 것이다. 바로 이것이 우리가 받게 될 영광이다.

게다가 이것은 우리가 아직도 이 영광을 누리지 못하고 있는 이유이기도 하다. 첫째 인간인 아담이 죄를 짓자 인류는 죄에 빠졌고(5:12-21), 창조된 자연의 질서도 함께 타락하고 말았다(20절). 피조물이 허무한 데 굴복하게 된 것이다. 자연은 본래의 마땅한 모습 혹은 처음 만들어진 모습을 잃어버렸다. 여기서 '허무(*mataiotes*, 마타이오테스)'는 헬라어로 번역된 칠십인 역

에서 "헛됨(vanity, 전도서 참조)"으로 표현되었다. 자연이 우리(본래 자연의 통치자요 지배자로서 자연과 조화를 이루며 살아가도록 만들어진 존재, 창 1:29)와 자연의 본 모습으로부터 소외된 것이다. 이제 자연은 본래 그래야 하는 모습처럼 아름답거나 위대하지 않다. 이는 자연 스스로의 선택이 아닌 "굴복하게 하시는 이(20절)"로 말미암은 것이다. 굴복은 해방되리라는 희망을 동반하기 때문에(20-21절), "굴복하게 하시는 이"는 하나님을 가리킨다. 하나님은 아담과 하와를 에덴동산에서 내쫓으시면서, 그들의 삶을 허무에 굴복하게 하셨다. 하지만 궁극적으로는 희망의 끈도 놓지 않으셨다(창 3:20-24, 15). 마찬가지로 피조물을 불완전한 상태로 내버려 두셨지만, 반전과 회복을 이미 계획하고 계셨다. 그래서 피조물은 "고대하며" 기다릴 수 있는 것이다.

피조물은 지금 "썩어짐의 종노릇"을 하고 있다(21절). 피조물은 끊임없는 죽음과 부패의 순환에 사로잡혀 있다. 생명을 주는 자연의 속성이 죽음으로부터 새로운 생명을 가져오면서(예를 들면 꽃들은 죽은 유기물의 자양분으로 자란다), 자신을 끊임없이 재생하려고 애쓰는 모습을 보면 놀라운 뿐이다. 하지만 온 우주는 자신이 생성하는 것보다 더 많은 에너지를 잃으면서 쇠락하고 있다. 자연의 모든 것은 낡아서 죽는다. 다시 말해 자연은 지금 죽음을 향해 가고 있다.

---

20 피조물이 허무한 데 굴복하는 것은 자기 뜻이 아니요 오직 굴복하게 하시는 이로 말미암음이라

따라서 자연에는 고통과 괴로움이 넘쳐난다. "피조물이 다 이제까지 함께 탄식하며 함께 고통을 겪고 있는 것"이다(22절). 죽을 수밖에 없는 운명인 피조물들에게는 처음부터 끝까지 무자비한 고통이 따른다. 생명이 태어날 때도 고통이 있고, 생명을 잃을 때도 비참함이 있다. 피조물이 경험하는 것 중에 고통에 의해 얼룩지지 않은 것은 아무것도 없다. 비록 그 고통이 지속되지 않는다는 것을 알아도 말이다.

하지만 이것이 결론은 아니다. "피조물도… 해방되어 하나님의 자녀들의 영광의 자유에 이르는 것이니라"(21절). 이 이야기의 결론은 첫째, 허무함이 아니라 충만함이 있을 것이다. 지금 우리가 보는 대양들, 산들, 계곡들, 숲들의 위엄과 위대함을 고려해 볼 때, 세상이 본래의 모습대로 펼쳐진다면 어떤 모양이 될지 상상하기 어려울 정도다! 둘째, 썩지 않는 대신 새로워지고 힘을 얻을 것이다. 지금 자연은 매순간 늙고, 시들고, 쇠약해지고, 질서가 파괴되고 있다. 하지만 새 땅에서는 모든 것이 영원히 새롭고, 아름답고, 강하고, 조화를 이루게 될 것이다. 셋째, 고통이 아니라 기쁨만 있을 것이다. 지금 피조물의 상태를 가장 잘 은유하는 말은 "해산"(22절, 예수님은 마태복음 24장 8절에서 같은 비유로 말씀하셨다)이다. 세상이 새로운 세상을 낳고 있기 때문에 해산의 진통은 결코 무의미한 것이 아니다.

---

21 그 바라는 것은 피조물도 썩어짐의 종 노릇 한 데서 해방되어 하나님의 자녀들의 영광의 자유에 이르는 것이니라

　이것이 하나님의 자녀들이 열망하는 미래의 모습이다. 우리가 기대하는 대로 피조물들은 충만해지고 새롭게 되고 기쁨을 누리게 될 것이다. 이것은 장차 우리에게 있을 영광이 현실의 고난을 참을 만하게 한다는 바울의 대답이기도 하다.

　현재의 고난과 미래의 영광은 왜 그리스도인들이 피조물처럼, 그리고 해산 중인 산모처럼 열망하면서도 "속으로 탄식"하고(23절) 있는지를 잘 설명해 준다. 23절에서 바울은 하나님의 아들들이 이미 가진 것과 가지고 있지 않는 것 한 가지씩을 지적한다. 우리는 "성령의 처음 익은 열매"를 받았다. 도래할 추수의 첫 번째 열매는 말 그대로 앞으로 올 것을 미리 맛보는 것이다. 우리 안에 거하시는 성령은 죄와 죽음의 영향력으로부터 우리의 내면을 점진적으로 자유롭게 만들어서, 우리가 서서히 그리스도를 닮아가게 하신다(29절). 하지만 이것은 장차 성령을 통해 우리의 몸과 영혼이 죄와 죽음의 영향력으로부터 완전히 자유롭게 될 때를 미리 맛보는 것에 불과하다. 장차 우리가 완전한 자유를 누리게 되는 것은, "양자될 것, 곧 우리 몸의 속량"(23절)을 간절히 기다릴 때만 가능할 것이다. 그렇다면 바울은 15절에서 우리가 이미 양자로 입양되었다고 했

---

22 피조물이 다 이제까지 함께 탄식하며 함께 고통을 겪고 있는 것을 우리가 아느니라 23 그뿐 아니라 또한 우리 곧 성령의 처음 익은 열매를 받은 우리까지도 속으로 탄식하여 양자 될 것 곧 우리 몸의 속량을 기다리느니라

는데, 어떻게 또다시 양자될 것을 기다리라고 하는가?! 이는 우리가 법적으로는 입양되었지만, 아직도 우리의 새로운 가족들과 완벽하게 닮지 않았고, 아들로서의 최종 축하 행사를 즐기지도 못했다는 의미이다. 우리는 이미 양자가 되었고, 결국에는 완전한 하나님 가족의 일원이 될 것이다.

우리는 가끔씩 어떤 면에서 자신이 그리스도처럼 조금 성장했다는 것을 깨닫는다. 아마도 자신이 예전보다 성격상 약점이 줄어들고, 더 사랑스러워지고, 보다 경건하게 사는 것을 인식하는 것이다. 바로 그때 우리가 기억해야 할 것은 거절과 허무로 가득한 세상에서 그리스도의 가족이 되기 위한 고난과, 아들이신 그리스도의 형상을 닮아가기 위한 고통이 우리가 고대하는 영광과는 비교할 수 없다는 것이다. 우리가 언젠가 갖게 될 모든 것들을 아직 가지지 못했고, 지금의 모습도 장차 얻게 될 온전한 모습이 아니기 때문이다(24절). 최고의 날들은 아직 오지 않았다. 그날은 우리 앞에 있고, 우리의 모든 고통들은 뒤에 남겨질 것이다. 고난이 지나갈 것을 알기에, 지금의 삶이 끝은 아니기에, 우리는 간절히 그리고 오래 참으며 (25절) 기다린다. 우리는 C. S. 루이스가 다음과 같이 인상적으로 묘사한 그날을 고대한다.

---

24 우리가 소망으로 구원을 얻었으매 보이는 소망이 소망이 아니니 보는 것을 누가 바라리요 25 만일 우리가 보지 못하는 것을 바라면 참음으로 기다릴지니라

하나님은 아무리 연약하고 더러운 인간이라도 남신과 여신으로, 지금으로서는 도무지 상상할 수 없을 만큼 힘과 기쁨과 지혜와 사랑으로 약동하는 눈부시게 빛나는 불멸의 존재로, 그분 자신의 다함없는 능력과 즐거움과 선함을 완벽하게 반사하는(물론 하나님보다는 작은 규모지만) 티 없이 맑은 거울로 만드실 것입니다. 그 과정은 길며 부분적으로는 아주 고통스러운 것이겠지만, 거기에 도달하는 것이야말로 우리가 존재하는 목적입니다. 그 이하는 없습니다. 그의 말씀 그대로입니다.[3]

03

●

담대히 삶을 맞이하라

롬 8:26-39

●

누가 우리를
그리스도의 사랑에서
끊으리요

그리스도인은 자신과 다른 모든 피조물이 가지는 미래의 소망을 토대로 하루하루를 담대하게 맞을 수 있다. 이어지는 26-30절에서 바울은 우리에게 있는 두 가지 확신의 토대를 말한다.

첫 번째 토대는 우리가 모르는 가운데 도움을 받는 것이고(26-27절), 두 번째 토대는 알고 도움을 받는 것과 관계가 있다(28-30절). 첫 번째는 우리가 기도할 말이 없을 때 성령이 하시는 일을 가리키고, 두 번째는 우리 삶의 모든 상황 가운데 절대주권을 지닌 하나님이 하시는 일을 가리킨다. 이 세 가지, 곧 미래의 소망, 성령의 도우심, 그리고 모든 것 가운데 역사하

---

26 이와 같이 성령도 우리의 연약함을 도우시나니 우리는 마땅히 기도할 바를 알지 못하나 오직 성령이 말할 수 없는 탄식으로 우리를 위하여 친히 간구하시느니라

시는 하나님의 손길은 31-39절에서 바울이 보여 주는 대단히 뜨거운 질의응답의 기초가 된다. 이 단락은 8장 17-18절에서 암시된 다음과 같은 문제 제기에 대한 바울의 결론이다. 우리는 어떻게 모든 믿음의 싸움에 항상 눈에 보이는 것 이상의 가치가 있다고 확신하면서 삶의 고난과 유혹에 맞설 수 있을까?

:: 성령이 우리를 위해 기도하신다

우리의 소망이 우리를 돕는 것과 같이(23-25절), 성령도 우리의 연약함을 도우신다(26절). 성령은 우리의 기도를 도와주신다. "우리는 마땅히 기도할 바를 알지 못하는"(26절) 때가 있다. 기도하고 싶어도 어떻게 기도해야 할지 모를 때다. 사랑하는 존재를 떠나보내거나 일생일대의 문제와 씨름하기도 하고, 아니면 자신의 잘못이나 실패에 직면할 수도 있다. 인간의 언어로 기도할 수 없는 바로 그때 성령께서 우리 기도를 도우신다. "오직 성령이 말할 수 없는 탄식으로 우리를 위해 친히 간구하시느니라." 하나님의 자녀로서 행동하기에, 곧 아버지께 확신을 가지고 나아가기에 우리 자신이 너무 약하다고 느껴질 때 성령이 개입하시는 것이다. 따라서 어떻게 기도해야 할지 모를 때도 기도를 멈추어서는 안 된다.

더욱이 무엇을 기도해야 할지 모른다고 해서 기도할 수 없다고 느낄 필요도 전혀 없다. 왜냐하면 성령이 하나님의 뜻대로 성도를 위하여 간구하시기 때문이다. "마음을 살피시는"(27절) 하나님은 우리의 기도 속에 밴 탄식을 들으시며 간구 뒤에 있는 우리의 감정과 진의를 알아내신다. 성령은 우리가 이 세계와 백성을 위한 하나님의 계획과 목적에 맞게 기도할 수 있게 해주신다. "장차 우리에게 나타날 영광"(22절)을 위해 우리가 인내하며 열망하듯이 피조물과 함께 탄식하며(22절) 우리를 도우시는 것이다. 이처럼 성령은 우리가 아버지를 기쁘시게 하는 기도를 하도록 해준다.

이렇듯 우리의 기도에는 성부, 성자, 성령이 모두 관여하고 계신다. 그렇다면 우리는 어떻게 자녀로서의 확신을 가지고 아버지께 부르짖을 수 있을까? 더글러스 무(Douglas Moo)는 다음과 같이 설명한다.

> 천국에서 우리를 위해 중보하시는 성자는 우리에 대한 모든 고발로부터 우리를 보호해 주신다. 나아가 심판의 날, 우리의 구원을 보장해 주신다(8:34). 하지만 바울이 여기서 강조하고 있듯이 우리 마음속에서 중보하시는 성령은 우리의 불확실하고 힘든 세상살이 속에서도 우리를 위해 성부께 설득력 있게 간구하신다.[1]

---

27 마음을 살피시는 이가 성령의 생각을 아시나니 이는 성령이 하나님의 뜻대로 성도를 위하여 간구하심이니라

우리가 기도하지 않을 이유나 필요성은 어디에도 없다!

:: 좋은 일, 나쁜 일, 그리고 실패

우리가 기도할 바를 알지 못할 때 성령은 우리의 기도를 도와주신다. 더욱이 더 이상 기도할 말이 생각나지 않을 때조차, 그리스도인들은 "하나님을 사랑하는 자 곧 그의 뜻대로 부르심을 입은 자들에게는 모든 것이 합력하여 선을 이루"는 것을 확실히 알게 된다고 바울은 말한다(28절). 이것은 우리가 살면서 겪게 되는 좋은 일과 나쁜 일, 그리고 실패를 완전히 새롭게 바라보게 하는 약속이다.

첫째로, 그것은 일상에서 겪는 좋은 일에 감사하고 기뻐하게 해준다. 바울은 일들이 스스로 협력해서 선을 이룬다고 말하지 않았다! 삶의 요소들을 우리에게 선한 방향으로 바꾸시는 분은 오직 하나님뿐이다. 그리스도인들은 세상이 멋진 곳이거나 인생이 그 자체로 행복하다고 생각하지는 않는다. 세상의 많은 사람들은 인생의 비극과 엄혹함을 경험한 후에야 충격을 받고 환상에서 깨어나지만 그리스도인들은 그렇지 않다. 우리는 인생에서 겪게 되는 여러 가지 일들이 저절로 선을 이룰 것이라고 기대하지 않는다. 자신에게 유익한 방향으로

---

28 우리가 알거니와 하나님을 사랑하는 자 곧 그의 뜻대로 부르심을 입은 자들에게는 모든 것이 합력하여 선을 이루느니라

일이 되어 갈 때 그것이 모두 하나님의 은혜라는 것을 알 뿐이다. 일이 잘될 때 그리스도인은 절대 "당연히 그래야지!"라고 말하지 않는다. 오히려 그 일로 하나님을 찬양한다. 따라서 그리스도인은 세상을 달콤하고 감상적이고 비현실적인 관점으로 보지 않고서도 인생을 긍정적으로 바라볼 수 있다.

둘째로, 이 진리는 삶이 잘못되어 갈 때 찾아오는 두려움과 근심을 없애 준다. 그리스도인은 삶이 결코 잘못되고 있는 것이 아니라는 사실을 안다! 하나님이 모든 것들 속에서 일하신다면, 거기에는 그분의 계획 속에 우리가 보기에는 보잘 것 없거나 무의미한 일들도 포함되어 있다. 우연히 일어나는 일은 아무것도 없다. "제비는 사람이 뽑으나 모든 일을 작정하기는 여호와께 있느니라"(잠 16:33). 하나님은 동전 한 닢을 던질 때도 역사하신다.

이 진리에는 우리를 평안하게 해주는 능력이 있다! 우리는 눈 먼 우연이나 운명의 손아귀에 붙잡혀 있지 않다. 고대 그리스인들은 제우스신조차 운명의 지배를 받는다고 생각했지만 우리는 그렇지 않다! 우주는 맹목적인 우연에 의해 굴러가는 기계장치가 아니라, 한 분 우리 아버지에 의해 다스려진다. 그러므로 우리는 살면서 겪게 되는 문제들을 두려워할 필요가 없다.

게다가 이 진리는 힘든 상황 속에서도 하나님의 계획을 볼 수 있게 돕는다. 만약 하나님이 모든 것 안에서 우리의 선을 이루시는 분이라면, 우리 삶을 더욱 선하게 만들기 위해서 좋은 일과 나쁜 일 모두를 쓰신다는 사실을 알게 된다. 이 놀라운 본문을 읽은 후 18세기의 목사이자 찬송가 작사자였던 존 뉴턴(John Newton)은 다음과 같은 결론을 내렸다.

"그분이 허락하시는 것은 무엇이든 우리에게 필요한 것이고, 그분이 만류하시는 것은 어떠한 것도 불필요한 것이다."

그러므로 우리가 보기에 필요한 어떤 좋은 일을 하나님이 만류하셨다면, 사실 그것은 우리에게 필요한 것이 결코 아니다. 또한 어떤 나쁜 일로 인해 우리 삶이 엉망이 되었다고 느낀다면, 실제로 그것은 우리 인생에서 매우 중요한 역할을 하고 있는 것이다. 나쁜 그 일은 우리를 가르치고, 인격을 다듬어 겸손하게 하고, 삶을 풍성하게 한다. 로마서 8장 28절은 우리가 살면서 겪는 어려움들을 우리에 대한 하나님의 사랑으로 보게 해준다.

물론 살면서 겪는 어려움에는 고난도 포함된다. 8장 28절은 고난에 대해 사람들이 여간해서 갖기 어려운 균형 잡힌 관점을 보여 준다. 한편으로 고난을 겪으면 절망 가운데 빠져 "여기서는 어떤 선한 것도 나올 수 없어"라고 말하는 사람들이 있다. 하지만 본문은 이러한 태도를 인정하지 않는다. 다른 한편으로는 고난을 껴안는 사람들도(많은 그리스도인들을 포함해서) 많다. 이들은 고난을 통해 자신들이 다른 사람들보다 더 고귀하고 고상해진다고 여긴다. 하지만 본문은 고난 자체가 선한 것이 아니라, 하나님이 그것들이 선을 되도록 역사하신다고 말한다. 우리가 고난을 즐기거나 환영해야 할 이유는 없다! 사실 고난이 좋은 것도 아니다. 하지만 그 결과들은 우리에게 좋은 것일 수 있다.

더욱이 셋째로, 8장 28절은 우리를 향한 하나님의 선한 목적을 우리가 훼손할 수는 없다는 확신을 준다. "모든"은 말 그대로 모든 것을 의미한다! 따라서 모든 것에는 우리의 퇴행과 죄까지도 포함된다. 물론 죄는 늘 나쁘고 끔찍한 것이어서, 우리는 죄의 고통스러운 결과를 받을 때 후회하게 된다. 하지만 하나님은 죄를 엮어 내어 결국에는 우리의 선을 이루실 만큼 위대하신 분이다. 하나님은 우리가 겸손하게 자기 자신을 살피고 그리스도를 더 잘 알기 위해서 우리의 죄와 실패까지도 사용하실 수 있다. 죄를 사용하셔서 우리 자신의 연약함과 덧없음을 보게 하시는 것이다. 또한 당신의 백성을 구원하기 위해 죄를 통해 역사하기도 하신다. 그렇다고 우리의 죄가 용납되는 것은 아니지만 죄를 통해 하나님이 어떻게 역사하시는지에 대해 볼 수 있게 해준다. 우리도 요셉처럼 자신을 노예로 팔았던 형들에게 "당신들은 나를 해하려 했으나 하나님은 그것을 선으로 바꾸사"(창 50:20)라고 고백할 수 있게 하시는 것이다.

하지만 하나님이 선을 위해 일하신다는 것은 보편적으로 적용되는 진리는 아니다. 모든 것이 협력하여 선을 이루신다는 약속은 "하나님을 사랑하는 자 곧 그의 뜻대로 부르심을 입은 자들"(28절)에게만 해당한다는 사실을 간과해서는 안 된다. 여기서 "하나님을 사랑하는 자"와 "그의 뜻대로 부르심을 입은 자"는 모두 그리스도인을 묘사하는 것으로 둘 다 중요하다.

첫째, 성경에서 "하나님을 사랑하는 자"란 대개 하나님을 위해 살기로 헌신한 사람들을 가리킨다. 헌신이란 하나님의 하나님 되심을 인정하고 받아들여서 그분을 섬긴다는 의미다. "나의 계명을 지키는 자라야 나를 사랑하는 자니"(요 14:21). 성경에서 사랑은 단지 지적인 이론이나 정서적인 감정, 혹은 의지로 수행하는 의무가 아니다. 사랑이란 마음을 정하고 어떠한 일을 하든지 그분을 기쁘시게 할 것을 결심하는 것이다. 로이드 존스는 이렇게 말했다.

> 나는 이 대목에서 바울이 '믿는 자' 대신에 '사랑하는 자'라고 말한 특별한 이유가 있다고 확신한다. 우리가 하나님을 사랑하는지 여부를 즉각 알 수 있는 가장 좋은 방법 중 한 가지는 역경에 대한 우리의 반응이다. …시험이나 시련이 생기면 포기하는 사람들이 많이 있다. 이들은 자신들이 버림받았다고 느낀다.[2]

만약 당신이 하나님을 하나님이기 때문에 사랑한다면, 그분께 헌신하고 역경이 와도 견딜 수 있을 것이다. 하지만 하나님께 받는 것 때문에 그분을 이용한다면 역경이 올 때 곧 손을 놓아 버릴 것이다.

둘째, "그의 뜻대로 부르심을 입은 자"가(28절) 의미하는 것이 복음의 메시지를 들었거나 도전받은 적이 있는 모든 사람을 지칭하는 것은 아니다(물론 복음을 들은 적이 있는 사람은 부르심을 받은 것이기에, 일반적인 의미에서 초청받은 것은 맞지만, 그리스도에 대해 들어 본 누구에게나 이 약속이 주어졌다고 말하는 것은 이치에 맞지 않다). 30절에서 알 수 있듯이 하나님이 정하신 사람들이 하나님의 "부르심을 입었다." 부르심을 입는 것은 우리를 당신과의 관계 속으로 들어가게 하셨다는 의미다.

바울은 삶의 모든 상황들(모든 것)이 하나님을 사랑하는 사람들을 위해서만 '선'이 되므로, 하나님을 사랑하지 않는 사람들에게는 해당되지 않는다고 강하게 암시한다. 하나님이 우리 인생의 좋은 것과 나쁜 것들을 모두 뜻하신 대로 바꾸어 사용하시기 때문에 이것들은 그리스도인에게만 선한 결과를 가져온다. 따라서 비 그리스도인에게 일어나는 좋은 일과 나쁜 일은 모두 그들에게 좋지 않게 작용하는 것처럼 보인다.

어떻게 그럴까? 바울은 반역하는 사람들에 대해 하나님이 "그들을 마음의 정욕대로 더러움에 내버려 두사"(롬 1:24)라고 단언한다. 이것은 우리를 놀라게 하는 말씀이다. 바울에 의하면 하나님이 인간에게 내리시는 가장 무거운 형벌 중 하나가 그들을 죄의 욕망대로 살게 내버려 두는 것이다. 자신들이 원하는 것을 가지게 하는 것이다. 이렇게 되면 하나님을 사랑하지 않는 사람들에게는 선한 것이 나쁜 것이 되고 만다. 왜 그런가? 하나님을 믿지 않는 사람들은 스스로 자신의 삶을 통제한다는 착각에 빠지게 된다. 그리스도인들의 경우 어쨌든 나쁜 상황에 직면하면 인간의 참모습, 곧 의존적이고 죽을 수밖에 없는 피조물로서 자신의 존재를 자각하게 된다. 하지만 비 그리스도인이 일련의 성공과 쾌락을 경험하게 되면, 착각이 오히려 더 커져서, 가장 큰 죄인 교만과 과도한 자신감, 자기중심성이 자라 그 마음을 장악해 버린다.

따라서 믿음이 없는 사람에게 주어진 좋은 상황은 오히려 그들의 마음을 강팍하게 하거나 기만할 수 있다. 또한 어리석고 이기적으로 만들어 재앙을 초래하기도 한다. 반면 믿음이 있는 사람들은 나쁜 상황에서도 오히려 겸손하게 교훈을 얻으며, 단호하지만 남을 배려하는 품성을 갖게 된다. 무엇보다 그것을 통해 그리스도를 닮게 된다. 이처럼 좋은 상황이 나에게 끔찍한 일이 될 수 있고, 반대로 나쁜 상황이 굉장히 좋은 것이 될 수도 있다. 바울은 그것을 경험으로 알고 있었다. "여러 계시를(좋은 것) 받은 것이 지극히 크므로 너무 자만하지 않게 하시려고 내 육체에 가시(매우 고통스러운 것)를… 주셨으니"(고후 12:7).

여기에 적용할 널리 알려진 격언이 있다. "똑같은 태양 빛 아래 밀랍은 녹고 진흙은 굳는다." 달리 말해 우리 삶을 선하게 만드는 것은 특정한 상황들이 아니라 우리가 마음으로 그것들을 어떻게 받아들이느냐 하는 태도에 달렸다. 이것은 삶을 이해하고 살아가는 데 매우 중요한 원칙 가운데 하나다. 셰익스피어가 《줄리어스 시저》에서 암시했던 바이기도 하다. "친애하는 브루투스여, 잘못은 우리의 별들이 아니라 우리 자신에게 있네." 상황들을 바꾸는 것보다 더 중요한 것은 그것들에 대한 우리의 마음가짐과 자세를 새롭게 하는 것이다. 로마서 8장 28절을 믿고 묵상하며 그대로 살 때, 우리는 인생의 성공과 불행을 모두 같은 태도로 받아들일 수 있다. 아버지 되신 하나님이 우리의 성공과 불행 모두를 사용하셔서 결국에는 우리의 삶을 선하게 인도하신다는 것을 알기 때문이다.

:: 어떤 선인가

우리의 확신은 미래에 대한 소망, 성령의 내적인 역사, 그리고 삶의 모든 상황에서 선을 이루시는 하나님의 절대주권과 그분의 역사하심에 있다. 하지만 그 선은 과연 무엇일까? 하나님이 우리의 "모든 것"에서 이루시는 그 무엇을 우리는 확신하며 기대할 수 있을까?

29-30절에서 그 답을 찾을 수 있다. 하나님께 선이란 우

리가 생각하는 것보다 훨씬 크고 높은 것이다. NIV 성경 29절 맨 앞에 나오는 '왜냐하면(for)'은 28절이 29-30절과 밀접하게 연결되었다는 것을 보여 준다. 따라서 29-30절은 삶의 모든 상황 속에서 하나님이 무엇을 이루시는지, 곧 하나님의 목적이 실제로 무엇인지에 대한 설명이다. 왜 바울은 28절에서 끝내지 않고 29절과 30절을 더했을까? 28절은 어떤 일반적이고 추상적인 의미에서 좋은 결과를 낼 수는 있겠지만, 우리에게 고난이 왔을 때는 해답을 줄 수 없기 때문이다.

오히려 바울은 우리에게 일어나는 모든 것이 궁극적으로 우리의 성화와 거룩함, 그리고 구원을 가져온다고 강조한다. 모든 일이 서로 협력해서 결국에는 우리가 "그 아들의 형상을 본받도록"(29절) 만든다는 것이다.

여기서 하나님이 우리를 위해 이루시는 '선'이 다름 아닌 우리의 인격이 새롭게 되는 것임을 알게 된다. 하나님은 우리를 예수님처럼 사랑스럽고, 고귀하고, 참되고, 지혜롭고, 굳세고, 선하고, 기쁨을 주고, 관대하도록 만들어 가신다.

그래서 28절과 함께 29-30절도 함께 읽는 것이 대단히 중요하다! 어떤 사람들은 28절을 하나님이 비 그리스도인들보다 그리스도인들에게 더 좋은 것이나 유리한 상황을 주시는

---

29 하나님이 미리 아신 자들을 또한 그 아들의 형상을 본받게 하기 위하여 미리 정하셨으니 이는 그로 많은 형제 중에서 맏아들이 되게 하려 하심이니라 30 또 미리 정하신 그들을 또한 부르시고 부르신 그들을 또한 의롭다 하시고 의롭다 하신 그들을 또한 영화롭게 하셨느니라

것으로 읽는데, 이것은 바울이 의도한 바가 아니다. 바울은 그리스도인들에게 더 쉽고 편안한 삶을 약속하지 않는다. 바울은 우리가 비 그리스도인들보다 나쁜 상황을 덜 맞이할 것이라고 말하지 않는다. 오히려 하나님이 "모든 것"을 사용하셔서 우리 마음을 가르치시고, 겸손하게 하시고, 갈고 닦으셔서 그리스도를 닮게 만드실 것이라고 말한다. 여기서 말하는 모든 것이란, 인간이면 누구나 겪게 되는 좋고 나쁜 일들뿐 아니라 고난의 왕이신 그리스도를 따르는 데서 오는 고통도 포함된다. 위에서 보았듯이 같은 상황이라도 비 그리스도인들에게는 다른 결과를 가져올 수 있다.

그렇다면 이 모든 역사를 통해 하나님이 이루시려는 궁극적인 목표는 무엇일까? 그것은 "그 아들의 형상을 본받게 하기 위하여 미리 정했으니 이는 그로 많은 형제 중에서 맏아들이 되게 하려 하심이니라"(29절)에 드러난다. 이것은 놀라운 선언이다.

첫째로, 하나님은 우리가 그리스도를 닮아 가게 하신다. 모형이자 원형(당신의 아들)을 가지신 하나님은 모든 상황을 사용하셔서 우리를 다듬고, 윤내고, 녹이고, 매끄럽게 하고, 조각하고, 짜 맞추고, 주조하고, 형상을 빚어서 원형에 가깝게 하신다. 하나님은 그리스도의 완벽한 틀 속으로 우리를 부어 넣으신다. 본받게 한다는 것은 겉모습만이 아니라 모든 면에서 닮는 것이다. 우리는 내면 깊은 곳, 즉 안에서부터 밖으로 새롭게 빚어진다. 예수님의 형상을 닮아 간다는 것의 본질이 이것이다. "우리가 다 수건을 벗은 얼굴로 거울을 보는 것 같이 주의 영광을 보매 그와 같은 형상으로 변화하여 영광에서 영광에 이르니 곧 주의 영으로 말미암음이니라"(고후 3:18).

우리는 그분의 "형제"(29절)가 될 것이다. 우리는 법적으로만 하나님의 가족으로 입양된 것이 아니라(15절), 같은 가족으로서 그 모습에서도 닮아 가고 있다. 거듭 났을 때 우리는 하나님의 본성과 유전자를 받아서 "신성한 성품에 참여하는 자가"(벤후 3:18) 되었다. 삶의 상황들을 통해 하나님은 우리를 당신과 그리스도를 닮은 그리스도의 형제와 자매로 다듬어 가신다. 만물의 근원이신 하나님이 당신의 아들들인 우리를 영광으로 인도하시려고, 구원의 창시자이신 예수님을 고난을 통해 완벽하게 하신 것은 합당한 일이다. 거룩하게 하시는 분과 거룩하게 된 사람들이 한 가족이 되었다. 그래서 예수님은 우리를 형제라고 부르는 것을 부끄러워하지 않으셨다. "내가 주의 이름을 내 형제들에게 선포하고 내가 주를 교회 중에서 찬송하리라"(히 2:10-12).

로이드 존스는 이렇게 진술한다.

이 가르침을 듣고 나서 거룩하게 성화하고자 하는 가장 깊은 열망이 일어난다면 그것은 당신이 올바르게 이해하고 있다는 결정적인 증거가 될 것이다. 이것을 듣고도 거룩해지려는 간절함이 생기지 않는다면 당신의 믿음은 위험한 상태이다. …'그래, 나는 괜찮아. 내가 무엇을 하든 상관없어. 나는 구원받았으니까'라고 말한다면 잘못 이해한 것이다. …어느 누구도 자신을 낮추지 않고서는 이 가르침을 제대로 이해할 수 없다.[3]

:: 영광스럽고 끊어지지 않는 고리

로마서 8장 30절은 하나님이 당신의 자녀들을 그리스도의 모습으로 빚는 과정을 설명하고 있다. 여기서 바울은 하나님이 하시는 일을 묘사한 다섯 개의 능동적인 동사를 열거한다. 이 동사들을 이해하는 열쇠는 모두가 같은 사람들을 지칭한다는 통찰에 있다. 하나님이 미리 아신 사람들 중 일부를 부르시고, 부르신 사람들 중 일부를 의롭다 하신 것이 아니다. 오히려 하나님은 미리 아신 사람들을 정하시고, 부르시고, 의롭다 하시고, 영화롭게 하신 것이다. 그들 중 '일부'나 '대부분'이 아니라 항상 '그들 모두'를 그렇게 하셨다.

다음은 하나님이 그리스도인들을 위해 하신 일들이다.

- 미리 아셨다 : 하나님은 우리를 사랑하셨다.
- 미리 정하셨다 : 하나님은 우리를 위해 영광스러운 목적지를 계획하셨다.
- 부르시고… 의롭다 하셨다 : 하나님은 때에 맞추어 당

신의 계획을 실행하신다.

- 영화롭게 하셨다 : 하나님은 영원히 당신의 계획을 완수하신다.

우리는 이 놀라운 동사들을 차례로 살펴볼 필요가 있다.

첫 번째, 미리 아셨다. 모든 것을 아시는 하나님은 당연히 우리의 앞날을 아시고, 과거에 살았던 사람들과 앞으로 살게 될 사람들도 아신다. 하지만 이것은 바울이 말하고자 하는 바가 아니다. 그렇게 되면 그가 "미리 아셨던 사람들을 또한 의롭다 하시고 영화롭게 하셨다"는 말씀이 모든 사람들이 구원을 받는다는 의미가 되기 때문이다. 성경에서 하나님이 누군가를 "아신다"는 것은 인격적으로 그를 사랑하게 된다는 의미다. 예를 들면 예수님이 "내가 너희를 도무지 알지 못하니"(마 7:23)라고 하신 것은 그 사람과 어떠한 관계도 맺지 않겠다는 것이다. 따라서 미리 알았다는 것은 미리 사랑하셨다는 의미다. 다른 곳에서도(행 2:23, 롬 11:2, 벧전 1:2) 같은 의미로 사용되었다. 요약하자면 하나님은 시간이 시작되기도 전에 이미 우리를 사랑하셨다. 이것은 놀라운 사실이다!

두 번째, 미리 정하셨다. 미리 정한다는 것은 우리 자신과 다른 사람들을 위한 목적지를 정한다는 의미다. 곧 미리 계획을 세웠다는 뜻이다. 헬라어 프로리조(*proorizo*)는 한계를 정한 다음 시도한다는 의미다. 하나님은 우리를 사랑하시기에 그리스도의 형상을 본받아 그와 함께 영화롭게 되는 것을 목표로 정하셨다.

　　세 번째, 부르셨다. 로마서 8장 28절에서 보았듯이 "하나
님을 사랑하는 자"들은 부르심을 받았다. 29절에서 "부르심을
받은 자"는 "의롭다 함을 받은 자"와 "영화롭게 된 자"와 같은
사람들이다. 따라서 하나님이 부르신 자들은 의롭다 함을 받
고 마침내 영화롭게 된다. 그러므로 부르심은 진리를 깨닫도
록 우리 내면에 비추시는 하나님의 조명인 셈이다. 데살로니
가전서 1장 4-5절은 이것을 완벽하게 설명해 준다. 하나님이
"너희를 택하심을 아노라." 바울은 이것을 어떻게 알았을까?
"이는 우리 복음이 너희에게 말로만 이른 것이 아니라 또한 능
력과 성령과 큰 확신으로 된 것임이라." 비록 바울이 많은 사
람들에게 설교했지만 깊은 확신으로 응답한 사람들은 그들이
"선택 받았기" 때문에 그렇게 할 수 있었다. 하나님은 바울의
설교를 통해 그들을 부르셨다.

　　네 번째, 의롭다 하셨다. 이것은 하나님이 그리스도의 사
역에 근거하여 우리를 법적으로 의롭고 흠이 없다고 선고하고
대우하신다는 의미다. 우리가 그리스도를 믿을 때 우리는 의
로운 신분을 얻었다. 로마서 전체가 이것을 말하고 있다! 로마
서 8장 30절에서 보아야 할 핵심은 "의롭다 함"이 따로 떨어져
있는 사건이 아니라 영원 전에 시작되어, 시간과 역사 속으로
침투한 후, 다시 영원에서 끝나는 하나님의 모든 섭리 및 역사
와 연결되어 있다는 것이다. 30절은 하나님이 미리 알고 부르

지 않으셨다면, 어느 누구도 의롭다 함을 받을 수 없다는 사실을 보여 준다.

다섯 번째, 영화롭게 하셨다. 영화롭게 되는 것은 모든 죄를 제거하고 몸과 영혼이 완전해졌다는 의미다. 바울은 18-21절에서 이미 이것에 대해 말했다. "우리에게 나타날 영광… 하나님의 자녀들의 영광의 자유." 그런데 여기서 바울이 영화롭게 되는 것을 과거시제로 말하고 있음에 유의하자. 이것은 30절에 나오는 연결고리의 다른 동사들처럼 하나님이 틀림없이 우리를 영화롭게 하신다는 의미이다. 마치 너무 확실해서 이미 일어난 일과 같은 것이다. 영화로움에 이르는 연결고리를 어느 누구도 중간에서 끊을 수는 없다. 제임스 데니 (James Denny)의 말처럼 이 모든 과정은 서로 연결되어 있다.

> 마지막 단어('영화롭게 하셨다')에 과거시제를 사용한 것은 놀라운 일이다. 이것은 신약을 통틀어서도 믿음으로 말미암는 가장 대담한 기대이다.[4]

지금 우리가 서 있는 지점에서 이것은 어떻게 보이는가? 그리스도인들은 복음을 들었을 때 부름을 받았고, 그 복음을 믿었을 때 의롭다 함을 받았다. 이제 그리스도인들은 그 연결고리를 거슬러 올라가서 창세 전에 하나님이 자신들을 미리 사랑하셨고, 의롭게 되도록 미리 정하셨다는 것을 알 수 있다.

또한 앞으로는 하나님 안에 있는 상상할 수 없는 영광을 영원히 누릴 것을 안다. 우리가 하나님을 사랑한다면 우리는 부르심을 받은 것이다(28절). 그리고 우리가 부르심을 받은 백성들이라면 이미 사랑받았고, 미리 정해졌고, 의롭다 함을 받았고, 이제 곧 영화롭게 될 것이다. 이것은 놀라운 사실이다!

:: 우리의 대답은 무엇인가

"그런즉 이 일에 대하여 우리가 무슨 말 하리요?"(31절) 바울이 묻는다. 26-30절의 진리를 아는 그리스도인이라면 다음과 같은 태도를 보일 것이다. 바울의 질문은 다섯 가지다.

- 31절 : "만일 하나님이 우리를 위하시면 누가 우리를 대적하리요?" 전능하신 하나님의 목적이 우리를 영화롭게 하는 것이라면, 도대체 우리가 두려워할 것이 무엇인가?

- 32절 : "자기 아들을 아끼지 아니하시고… 어찌 그 아들과 함께 모든 것을 우리에게 주시지 아니하겠느냐?" 우리를 영화롭게 하기로 작정하신 하나님께서 가장 소중한 아들까지 포기하셨는데, 왜 우리는 필요

---

31 그런즉 이 일에 대하여 우리가 무슨 말 하리요 만일 하나님이 우리를 위하시면 누가 우리를 대적하리요 32 자기 아들을 아끼지 아니하시고 우리 모든 사람을 위하여 내주신 이가 어찌 그 아들과 함께 모든 것을 우리에게 주시지 아니하겠느냐 33 누가 능히 하나님께서 택하신 자들을 고발하리요 의롭다 하신 이는 하나님이시니

한 것을 받지 못할 것처럼 근심하는가?

- 33절 : "누가 능히… 고발하리요? 의롭다 하신 이는 하나님이시니." 우리를 영화롭게 하기로 작정하신 하나님이 우리를 의롭다고 선포하셨는데, 왜 우리는 죄책감을 느끼고 용서받지 못했다고 생각하는가?

- 34절 : "누가 정죄하리요 죽으실 뿐 아니라 다시 살아나신 이는 그리스도 예수시니… 우리를 위하여 간구하시는 자시니라." 완전한 삶을 사시고 완전한 죽음을 죽으신 그리스도께서 아버지 앞에서 우리를 변호하시는데, 왜 자신을 정죄하는가?

- 35절 : "누가 우리를 그리스도의 사랑에서 끊으리요?" 마지막 이 질문은 사실 다른 모든 질문들을 아우르는 최종 질문이기도 하다. 그리스도의 사랑에서 끊어지는 것이야말로 우리가 가장 두려워해야 할 것이다.

우리의 삶에서 가장 중요한 문제는 나를 그리스도의 사랑에서 끊을 수 있는 사람이나 무엇이 있느냐는 것이다. 왜냐하면 우리에게 있는 모든 의심과 근심, 그리고 불안이 여기서 비롯되기 때문이다. 바울의 편지를 처음 읽은 독자들이나 현대의 독자들도 주위를 둘러보면 그리스도의 사랑에서 우리를

---

34 누가 정죄하리요 죽으실 뿐 아니라 다시 살아나신 이는 그리스도 예수시니 그는 하나님 우편에 계신 자요 우리를 위하여 간구하시는 자시니라 35 누가 우리를 그리스도의 사랑에서 끊으리요 환난이나 곤고나 박해나 기근이나 적신이나 위험이나 칼이랴

끊을 수 있는 것처럼 보이는 것들이 많다. 환난, 곤고, 박해는 모든 그리스도인들에게 있다. 또한 굶주림, 헐벗음, 위험, 칼도 많은 그리스도인들에게 있다. 시편 44편 22절의 묘사처럼 역사 속에서 하나님의 백성들은 일상적으로 죽음과 직면하며 살아왔다. 그렇다면 그토록 많은 방해와 대적에도 불구하고 우리를 그리스도의 사랑에서 떼놓을 수 있는 것은 과연 없는 것일까?

바울의 대답은 '그렇다'이다. 그는 최악의 상황에서조차 "우리가 넉넉히 이기느니라"(37절)고 단언한다. 어떠한 것도 30절에 나오는 연결고리를 끊지 못한다. 그리스도인들은 최악의 상황들을 통해서, 또한 최악의 상황들을 극복하면서 승리한다. 왜 그런가? 하나님은 "미리 아신 자들을" 한 사람도 잃지 않으시기 때문이다. 하나님은 당신을 사랑하는 자들의 선을 항상 이루신다. 하나님은 인간의 모든 역사 안에서 사랑과 절대주권으로 관여하신다.

그래서 바울은 어떤 것도 "우리를 우리 주 예수 그리스도 안에 있는 하나님의 사랑에서 끊을 수 없으리라"(39절)고 "확신한다"(38절). 인간이 경험하는 어떤 것도(사망이나 생명이나, 38절), 영적인 존재도(천사들이나 권세자들이나), 시간도(현재 일이나 장래 일

---

36 기록된 바 우리가 종일 주를 위하여 죽임을 당하게 되며 도살 당할 양 같이 여김을 받았나이다 함과 같으니라 37 그러나 이 모든 일에 우리를 사랑하시는 이로 말미암아 우리가 넉넉히 이기느니라

이나), 하나님의 백성을 대적하는 어떤 것들도(능력이나), 공간도(높음이나 깊음이나, 39절), 다른 어떤 피조물도 끊을 수 없다. 그 어떤 것도 그리스도의 사랑에서 우리를 끊지 못한다! 왜 그런가? 하나님은 우리 안에 있는 것이나 주변에 있는 어떤 것 때문이 아니라 단지 당신이 선택하셨기 때문에 우리를 사랑하신다. 요컨대 하나님이 우리를 사랑하시는 것은 어떤 이유가 있어서가 아니다. 그냥 우리를 사랑하기로 하셨기 때문이다.

로마서의 이 대목에서 예정론에 관한 다양한 질문들이 제기될 수 있다. 로마서 9-11장에서 더 깊이 다루겠지만, 예정론 대 자유의지라는 오랜 철학적 논쟁을 바울이 여기서 펼치려고 하지는 않는다는 것만 기억하자. 오히려 바울은 삶의 고난뿐 아니라 우리 자신의 죄에도 당당하고 변치 않는 확신으로 맞서야 한다고 역설한다! 전능하신 하나님이 우리를 온전히 거룩하고 영광스럽게 만들기로 작정하셨는데, 글자 그대로 그 무엇도 우리를 향한 하나님의 계획을 뒤엎을 수는 없다!

바울은 참으로 실제적인 사람이다. 그는 우리에게 이렇게 말한다. "친구여, 당신은 부르심을 받았는가? 당신 영혼 깊은 곳에 복음이 능력으로 임했는가? 당신을 의롭게 해주길 하나님께 구했는가? 좋다! 위대한 하나님이 창세전에 영원의 심

---

38 내가 확신하노니 사망이나 생명이나 천사들이나 권세자들이나 현재 일이나 장래 일이나 능력이나 39 높음이나 깊음이나 다른 어떤 피조물이라도 우리를 우리 주 그리스도 예수 안에 있는 하나님의 사랑에서 끊을 수 없으리라

연 속에서 당신을 사랑하지 않으셨다면, 또한 하나님의 가족으로 영원히 당신과 함께 살기 위해 지금도 계획대로 어떤 실수도 없이 일하지 않으신다면 일어나지도 일어날 수도 없는 이것을 이제 깨달으라."

이 질문들의 목적은 우리의 불신앙을 깨뜨려서 우리가 은혜만으로 구원받았기에 어떠한 두려움도 없이 살도록 하는 데 있다. 이것은 놀랍고, 확고하고, 강렬한 논리로, 로이드 존스는 이것을 '이글거리는 논리'(logic on fire)라고 불렀다!

바울은 우리에게 다음과 같이 도전한다. "생각해 보라! 두려운가?(31절) 그렇다면 생각하고 있지 않은 것이다! 염려하고 있는가?(32절) 그렇다면 생각하지 않은 것이다! 죄책감을 느끼는가?(33절) 그렇다면 생각하고 있지 않은 것이다! 그저 받은 은혜와 의롭다 하시는 진리를 생각해 보라! 그것은 메마른 교리가 아니라 그 자체로 살아 있는 말씀이다! 만일 당신이 강렬한 확신과 능력 가운데 살고 있지 않다면, 당신은 제대로 이해하지 못한 것이다." 해결책은 18-30절을 반복해서 읽고 깊이 묵상해서 그 진리대로 사는 것을 배우는 데 있다.

Part 2

구원은
'하나님의
절대주권'에
속한다

ROMANS 8-16
FOR YOU
TIMOTHY KELLER

01

●

택하심은 하나님의 절대주권이다

롬 9:1-29

●

육신의 자녀가
하나님의 자녀가
아니요

　　많은 사람들은 로마서 9-11장이 앞의 1-8장이나 그 뒤
의 12-16장과 아무런 연관성이 없다고 생각한다. 1-8장은 우
리가 어떻게 의롭다 함을 받았는지, 그리고 하나님이 의롭게
하신 백성들을 위해 어떻게 일하고 계신지에 관한 내용이다.
그리고 12-16장은 우리가 의로운 백성으로서 어떻게 살아야
하는가에 대한 상세한 기술이다. 그래서 8장 다음에 바로 12장
이 와야 편지가 논리적으로 연결되는데, 그 중간에 복잡하고
난해한 9-11장이 끼어들면서 멀리 둘러 가는 느낌이다. 그렇
다면 9-11장은 왜 여기에 기록된 것일까?
　　로마서 8장은 구원이 우리 자신의 의지나 능력이 아니라
그것을 끝까지 보장하시는 하나님께 달려 있다는 바울의 확신
이 최고조에 이르면서 마무리된다. 우리를 부르시고, 마음으로

진리를 받아들이게 하여, 구원의 완성을 향해 우리를 인도하시는 주관자는 하나님이다. "미리 정하신 그들을 또한 부르시고, 부르신 그들을 또한 의롭다 하시고, 의롭다 하신 그들을 또한 영화롭게 하셨느니라"(30절). 그런데 누군가가 바울에게 이렇게 질문하는 것을 상상해 볼 수 있다. "바울, 잠깐만요! 하나님이 누군가를 부르시면 항상 천국에까지 인도하신다고 했잖아요. 하지만 유대인들은 어떻게 된 일입니까? 하나님은 유대인들을 불러 그들에게 직접 오셨는데, 그들 대부분은 지금까지 예수님을 거부하고 있지 않습니까? 그렇다면 그 부르심의 목적이 좌절될 수도 있나 봅니다! 하나님이 이스라엘을 당신의 백성으로 삼겠다고 약속하셨는데도, 대다수의 유대인들이 여전히 그리스도를 믿지 않는다면, 그것은 하나님의 약속과 능력, 혹은 긍휼이 잘못되고 있다는 의미가 아닌가요?"

이처럼 유대인의 불신앙에 관한 문제는 유대인과 이방인을 모두 포함했던 1세기 교회들뿐만 아니라 지금 우리에게도 매우 중요한 문제이다. 이것은 하나님이 누구시며 어떻게 일하시는지에 관한 논의로 이어진다.

:: 그치지 않는 바울의 번민

로마서 9장에서 가장 두드러진 특징 가운데 하나인 바울의 감정적인 번민에 대해서는 이제껏 논의된 바가 거의 없었다. 바울은 약한 사람이 아니다. 그는 매질과 난파, 굶주림, 비웃음, 중상을 이겨낸 사람이다(고후 6:4-10). 그래서 로마서 9장 1-3절의 내용은 더욱 더 놀랍다. 1절에는 바울이 말하는 바의 심각함이 분명하게 드러난다. 나에게 큰 근심이 있는 것과 마음에 그치지 않는 고통이 있는 것"은 과연 진심이었다(1절). 왜 일까? "나의 형제 곧 내 골육의 친척… 이스라엘 사람"이 복음을 거부했기 때문이다(3-4절). 바울은 그리스도를 알았고 그분의 의를 누린다는 것과 그 구원을 거부할 때 받게 될 결과까지도 잘 알았다. 그래서 어떻게든 자신의 동족인 유대인들이 그리스도를 믿게 되기를 원했다. 바울 "자신이 저주를 받아 그리스도에게서 끊어질지라도" 그것을 원했다.

그의 말에 우리는 깜짝 놀라지 않을 수 없다! 바울의 마음은 이런 것이다. "어떻게든 나의 유대인 형제자매들이 구원받을 수 있다면, 앞서 로마서 1-8장에서 말했던 그리스도를 아는 모든 유익들을 기꺼이 포기하겠습니다." 여기서 우리는 바울의 진면목을 엿보게 된다. 그에게 있어서 인생의 최고 관심사는 과연 하나님을 영화롭게 하고 다른 사람을 사랑하는 것이었다. 그가 다른 교회들에 쓴 서신들을 보면 논리적이면서도 따뜻한 마음을 지니고 있었음을 알 수 있다. 그는 자신의

---

1 2 내가 그리스도 안에서 참말을 하고 거짓말을 아니하노라 나에게 큰 근심이 있는 것과 마음에 그치지 않는 고통이 있는 것을 내 양심이 성령 안에서 나와 더불어 증언하노니

동족이 구세주를 버린 것을 보며 "그치지 않는 고통"을 느꼈다. 하지만 그 사실을 못 본 체하거나 무효로 만들기 위해 자신의 교리를 수정하지 않았다. 오히려 스스로 그것을 짊어졌다. 우리가 9-11장에서 나오는 진리들과 씨름하려면, 바울이 9장 1-3절을 머리가 아닌 자신의 구원을 포기하고서라도 유대인들이 구원받기를 열망하는 마음으로 썼다는 사실을 기억하는 것이 중요하다. 그는 무엇보다 하나님께 영광 돌리고 싶었고, 또한 유대인들이 예수님이 어떤 분이며 그들 속에서 어떻게 일하시는지 알려 주기 원했다. 바울에게는 이것이 논리적으로 뿐 아니라 감정적으로도 대단히 중요한 문제였다.

:: 유대인, 특권을 잃다

어떤 의미에서 유대인들이 그리스도를 거부한 것은 가장 이해하기 어려운 사실 가운데 하나다. 왜냐하면 하나님의 백성으로서 누린 유익들이(4-5절) 너무나 많았기 때문에, 이들이 그리스도를 기다리고 주목한 것은 마땅한 일이었다.

첫째, "양자 됨"은 출애굽기 4장 22절과 성경의 다른 곳에서 이스라엘이 하나님의 아들로 부름 받았음을 가리킨다. 따라서 이스라엘은 예수님을 통해 하나님께 "아빠"라고 부르

---

3 나의 형제 곧 골육의 친척을 위하여 내 자신이 저주를 받아 그리스도에게서 끊어질지라도 원하는 바로라

며 나아갈 수 있다는 가르침을 받도록 이미 준비되어 있었다.

둘째, "영광"은 히브리어로 쉐키나(shekinah)인데, 하나님이 성막과 성전 가운데 거하신다는 표시로 눈으로 볼 수 있는 하나님의 영광스런 구름을 가리켰다(출 29:42-45, 왕상 8:10-11). 그리고 하나님의 존재가 더 확실하게 드러난 사건이자 표시가 곧 예수님의 성육신이었다. "말씀이 육신이 되어 우리 가운데 거하시매 우리가 그의 영광을 보니"(요1:14).

셋째, "언약들"은 하나님이 아브라함(창 15장), 모세(출 24:8), 그리고 다윗(삼하 23:5)을 통해 당신의 백성들과 맺으신 관계를 말한다. 하나님은 이들 각자와 새롭게 관계를 맺으셨고 모두에게 복을 약속하셨다. 더불어 이들 모두에게 약속을 성취하실 메시아 혹은 장차 올 인물에 대해서도 말씀하셨다(창 12:1-3, 신 18:18, 삼하 7:12-13).

넷째, "율법을 세우신 것"은 십계명과 다른 모든 율법들을 이스라엘에게 계시하신 것을 가리킨다(신 4:8). 로마서 2장에서 바울은 우리가 율법을 제대로 깨닫는다면, 우리 자신에게는 구원 받을 자격이 없음을 알고서 하나님이 베푸시는 구원을 소망하게 되었을 것이라고 했다.

다섯째, "예배"란 성전에서 드리는 눈으로 볼 수 있는 예

---

4 그들은 이스라엘 사람이라 그들에게는 양자 됨과 영광과 언약들과 율법을 세우신 것과 예배와 약속들이 있고 5 조상들도 그들의 것이요 육신으로 하면 그리스도가 그들에게서 나셨으니 그는 만물 위에 계셔서 세세에 찬양을 받으실 하나님이시니라 아멘

식을 가리킨다. 히브리서 9장 1-5절에는 성전에서 예배하는 모습이 잘 묘사되어 있다. 곧 사람들이 하나님께 나아갈 수 있는 방법으로 피의 제물, 정결 예식을 위한 씻음과 준비 과정, 그리고 사람들을 대신해서 성소에 들어가는 제사장이 필요했다. 하나님이 주신 이 모든 예법들을 살펴보면 우리 마음대로 하나님께 나아갈 수 있는 것이 아니라, 죄를 속죄할 제물의 피와 우리를 대신할 제사장이 꼭 있어야 했다. 그리고 우리의 구세주이신 예수님은 우리를 위한 희생 제물과 우리를 위한 대제사장, 그리고 우리를 위한 정결이자 빵이 되셨다(히 8:1-6).

여섯째, "약속들"은 메시아가 오실 것을 약속한 구약의 수많은 예언들과 약속들을 지칭한다(창 3:14-19, 창 49:10, 시 2:2-7, 시 16:9-10, 시 22, 사 7:14, 사 9:6-7, 사 52:13-15, 미 5:2).

일곱째, "조상들"은 아마도 아브라함과 이삭, 야곱뿐만 아니라 요셉, 모세, 여호수아, 사무엘, 그리고 다윗과 같은 사람들을 가리킬 것이다. 물론 어느 민족이나 위대한 지도자들이 많지만, 바울은 하나님이 이들을 통해 이스라엘에게 말씀하셨다는 사실을 강조하는 것 같다. 사실 이들 대부분은 메시아의 오심을 예언하고 또한 미리 보여 주었다.

여덟째, "육신으로 하면 그리스도가 그들에게서 나셨으니"(5절). 이 말씀은 명확하지만 가끔씩 간과되기도 한다. 예수님은 유대인이셨다. 하나님의 아들이 인간이 되시려면 특정한 민족과 문화의 옷을 입어야 했다. 예수님은 유대인이 되심으로써 그들에게 큰 영광을 주셨을 뿐 아니라 다른 어떤 민족보다 더 쉽게 하나님의 아들과 관계를 맺을 수 있게 하셨다.

:: 이스라엘이라고 모두 이스라엘은 아니다

그렇다면 왜 유대인들은 여러 번 약속되고, 오랫동안 기다려 온 자신들의 왕을 알아보지 못한 것일까? 우선 바울은 "그러나 하나님의 말씀이 폐하여진 것 같지 않도다"(6절)라며 한 가지 대답을 배제해 버린다. 하나님은 이러한 약속들과 언약들을 족장들과 예언자들을 통해 이스라엘에게 주셨다(창 12:1-3). 예를 들면 하나님은 아브라함에게 그의 후손들을 복 주실 것이라고 말씀하셨다. 하지만 바울은 "이스라엘에게서 난 그들이 다 이스라엘이 아니요"(6절)라고 말하며 중요하고 근본적인 구분을 짓는다. 이스라엘이 누구인지 제대로 정의해야 한다는 것이다! 아브라함과 이삭, 야곱의 후손들 중에서 참 이스라엘이 아닌 사람이 있고, 반대로 그 후손이 아닌 사람들 중에도 참된 이스라엘이 있다는 것이다(바울은 이미 4장 11~12절과 16절에서 이것을 말했다).

바울은 자신의 주장을 증명하기 위해 구약 성경에 나오는 두 가지 사례에 주목한다. 하나님은 아브라함의 후손이 복

6 그러나 하나님의 말씀이 폐하여진 것 같지 않도다 이스라엘에게서 난 그들이 다 이스라엘이 아니요

을 받을 것이라고 약속했는데, 그에게는 이삭과 이스마엘, 두 아들이 있었다. "오직 이삭으로부터 난 자라야 네 씨라 불리리라 하셨으니"(7절, 바울은 창 21장 12절을 인용하고 있다). 하나님은 아브라함의 아들 중 한 사람만을 받아들여 주셨다. 이스마엘은 아브라함에게 육신의 아들이었지만 영적인 후손은 아니었다. 그래서 바울은 사라에게서 태어난 이삭만이 "약속의 자녀"(8절)이고, 하나님의 복을 받게 될 것이라고 말한다(9절).

곧이어 바울은 이삭과 리브가의 쌍둥이 아들을 예로 들며 그 원리를 다시 보여 준다. 그들이 "이삭 한 사람으로 말미암아 임신"(10절)되었기에 둘 다 육신으로는 아브라함의 자손이지만, 그중 한 사람만이 영적인 후손이 되어 약속들을 유업으로 받았다. 바울은 야곱과 에서의 경우를 이삭과 이스마엘의 경우보다 더 깊이 논의한다. 왜 아브라함의 자손 중 어떤 이는 참된 이스라엘이고, 다른 이는 그렇지 않은지, 이 곤란한 질문에 대해 답한다(나아가 바울은 왜 어떤 사람은 하나님을 사랑하고, 다른 사람은 그렇지 않은가라는 더 포괄적인 질문까지 대답할 것이다).

바울의 대답이 늘 받아들이기 쉬운 것은 아니지만 그렇다고 그것을 회피하거나 외면하기도 어렵다. 첫 번째, 하나님

---

7 또한 아브라함의 씨가 다 그의 자녀가 아니라 오직 이삭으로부터 난 자라야 네 씨라 불리리라 하셨으니 8 곧 육신의 자녀가 하나님의 자녀가 아니요 오직 약속의 자녀가 씨로 여기심을 받느니라 9 약속의 말씀은 이것이니 명년 이 때에 내가 이르리니 사라에게 아들이 있으리라 하심이라

은 "그 자식들이 아직 나지도"(11절) 않았을 때 이미 에서가 아닌 야곱을 축복하기로 선택하셨다.

두 번째, 그 택하심은 두 아이의 삶이 나중에 어떻게 될 것인지에 대한 하나님의 지식에 근거하지 않았다 "그 자식들이… 무슨 선이나 악을 행하지 아니한 때에" 택하신 것이다. 어떤 사람들은 하나님이 누가 당신의 길을 받아들이고 거부할지 미리 아시는 것이라고 주장한다. 하지만 11절은 "행위로 말미암지 않고 오직 부르시는 이로 말미암아"라고 단언하면서 택하심의 핵심을 재차 강조한다.

세 번째, 야곱과 에서에게 있는 유일한 차이는 "택하심을 따라 되는 하나님의 뜻"이었다(11절). 택하심에 해당되는 헬라어 에클로게(ekloge)는 '뽑다' 혹은 '선택하다'는 의미다.

거기에 더해 13절에서 바울은 예언자 말라기를 통해 하신 하나님의 말씀을(말 1:2-3) 바꾸어 표현했다. "내가 야곱을 사랑하였고 에서는 미워하였으며." 여기서 하나님의 미움을 우리가 일상에서 품는 감정적인 미움이라고 생각해서는 안 된다. 여기에는 히브리어의 관용적 표현이 숨어 있다. 예수님은 제자들에게 당신을 따르기 위해서 그들의 가족들을 "미워해

---

10 그뿐 아니라 또한 리브가가 우리 조상 이삭 한 사람으로 말미암아 임신하였는데
11 그 자식들이 아직 나지도 아니하고 무슨 선이나 악을 행하지 아니한 때에 택하심을 따라 되는 하나님의 뜻이 행위로 말미암지 않고 오직 부르시는 이로 말미암아 서게 하려 하사

야"한다고 하셨다(눅 14:26). 그것은 글자 그대로 부모를 미워하는 의미가 아니라 그들보다 예수님을 더 좋아하라는 뜻이다. 바울은 하나님이 야곱을 택하신 이유가 에서보다 탁월한 도덕성을 지녔기 때문이 아니라고 말한다. 야곱이 약속을 받은 유일한 이유는 하나님의 자비로운 택하심 덕분이었다.

이 가르침은 이해하기는 쉽지만 받아들이기는 쉽지 않다. 바울의 대답 때문에 사람들은 수세기에 걸쳐 혼란스러워했다. 흔히 사람들이 로마서 9-11장을 건너뛰는 이유이기도 하다. 이 책의 부록에서 이 주제와 관련된 난제들과 쟁점들을 보다 상세하게 다룰 것이지만, 우선 까다로운 두 가지 문제에 대해서만 살펴보기로 하자.

첫 번째, 이 말은 하나님이 자의적이라는 의미인가? 그렇다면 하나님은 '어떤 것을 고를까, 알아맞혀 봐!'라는 식으로 사람을 선택하시는가? 바울은 이에 대해 하나님이 아무런 이유 없이 선택하는 것은 아니라고 말한다. 우리가 알 수 있는 것은 다만 선택의 이유가 우리에게 있지 않다는 것이다. 신앙인이라고 해서 더 유리할 것은 아무것도 없다.

두 번째, 택정론은 풀기 어려운 많은 문제들을 야기한다. 그런데 왜 굳이 그것을 고집해야 하는가? 사실 이것 때문에 많은 문제들이 발생한다. 하지만 이것을 수용하는 가장 큰 이유

---

12 리브가에게 이르시되 큰 자가 어린 자를 섬기리라 하셨나니 13 기록된 바 내가 야곱은 사랑하고 에서는 미워하였다 하심과 같으니라

는 다른 모든 대안들이 더 많은 난제들을 만들어내기 때문이다. 우선 이것을 빼버리면 행위가 아닌 오직 은혜로 구원받는다는 성경의 중심 논지가 위태롭게 된다. 더 겸손하거나 더 관대하다고 해서 구원받을 가능성이 더 많아진다면, 결국 우리 자신이 우리를 구원하는 장본인이 되고 마는 것이다.

:: 하나님이 실패했는가

그래서 바울은 "하나님의 약속은 실패하고 말았는가?"라는 질문에 대해 비록 확정적이지는 않지만 전반적인 답변을 준다.

첫째, 구약 성경에서 하나님의 약속들은 육신의 후손이라고 해서 자동적으로 주어진 것이 결코 아니었다. 이스라엘에게 주어진 약속들을 이어받기 받기 위해서는 반드시 영적인 믿음이 필요했다.

둘째, 바울은 약속을 물려받는 영적인 믿음이 결국은 하나님의 선택에서 말미암는다고 확언한다. 하나님은 이스라엘 민족 모두를 택하신 것이 아니었다. 따라서 이스라엘 민족 모두가 믿지도 않았다. 하지만 이것은 "여기까지"만 해당되는 대답이라는 사실에 유의해야 한다. 로마서 11장에서 바울은 이스라엘의 불신앙이 영원하지는 않을 것이라고 말한다. 장차 수많은 유대인들이 기독교로 개종할 것이다. 그럼에도 불구하고 바울은 여기서 택하심의 가르침을 분명히 한다. 하나님께 자유롭게 나아오는 사람들은 하나님이 자유롭게 택하신 사람들이다.

:: 하나님이 불의하신가

로마서 9장 14절의 첫 부분은 바울이 이전에도 이 문제에 대해 가르친 적이 있다는 사실을 알려 준다! 그는 앞에서 사람들이 믿지 않는 이유가 하나님이 택하지 않으셨기 때문이라고 말했다. 이어서 그는 "그런즉 우리가 무슨 말 하리요? 하나님께 불의가 있느냐?"라고 묻는다. 물론 바울이 이 질문을 던진 이유는 많은 사람들이 처음 택정에 대해서 들었을 때 이같은 반응을 보인다는 사실을 알기 때문이다! 다음과 같이 반응하는 것은 정상적이다. "모두가 아니라 그중 일부만 선택받는다는 건 불공평하지 않나요? 하나님이 불공평하신 건가요?" 하지만 바울은 반박한다. "하나님은 조금도 불공평하지 않으시다."

14-18절에서 바울은 논의의 초점을 족장들의 믿음에서 모세와 바로의 시대로 옮겨 간다. 여기서의 중심 논제는 하나님이 택하신 사람들에게 긍휼을 베푸신다는 것이다. 출애굽기 33장 18-19절에서 모세는 비록 이스라엘이 하나님을 버렸더

---

14 그런즉 우리가 무슨 말을 하리요 하나님께 불의가 있느냐 그럴 수 없느니라

라도 계속해서 그들 중에 함께해 주시길 간구했다. 그는 "주의 영광을 내게 보이소서"라고 기도했다. 모세는 "하나님 제발 당신이 누구시며, 왜 하나님인지 저에게 보여 주소서"라고 간구한 것이다. 이에 대한 하나님은 응답은 이랬다. "내가 내 모든 선한 것을 네 앞으로 지나가게 하고 여호와의 이름을 네 앞에 선포하리라 나는 은혜 베풀 자에게 은혜를 베풀고 긍휼히 여길 자에게 긍휼을 베푸느니라"(출 33:19). 따라서 바울은 로마서 9장 15절에서 하나님의 가장 중요한 성품 하나를 말하고 있다.

이것을 잘못 이해하면 마치 변덕스러운 독재자의 말처럼 들리기도 한다. 하지만 긍휼이라는 말뜻에는 의무라는 의미가 전혀 포함되어 있지 않다. 따라서 긍휼이 불공평하다고 말하는 것은 모든 사람에게 갚아야 할 빚이 있다고 말하는 것과 같다. 긍휼은 분에 넘치는 것을 받는 것을 의미하고 그것은 베푸는 사람의 전적인 자유에 달려 있다. 따라서 하나님이 택한 사람들에게만 긍휼을 베푸시는 것은 불공평하다는 말은 모순이된다. 바울은 하나님이 어떤 누구에게도 구원을 빚지지 않았다고 말한다. 만약 하나님이 어느 누구에게도 빚지지 않았다면, 모두에게 긍휼을 베푸시든, 일부에게만 베푸시든, 아니면 아무에게도 베풀지 않으시든 그것은 하나님의 전적인 자유다. 존 스토트는 다음과 같이 말한다.

---

15 모세에게 이르시되 내가 긍휼히 여길 자를 긍휼히 여기고 불쌍히 여길 자를 불쌍히 여기리라 하셨으니

바울은 하나님의 긍휼을 선포하는 것으로써 하나님의 공
의를 변호하고 있다. 이것은 완전히 불합리한 추론처럼
들린다. 하지만 그렇지 않다. 그는 질문 자체에 논리적인
오류가 있음을 알려 준다. 왜냐하면 하나님은 공의가 아
니라 긍휼에 기초해서 죄인들을 구원하시기 때문이다.[1]

구원은 "원하는 자로 말미암음도 아니요 달음박질하는
자로 말미암음도 아니요 오직 긍휼히 여기시는 하나님으로 말
미암는"(16절) 것이다. 그러므로 어느 누구도 하나님이 긍휼을
베풀기로 택하신 사람들보다 더 많은 사람들에게 베풀지 않으
신다고 비난할 수 없다. 구원은 하나님의 선물이지 우리의 성
과나 권리가 아니다.

도심 빈민가의 학생 스무 명을 택해 이들에게 학비 전액
을 지원하기로 결심한 부자를 예로 들어 보자. 사실상 비슷한
자격을 갖춘 수천 명의 학생들이 있을 것이고, 그도 스무 명이
아니라 더 많은 학생들을 도울 수도 있다. 하지만 부자가 스무
명만 도왔다고 해서 다른 학생들에게 불공평하게 처신했다고
어느 누가 말할 수 있겠는가? 이 부자에게는 특별히 어느 누구
를 도와주어야 할 의무가 전혀 없다. 그가 베푼 것은 긍휼이기
때문에 불공평하다고 말할 수 없는 것이다.

---

16 그런즉 원하는 자로 말미암음도 아니요 달음박질하는 자로 말미암음도 아니요 오
직 긍휼히 여기시는 하나님으로 말미암음이니라

어느 누구도 하나님의 긍휼을 요구하지 못한다(만일 그랬다면 그것은 더 이상 긍휼이 아니다). "죄의 삯은 사망"(6:23)이다. 따라서 하나님이 긍휼을 모든 사람들에게 베풀지 않으신 것이 놀라운 것이 아니라 누구에게나 베푼다는 사실이 놀라운 것이다.

:: 바로의 완악한 마음

바울은 이제 이스라엘을 노예로 만들고 자유를 억압한 이집트 왕 바로를 주목한다. 바로가 이렇게 한 것은 그가 그렇게 하도록 하나님이 결정하셨기 때문이다. "내가 이 일을 위하여 너를 세웠으니 곧 너로 말미암아 내 능력을 보이고 내 이름이 온 땅에 전파되게 하려 함이라"(17절, 출 9:16에서 인용). 긍휼을 베풀기로 택하신 자들에게 기꺼이 긍휼을 베푸시는 것처럼(15절), 하나님은 "하고자 하시는 자를 완악하게"도 하신다(18절).

이 단락을 이해하는 것이 결코 쉽지는 않지만 깊이 생각해 보면 그 의미를 깨닫게 된다. 17-18절에서 바울은 하나님의 절대주권이 인간의 책임과 어떤 연관이 있는지의 예로 바로를 든다. 출애굽기 4-14장에 나오는 흥미진진한 이야기는 우리의 마음을 사로잡는다. 하나님은 바로의 마음을 완악하게 하셨다. "내가 그의 마음을 완악하게 한즉 그가 백성을 보내 주지 아니하리니"(출 4:21, 다음도 참조할 것 7:3, 9:12, 10:1, 10:20, 10:27). 하지만 다른 한편으로는 "바로가 그의 마음을 완강하게 하여"(출 8:15, 다음도 참조할 것 8:19, 8:32, 9:7, 9:17, 9:34)라고도 했다. 하나님은 "네가 내 백성 앞에 교만하여"(출 9:13-18) 벌을 받는 것이라고 말씀하신다.

마음이 완악해지는 것에 대해 성경은 무엇이라고 말할까? 어떤 사람들은 바로가 원래 좋은 사람인데 하나님이 그의 마음을 완고하고 차갑게 바꾸어 버렸다고 생각한다. 하지만 이것은 올바른 해석이 아니다. 출애굽기를 자세히 살펴보면 바로가 이스라엘 민족 전체를 노예로 삼고 영아 살해를 통해 멸족시키려 했다는 것을 알 수 있다. 하나님이 바로의 마음을 완악하게 하셨다는 내용과 함께, 바로 스스로도 마음을 완악하게 했다는 내용도 많다. 둘 다 맞다. 게다가 바울은 로마서 1장 24절에서 이것에 관해 이미 말했다. 바울은 사람들의 마음이 욕망으로 가득 차 있기 때문에 "그러므로 하나님께서 그들을 정욕대로 더러움에 내버려" 두셨다고 말한다. 다시 말해 하나님이 바로의 마음을 완악한 대로 내버려 두셨다는 것이다. 바로는 하나님께 저항하기로 마음먹었고 하나님은 바로가 그렇게 되도록 하셨다. 바로가 스스로 택한 것을 하나님이 그냥 두신 것이다.

하나님이 누군가의 마음을 완악하게 하실 때는 그 완악함을 직접 만들지는 않으신다. 단지 자신이 택한 대로 내버려

---

17 성경이 바로에게 이르시되 내가 이 일을 위하여 너를 세웠으니 곧 너로 말미암아 내 능력을 보이고 내 이름이 온 땅에 전파되게 하려 함이라 하셨으니 18 그런즉 하나님께서 하고자 하시는 자를 긍휼히 여기시고 하고자 하시는 자를 완악하게 하시느니라

두신다. 하나님은 완악하게 되고 싶은 사람들을 완악하게 하신다. 따라서 하나님이 완악하게 하신 사람들은 완악하게 되고 싶은 사람들이다.

마틴 로이드 존스는 다음과 같이 말했다.

> 이 세상은 죄에 빠져 들지만 하나님은 그것을 제한하고 억제하신다. 만일 하나님이 그렇게 하지 않으신다면 이 세상은 그야말로 혼돈과 지옥이 될 것이다. 하나님이 더 이상 제어하지 않으신다면, 사람들의 마음은 언제든지 완악해지고 말 것이다. …이것은 하나님이 사람들의 마음을 완악하게 하는 하나의 방법이다. …그들 마음대로 하도록 내버려 두시는 것이다.[2]

:: 우리에겐 따질 권리가 없다

이제 바울은 하나님이 어떤 사람에게는 긍휼을 베풀고 또 다른 사람에게는 긍휼을 베풀지 않으시는 것이 왜 불공평한 일이 아닌지 더 자세히 논증한다. 바울은 이미 스스로 완악해진 바로의 사례를 통해 질문에 답했다. 하지만 여기에는 고려해야 할 중요한 사항이 세 가지 정도 더 있다.

첫째, 바울은 20-21절에서 우리에 대한 소유권이 하나님께 있다고 말한다. "그렇다면 어째서 하나님이 우리에게 허물이 있다고 나무라십니까"라며 하나님의 '공평함'에 대해 의문을 제기하는 사람들에게 이것은 그 자체로 충분한 답이 될 것이다. "이 사람아 네가 누구이기에 감히 하나님께 반문하느냐"(20절). 피조물인 우리에게는 창조주께 의문을 제기할 지혜도 권리도 없다. 욥이 하나님께 왜 고난을 주셨는지 물었을 때 하나님은 바로 이런 식으로 대답하셨다. 사탄은 욥이 하나님을 사랑하는 것이 아니라 단지 하나님께 받은 것들을 사랑한다는 것을 증명하려고 했다. 이에 하나님은 사탄이 욥을 시험하도록 허락하셨다(욥 1:8-12). 하나님은 욥이 이러한 사탄의 시험을 통과하도록 선택하실 수도 있었다. 그런데 하나님은 오히려 의문을 제기할 수 있는 욥의 권리조차 문제 삼으셨다(욥 38-41장). 욥이 누구이기에 자신의 창조주에게 의문을 제기하고 반문한단 말인가?

우리 또한 하나님이 우리의 심판관임을 기억해야 한다. 우리가 하나님의 심판관이 되어서는 안 될 것이다. 또한 하나님이 우리의 창조주이심을 인정해야 한다. 자기 마음에 드는 하나님을 가공하고 있지는 않는지 항상 조심해야 한다. 하나님은 토기장이시고 우리는 진흙이다(21절).

둘째, 22절에서 바울은 우리를 구원하시는 분은 하나님

19 혹 네가 내게 말하기를 그러면 하나님이 어찌하여 허물하시느냐 누가 그 뜻을 대적하느냐 하리니 20 이 사람아 네가 누구이기에 감히 하나님께 반문하느냐 지음을 받은 물건이 지은 자에게 어찌 나를 이같이 만들었느냐 말하겠느냐

106

이지만, 우리를 멸망시키는 장본인은 우리 자신이라고 말한다. "하나님이… 진노의 그릇을 오래 참으심으로 관용하시고"(22절)라는 말씀에 유의하자. 하나님이 사람을 악하게 만드는 것이 아니다. 하나님은 그들을 참아 주실 뿐이다. 하나님은 결코 그들이 받아 마땅한 것으로 갚지 않으신다. 그 다음에 바울은 이 진노의 대상이 "멸하기로 준비"되어 있다고 말하지만, 누구에 의해 그렇게 되었다고는 명시하지 않는다. 반면 23절은 "영광받기로 예비하신 바"라고 하나님의 긍휼의 대상에 대해 분명히 밝히고 있다. 즉 진노의 대상이 스스로 멸망받기로 준비되었음을 암시해 준다. 하나님은 사람들이 스스로 택한 대로 그들을 삶과 죽음에 넘겨주신다(롬 1:24).

셋째, 9장 23절에서 바울은 하나님이 어떤 사람들에게는 긍휼을 베푸시고 또다른 사람들은 내버려두심으로써 "그 영광의 풍성함"을 알게 하신다고 말한다. 바로 이것이 신비의 핵심이다. 만일 하나님이 모든 사람에게 긍휼을 베푸시거나 아니면 모든 사람을 멸망하게 하신다면, 우리는 하나님의 영광을 볼 수 없을 것이다. 나는 여기서 바울이 우리에게 분명한 해답을 제시하지는 않지만 매우 중요한 암시를 준다고 생각한다. "만일 하나님이 모든 사람을 구원하실 수 있다면, 왜 그렇게

---

21 토기장이가 진흙 한 덩이로 하나는 귀히 쓸 그릇을, 하나는 천히 쓸 그릇을 만들 권한이 없느냐 22 만일 하나님이 그의 진노를 보이시고 그의 능력을 알게 하고자 하사 멸하기로 준비된 진노의 그릇을 오래 참으심으로 관용하시고

하지 않으시는가?"는 사람들이 가장 많이 제기할 수 있는 질문이다. 이에 대해 바울은 어떤 사람은 구원하고 어떤 사람은 남겨두는 하나님의 택하시는 과정이 우리가 상상할 수 있는 어떤 계획보다 하나님의 영광을 드러내는 데 결국은 더 적합할 것이라고 말하는 듯하다. 선뜻 받아들이기 어려워도 바로 이것이 핵심이다. 우리는 하나님이 아니기 때문에 모든 것을 알지도 못하고 무엇이 최선인지 결정할 수도 없다(20절, 11:33-36에서 바울은 이 주제를 다시 다룬다).

요컨대, 하나님이 우리를 택하시면 우리 안에 오셔서, 우리 마음을 부드럽게 하시고 우리를 선하게 만드신다. 하지만 그냥 지나쳐 버리시면 사람들은 자신이 택한 대로 완악한 마음으로 살아가게 된다. 존 스토트는 이렇게 말했다.

> 만일 누군가 구원에서 멀어지면 그것은 자신의 책임이지만, 누군가 구원을 받는다면 그것은 하나님의 은혜 덕분이다. 이 이율배반에는 지금 우리의 지식으로는 풀 수 없는 신비가 있다. 하지만 그렇다고 성경과 역사, 경험과 모순되지는 않는다.[3]

---

23 또한 영광 받기로 예비하신 바 긍휼의 그릇에 대하여 그 영광의 풍성함을 알게 하고자 하셨을지라도 무슨 말을 하리요 24 이 그릇은 우리니 곧 유대인 중에서뿐 아니라 이방인 중에서도 부르신 자니라

제임스 케네디(D. James Kennedy)의 다음과 같은 비유는 우리의 이해를 도와준다.

다섯 사람이 은행을 털기로 모의했다. 이들은 모두 나의 친구들이다. 그 사실을 알고서 나는 그들에게 간청하며 그렇게 하지 말라고 빌었다. 결국 그들은 나를 밀쳐내고 출발했다. 그때 나는 한 친구의 다리를 걸어 넘어뜨리고 그와 뒤엉켜서 싸웠다. 한편 다른 친구들은 은행을 강탈했다. 은행 경비원 한 사람이 죽었고, 친구들은 체포된 후 유죄가 인정되어 사형을 선고받았다. …가담하지 않은 그 친구는 구형을 면했다. 여기서 당신에게 이렇게 질문하겠다. 네 사람의 친구가 죽은 것은 누구의 잘못 때문인가? …그렇다면 구형을 모면한 그 친구는 '나는 아주 착한 마음을 가졌기 때문에 살아남았다'고 말할 수 있는가? 그가 자유로운 이유는 내가 그를 제재했기 때문이다. 이렇듯 지옥에 가는 사람은 자기 자신밖에는 어느 누구도 책망할 사람이 없다. 또한 천국에 가는 사람은 예수 그리스도 밖에는 어느 누구도 찬양할 분이 없다. 따라서 우리는 구원이 처음부터 끝까지 전적으로 은혜라는 것을 알게 된다.[4]

이제 바울은 유대인의 불신앙이라는 자신의 처음 질문으로 돌아간다. 중요한 것은 육신의 후손이 아니라 하나님의 부르심이다(24절). 하나님은 유대인과 이방인을 같이 부르셨다. 족장들과(7-13절) 출애굽기(14-18절)에 이어 바울은 예언자들의 시대로 옮겨 간다. 바울이 25-29절에서 인용하는 구약 성경의 네 가지 말씀은 하나님이 약속들을 이행하실 때, 가끔은 놀라운 반전을 통하여 그렇게 하신다는 것을 보여 준다. 유대인의 역사는 하나님이 어떻게 "내 백성"을 부르시는지, 그리고 한때 백성이 아니었던 사람들을 어떻게 당신의 백성이 되게 하시는지를(26절) 기록한 것이다. 바울은 바빌론에 포로로 끌려간 이스라엘 민족에게 일어날 일을 예언하는 호세아서를 인용한다. 바울은 지금 하나님이 이방인들을 위해 어떤 일을 하고 계시는지 보여 주는 원형으로서 호세아서를 사용하는 것 같다. 그는 유대인들에게 이렇게 말하고 있다. "당신들은 복 받을 만한 자격도 없고 또한 복 받을 것이라고 예언할 수도 없었던 사람들인데 항상 복을 주시는 하나님의 자녀가 되었다." 그렇다면 유대인도 아닌 이방인들이 그리스도의 백성이 되기 위해 몰려오는 것이야말로 실로 놀라운 일이 아니겠는가?

---

25 호세아의 글에도 이르기를 내가 내 백성 아닌 자를 내 백성이라, 사랑하지 아니한 자를 사랑한 자라 부르리라 26 너희는 내 백성이 아니라 한 그 곳에서 그들이 살아 계신 하나님의 아들이라 일컬음을 받으리라 함과 같으니라

구약의 역사를 통해 하나님이 모든 이스라엘 민족에게 복 주실 것을 약속하지는 않으셨다는 사실을 유대인들은 깨달아야 한다. 하나님은 바빌론에 포로로 끌려갈 것을 말씀하시면서, 이사야를 통해 "남은 자만 구원을 받으리니"(27절)라고 약속하셨다. 이스라엘은 하나님의 심판에 직면해 있었다(28절). 이스라엘이 공의로운 심판을 면한 것은 오직 하나님이 남은 자에게 긍휼을 베푸셨기 때문이다(29절). 바울은 이렇게 말한다. "여러분은 하나님의 복을 받을 자격이 있다고 주제넘게 생각한 사람들을 하나님이 늘 물리치셨다는 것을 잘 알 것입니다. 그런데 유대인들이 그리스도와 그분의 사람들을 거부했다니 이야말로 놀라운 일이 아닙니까?"

　　하나님은 놀라운 반전을 통해 당신의 약속을 지키시는 분이다. 그분은 예측할 수 없는 방법으로 당신의 약속을 이루신다. 분에 넘치는 복을 하나님이 원하는 자에게 베푸시는 것은 하나님의 전적인 자유이다. 마찬가지로 하나님은 사람들이 스스로 택한 바대로 그들을 생명과 죽음에 넘기신다. 아브라함의 때와 모세의 때와 예언자들의 시대에도, 그리고 오늘날에도 하나님은 늘 그렇게 하신다.

---

27 또 이사야가 이스라엘에 관하여 외치되 이스라엘 자손들의 수가 비록 바다의 모래 같을지라도 남은 자만 구원을 받으리니 28 주께서 땅 위에서 그 말씀을 이루고 속히 시행하시리라 하셨느니라 29 또한 이사야가 미리 말한 바 만일 만군의 주께서 우리에게 씨를 남겨 두지 아니하셨더라면 우리가 소돔과 같이 되고 고모라와 같았으리로다 함과 같으니라

02

●

택하심에는 우리의 책임도 있다

롬 9:30 - 10:21

●

누구든지
주의 이름을 부르는 자는
구원을 받으리라

로마서 9장의 배경이 되는 당시 로마 교회에는 다수의 이방인 신자들이 유입되고 있었다. 유대인들은 스스로를 하나님의 백성이라 여겼지만 복음에 더욱 적극적으로 반응하는 쪽은 대개 이방인들이었다.

:: 구하지 않은 이방인들이 오히려 의를 얻다

로마서 9장 30-31절에는 뒤바뀐 상황이 묘사되고 있다. "의를 따르지 아니한 이방인들이 의를 얻었으니"(30절). 이것은 어느 정도 완곡한 표현이다! 우선 이방인들은(로마서 1장 18-19절

---

30 그런즉 우리가 무슨 말을 하리요 의를 따르지 아니한 이방인들이 의를 얻었으니 곧 믿음에서 난 의요

에 묘사된) 하나님의 완전한 율법을 가졌던 유대인들과 비교할 때 의에 대한 완성된 그림을 가지고 있지 않았다. 이방인들은 양심을 통해서 의에 대한 밑그림만 알고 있었다(2:14-15). 그래서 오늘날의 비 신앙인들처럼 양심을 따르기보다는 이기심과 쾌락을 추구하기도 했다.

그런데 역설적이게도 불의하게 살아온 이방인들이 "믿음에서 난 의"(30절)인 복음에 더욱 마음이 열려 있었다. 반대로 "의의 법을 따라간 이스라엘은 율법에 이르지 못했다"(31절). 유대인들은 하나님 앞에 나아가기 위해서는 의로워야 한다고 자각했던 반면, 이방인들에게는 그러한 지각이 없었다. 하지만 유대인들은 행위에 근거하여 그 의에 이르려고 했기(32절) 때문에 하나님의 의가 예수 그리스도를 통한 선물로 주어진다는 진리에 걸려 넘어지고 말았다.

하나님에 대해 가장 잘 알았던 사람들이 하나님을 모르게 되었고, 하나님에 대해 가장 몰랐던 사람들이 하나님을 가장 잘 알게 되었다. 또한 의롭게 되기를 가장 원했던 사람들이 자신들의 죄로 죽게 되었고, 의롭게 되기를 가장 덜 원했던 사람들이 하나님 보시기에 거룩하고 흠 없이 되었다.

오늘날 '종교적이고 도덕적인' 사람들과 '비종교적이고

---

31 의의 법을 따라간 이스라엘은 율법에 이르지 못하였으니 32 어찌 그러하냐 이는 그들이 믿음을 의지하지 않고 행위를 의지함이라 부딪칠 돌에 부딪쳤느니라

신앙이 없는' 사람들이 복음에 각각 다르게 반응하는 것을 보면, 유대인들과 이방인들에게 일어났던 일을 어느 정도 이해하게 된다. 비종교적이고 신앙이 없는 사람들은 어릴 때는 유독 복음을 무시하지만 나이가 들면서 자신의 죄를 깨닫기도 한다. 자신들의 영적인 공허함을 통렬하게 절감하는 것이다. 하지만 종교적인 사람들은 오히려 자신들의 죄에 대해 솔직하지 못하고 대개는 우쭐대며 다른 사람들을 내려다보는 경향이 짙다. "나는 최선을 다했으니까 하나님이 나한테 갚아 주셔야 해"라고 느끼는 것이다. 종교적인 사람들은 복음을 들으면 기분이 상하거나(범죄자도 예수만 믿으면 구원받는다고? 말도 안 돼!) 복음의 메시지를 행위 구원의 체계로 훼손해서 은혜가 사라진 복음으로 자신들의 입맛에 맞게 재해석한다. 따라서 이런 종교적인 유형의 사람들은 자신들이 이미 복음에 관해 들어 보았다고 생각한다. 다음은 리처드 러브레이스(Richard Lovelace)가 우리의 이런 종교적인 모습을 묘사한 글이다.

우리는 자신이 이룬 성화의 수준에 따라 의로워진다고 자연스럽게 가정하기 쉽다. …우리는 하나님의 사랑과 그리스도의 희생을 받아들여서가 아니라 당장의 기분이나 최근의 [종교적인] 성취로부터 자존감을 얻으며 하루를 시작한다. 하지만 이러한 주장들이 우리의 양심을 안심시키지 못하기 때문에, 안도감을 얻기 위해 삶의 기록을

조작하는 자기의(自己義)로 필연적으로 나아가게 된다.[1]

:: 유대인들은 그리스도에게 걸려 넘어졌다

32절에서 말하는 돌은 그리스도를 지칭하는데 유대인들에게는 "거리끼는 것"(고전 1:23)이다. 왜 사람들이 그리스도에게 걸려 넘어지는가? 이는 스스로 의롭게 되려는 일체의 생각을 포기하고 그분의 의를 받아들여야 하기 때문이다. 우리가 높아지기 위해서는 먼저 자신을 낮추어야 한다. 누구든지 "행위를 의지함"(32절)으로 구원을 이루려고 한다면, 그는 그리스도 앞에서 걸려 넘어져 추락할 것이다. 이사야서에서 인용된 두 개의 본문(사 28:16과 8:14)을 엮은 로마서 9장 33절에서 볼 수 있듯이 그리스도는 우리가 기반을 삼고 살아갈 반석이거나 부딪혀 넘어지는 걸림돌이다. 바울이 4-5절에서 밝힌 것처럼 예수님을 "믿는 자는 부끄러움을 당하지"(33절) 않는 것을 유대인들은 명확히 볼 수 있었다. 하지만 이들은 자기의(自己義)의 외투에 걸려 넘어졌고, 예수님은 이들에게 거리끼는 존재가 되고 말았다.

그런데 29절까지 바울은 불신앙을 하나님의 절대적인 목적을 이루기 위한 것이라고 말했다. 따라서 9장 1-29절과 9장

---

33 기록된 바 보라 내가 걸림돌과 거치는 바위를 시온에 두노니 그를 믿는 자는 부끄러움을 당하지 아니하리라 함과 같으니라

30절-10장 21절을 계속 이어 가려고 하면, 얼핏 두 단락이 상반되는 것처럼 보인다. 만일 불신앙이 하나님의 절대주권 때문이라면, 어느 누구에게 책임을 물을 수 있겠는가?

물론 이것이 모순이라고 가정할 수도 있겠지만 그렇다고 바울에 대해 의문을 제기하기는 어렵다. 성경이 영감으로 기록된 것을 믿지 않더라도 바울이 탁월한 지식인이라는 사실은 인정하지 않을 수 없다. 그는 기독교 신앙의 체계를 세웠고, 기독교가 로마제국을 정복하여 역사상 가장 큰 종교 운동이 되도록 전략적으로 선교했다. 그런 역량을 지닌 인물이 신학에 대한 논리 정연한 문서를 쓰면서 무심코 같은 장 안에 서로 모순되는 내용을 넣었다고는 생각하기 어렵다. 그렇다면 이 말의 의미는 도대체 무엇인가?

바울은 하나님의 절대주권과 인간의 책임이 서로 명백히 모순되는 이율배반 관계라는 것을 밝히고 있다. 물리학에서 빛이 때로는 입자가 되고 때로는 파동이 된다는 사실은 널리 알려진 이율배반의 실례다. 왜 그런지 다 이해하지는 못하지만 장차 더 많은 지식을 얻게 되면 언젠가 이 모순을 이해하게 될 것이다. 그러므로 다음과 같이 정리할 수 있겠다. 성경은 결코 "이 사건은 전적으로 하나님의 계획대로 일어났기 때문에 인간은 자신의 행동에 대한 책임이 없다"라고 말하지 않는다. 또한 "인간에게 자신의 행동에 대한 책임이 있기 때문에 그 사건이 하나님의 계획대로 일어났는지 확실하지 않다"라고도 말하지 않는다. 오히려 성경은 이 두 진리를 함께 묶는다.

1. 모든 역사에 대한 하나님의 완전한 절대주권
2. 자신의 행위에 대한 모든 인간의 완전한 책임

다음에 나오는 마틴 로이드 존스의 글은 이 '이율배반'에 대해 모든 것을 설명해 주지는 않지만, 하나님이 어떻게 인간을 구원하시는지와 또한 불신앙의 책임이 믿지 않는 그 자신에게 있다는 사실을 잘 보여 준다.

로마서 9장 6-29절에서 바울은 왜 어떤 사람이 구원을 받게 되는지 설명한다. 그것은 하나님은 절대주권에서 비롯된 선택을 통해서다. 30-33절은 왜 어떤 사람은 구원받지 못하는지 밝히는데 그것은 그 사람 자신의 책임 때문이다. …성경의 가르침은 다음과 같다. 구원받는 것은 택하심으로만 설명되지만, 구원받지 못하는 것은 택함 받지 못한 것으로 설명되지 않는다. …6-29절에 잘 나와 있듯이 하나님이 절대주권으로 누군가를 선택하지 않으신다면 어느 누구도 구원받지 못할 것이다. 인간을 구원하는 것은 하나님의 사역으로만 설명할 수 있다. 그렇다면 왜 구원받지 못하는 사람들이 있는가? 그들이 택하심을 받지 못했기 때문인가? 아니다! 그들이 복음을 거부했기 때문에 구원받지 못한 것이다. …복음을 거부

하는 것은 우리의 책임이지만, 복음을 받아들이는 것은
우리의 공로가 아니다.[2]

:: 지식이 없는 열정은 광신이다

바울에게 이것은 매우 중요한 문제였다. 규명해야 할 신
학적 쟁점이나 학문적으로 풀어내야 할 추상적인 이론이 아니
라 자기 민족의 문제였기 때문이다. 이 문제는 그를 이성적으
로나 심정적으로 흔들어 놓았다. "내 마음에 원하는 바와 하나
님께 구하는 바는 이스라엘을 위함이니 곧 그들로 구원을 받
게 함이라"(1절). 바울은 하나님의 진리를 따라 동족들을 염려
하는 마음으로 기도했다. 무엇을 위해 기도를 하든지 우리의
기도 생활은 우리가 실제로 생각하고 느끼는 바를 드러낸다.

유대인들이 가진 '하나님을 향한 열심"(2절)은 바울에게
큰 고통이었다. 자기 자신이 하나님을 경외하고, 섬기는 데 열
심인 유대인이었기에 더욱 그랬다. 이들은 하나님께 순종하기
위해서라면 어떤 일이든 기꺼이 한다. 바울은 이스라엘이 가
진 열심이 좋은 줄 인정하면서도 그들이 길을 잃은 이유가 그
열심만으로는 부족하기 때문이라고 말한다. 그것은 반드시 지

---

1 형제들아 내 마음에 원하는 바와 하나님께 구하는 바는 이스라엘을 위함이니 곧 그
들로 구원을 받게 함이라 2 내가 증언하노니 그들이 하나님께 열심이 있으나 올바른
지식을 따른 것이 아니니라

식에 근거한 열심이어야 한다. 이것은 "당신이 진실하다면 무엇을 믿어도 괜찮다"라는 현 시대의 격언과는 완전히 모순된다. 바울은 이렇게 말하고 있다. "유대인들은 거짓 없는 열정으로 하나님을 믿고 있지만 이들의 신앙은 잘못되었고 정도를 벗어났다!" 지식이나 지각이 없는 열정은 광신이며 더 나아가 테러리즘에 불과하다. 자신의 이웃에게 심한 꽃 알레르기가 있다는 사실을 모르고 근사한 꽃다발을 선사한 여성이 있다고 가정해 보자. 지식이 없다면 관심과 애정조차 상대방을 괴롭히는 일이 될 수 있다. 다른 예로 독약이 무해하다고 철썩같이 믿는 사람이 있다고 치자. 만약 그가 그것을 먹는 날에는 끽 소리도 하지 못하고 죽게 될 것이다. 열정은 때로 도움이 되기는커녕 죽음을 재촉할 수도 있는 것이다.

하지만 그들의 문제가 무지라면 어째서 책망 받아야 하는가? 면밀하게 살펴보면 바울이 의도하는 바를 알게 될 것이다. "하나님의 의를 모르고… 하나님의 의에 복종하지 아니하였느니라"(3절). 그들의 무지는 극복될 수 있었다. 거짓 없는 열정에도 불구하고 이스라엘이 무지 가운데 있었던 것은 지식이 없어서가 아니라 무지한 채로 있는 것이 더 마음에 들었기 때문이다. 광신자들에게는 열심과 충심이 있지만(이들은 자신들의 명분을 위해 때로 죽음도 불사한다), 그 열심에는 깊은 반성이 없다.

---

3 하나님의 의를 모르고 자기 의를 세우려고 힘써 하나님의 의에 복종하지 아니하였느니라

이들은 가만히 서서 사태를 깊이 생각하려고 하지 않는다. 그래서 비록 거짓은 없지만 자신이나 다른 이들에게 심각한 해악을 끼치기도 한다. 이런 이유로 우리는 그들에게 책임을 묻는다.

:: 이스라엘이 변명하지 못하는 이유

이스라엘은 두 가지 이유에서 변명의 여지가 없다. 첫째 예수님이 오셨고, 둘째 그분이 오실 것을 성경을 통해 미리 말씀하셨기 때문이다. "그리스도는 모든 믿는 자에게 의를 이루기 위하여 율법의 마침이 되시니라"(4절). "하나님의 한 의가 나타났으니… 예수 그리스도를 믿음으로 말미암아."(3:21-22).

바울이 그리스도를 "율법의 마침"이라고 한 것은 충격적인 표현이다. 이 말은 율법적인 도덕주의자들이나 종교적인 사람들(10장에서 말하고 있는 유형의 사람들)과 직접적으로 충돌을 일으키는 말이다. 바울은 여기서 율법의 특정한 부분이나 율법의 구속력이 끝났다고 하지 않는다. 오히려 율법을 통해 하나님 앞에서 의롭게 되려는 시도를 그리스도가 무효로 만드셨다고 말한다. 여기서 바울이 말하는 "의"가 이런 의미라는 것을 어떻게 알 수 있을까? 바울이 4절에서처럼 믿는 사람에게

---

4 그리스도는 모든 믿는 자에게 의를 이루기 위하여 율법의 마침이 되시니라

주어지는 의를 말할 때는, 일반적인 도덕성이 아니라 하나님께 은혜를 얻었다는 의미로 하나님과의 올바른 관계에 있는 것을 가리켰다. 바울의 의도대로라면 "그리스도가 하신 일은 의의 방편이던 율법의 역할이 끝났고, 대신 믿음이 그 역할을 한다는 것을 보여 주신 것"이다.

로마서 6장 1절-8장 4절에서 본 바와 같이 그리스도인은 더 이상 구원의 체계로서 "율법 아래" 있지 않다. 그렇지만 우리를 은혜로 구원하신 하나님께 감사하기 위해 율법에 순종할 의무가 끝난 것은 아니다.

유대인들의 무지가 극복될 수 있었다는 것을 보여 주기 위해 바울은 구약 성경을 인용하고 있다. 바울은 모세를 인용하며 모세가 도덕주의를 가르친 것으로 이해할 수도 있지만 사실은 그가 율법의 준수만으로는 충분하지 않다는 사실을 알고 있었다고 밝힌다.

첫 번째, 바울은 모세가 율법에 대해 다음과 같이 말한 레위기 18장 5절을 인용한다. "율법으로 말미암는 의를 행하는 사람은 그 의로 살리라"(5절). 표면상으로는 모세가 율법의 준수를 통한 구원(생명)의 가능성을 가리키고 있는 듯하다. 하지만 모세의 진의는 다음과 같다. "만일 당신이 율법을 완벽하게 지킬 수 있다면, 당신은 영생을 얻을 것이다." 이것은 물론 진

---

5 모세가 기록하되 율법으로 말미암는 의를 행하는 사람은 그 의로 살리라 하였거니와

리이다! 하지만 이것이 전모는 아니다.

그러고 나서 바울은 로마서 10장 6-7절에서 신명기 30장을 인용한다. 바울의 주장을 이해하기 위해서는 신명기 30장 1-14절을 모두 살펴볼 필요가 있다. 인용하는 것은 신명기 30장 14절이지만 사실은 전체 내용을 포함하고 있기 때문이다. 신명기 30장 1-2절에서 모세는 이스라엘이 하나님의 길을 벗어날 것이며 "저주들"과 벌을 받을 것이라고 암시한다. 그 다음에 신명기 30장 6절에서 이렇게 말한다. "네 하나님 여호와께서 네 마음과 네 자손의 마음에 할례를 베푸사 너로 마음을 다하며 뜻을 다하여 네 하나님 여호와를 사랑하게 하사 너로 생명을 얻게 하실 것이며." 또 신명기 30장 11-14절에서 다음과 같이 말한다. "내가 오늘 네게 명령한 이 명령은 네게 어려운 것도 아니요 먼 것도 아니라 하늘에 있는 것이 아니니… 바다 밖에 있는 것이 아니니… 그 말씀이 네게 매우 가까워서… 네가 이를 행할 수 있느니라."

그러므로 바울은 로마서 10장 6-7절에서 모세를 인용하면서 믿음으로 말미암는 의가 무엇인지 밝힌다. 믿음은 우리가 의롭게 되기 위해서 어떤 일도 할 필요가 없다는 것을 아는 것이다. 우리는 하늘에 올라갈 필요도 없고(그리스도께서 이미 하늘에서 내려오셨다), 죽음으로써 우리의 죄를 해결할 필요도 없다

---

6 믿음으로 말미암는 의는 이같이 말하되 네 마음에 누가 하늘에 올라가겠느냐 하지 말라 하니 올라가겠느냐 함은 그리스도를 모셔 내리려는 것이요

(그리스도께서 이미 그렇게 하셨다). 바울은 모세가 율법의 준수보다 더한 것이 필요하고, 하나님이 그것을 모두 이루셨다는 것을 알고 있었다고 말한다. "말씀이 네게 가까워"(8절). 모세는 마음으로 믿는 것을 입으로 시인하는 것이 믿음이라는 사실을 알고 있었다. 지식을 겸비한 열정은 의롭게 하시는 그리스도를 신뢰하고, 그분을 삶의 기초로 삼아, 감사하며 하나님의 법에 순종하고, 또한 사랑으로 하나님의 복음을 전하는 것을 의미할 것이다.

:: 고백하고 믿어라

그렇다면 참된 의를 가져 오는 "우리가 전파하는 믿음의 말씀"이란 무엇인가? 이것이 어떻게 사람들을 구원하는가? 이어지는 9절이 밝혀 주듯이 첫째, 이 말씀은 반드시 알아야 할 진리이다. 그 내용은 다음과 같이 구성되어 있다.

(a) 예수님의 위격 : "예수를 주로" 시인한다는 것은 우리가 예수님의 신성에 관해 알아야 할 모든 것의 바탕이 된다. 바울은 "주님"이라는 의미로 헬라어 퀴리오스(*kyrios*)를 사용한다. 구약 성경 헬라어 본은 하나님의 이름인 야훼(*Yahweh*)를 퀴

---

7 혹은 누가 무저갱에 내려가겠느냐 하지 말라 하니 내려가겠느냐 함은 그리스도를 죽은 자 가운데서 모셔 올리려는 것이라 8 그러면 무엇을 말하느냐 말씀이 네게 가까워 네 입에 있으며 네 마음에 있다 하였으니 곧 우리가 전파하는 믿음의 말씀이라

리오스로 번역했다. 따라서 예수님을 퀴리오스라고 부르는 것은 예수님의 신성을 주장하는 것일 뿐 아니라 예수님이 세상의 최고통치자라는 고백이기도 하다(로마제국의 시저도 자신을 최고 통치자인 퀴리오스로 지칭했다).

(b) 예수님의 사역 : "하나님께서 그를 죽은 자 가운데서 살리신 것." 우리는 예수님이 죽은 사람들 가운데서 살아나신 것을 반드시 믿어야 한다. 그래야만 예수님이 죽으셨다는 사실을 믿는 것이기 때문이다. 달리 말해 우리의 죄를 없애기 위해 예수께서 사셨고, 죽으셨고, 또한 부활하신 것이다.

이 믿음의 내용에는 중심부가 있어야 한다. 믿음 자체를 믿는 것으로 구원을 받을 수는 없다! 찬송가 작시자인 호라시어스 보나르(Horatius Bonar)는 이렇게 표현했다.

내가 살지 않은 한 삶에
내가 죽지 않은 한 죽음에
한 분의 삶에,
한 분의 죽음에
나의 영원한 삶이 달려 있네

둘째, 이 "말씀"은 반드시 믿어야 할 진리이다. 이것은 마

---

9 네가 만일 네 입으로 예수를 주로 시인하며 또 하나님께서 그를 죽은 자 가운데서 살리신 것을 네 마음에 믿으면 구원을 받으리라

음이 온전히 정화되어야 한다는 의미는 아니다. 마음은 전인 (全人)의 표시이다. 그러므로 우리를 의롭게 하는 그리스도의 위격과 사역에 우리를 온전히 의탁해야만 믿는다고 말할 수 있다. 우리 자신의 노력에서 우리를 위한 그리스도의 의로 우리의 신뢰를 옮기는 것이다. 이것이 구원받는 믿음이다. 그리스도가 이 땅에 실제로 사셨다는 사실이나 단지 그분의 교훈을 믿는 것이 아니다. 우리는 반드시 우리를 위한 그분의 사역 (죽으심과 부활)을 믿어야 한다.

10절은 9절의 진리를 반복해서 표현한다. 입으로 시인하는 것과 마음으로 믿는 것이 별개의 것이 아니라 믿음이라는 동전의 앞면과 뒷면이라는 것을 보여 주는 것이다. 마찬가지로 의롭다 함과 구원도 본질적으로 같은 것이다. 존 스토트는 그것을 다음과 같이 설명한다.

> 그 대구법은 구약 성경의 히브리 시문학을 생각나게 한다. 두 문구는 따로 떨어져 있다기보다는 함께 묶여 있다. 따라서 '의롭다 함을 받는 것'과 '구원 받는 것' 사이에도 실질적인 차이가 없다. 마찬가지로 믿음의 내용과 고백의 내용도 함께 묶을 필요가 있다.[3]

---

10 사람이 마음으로 믿어 의에 이르고 입으로 시인하여 구원에 이르느니라

입으로 시인하는 것은 마음으로 믿는 것의 한 부분이다. 둘 다 그리스도를 믿는다고 고백하는 것이다. 믿는 사람이라면 누구나 이러한 믿음을 표현하게 된다.

히브리 문학의 표현법 가운데 하나인 대구법을 잘못 이해하면 마치 두 가지 다른 행위를 요구하는 것으로 오해하기 쉽다. 먼저 예수님을 '주'라고 입으로 시인하고, 이어 예수님이 부활하셨음을 마음으로 믿는 식이다. 하지만 이것은 로마서의 전체 내용과도 어긋난다. 왜냐하면 구원받기 위해서는 "예수는 나의 주님"이라는 '마법의 언어'를 사람들 앞에서 하는 일종의 행위가 요구되기 때문이다. 하지만 우리에게 필요한 것은 나의 의지와 열정으로 해낼 수 있다는 모든 희망을 그리스도께로 옮기는 것이다. 바울은 자기 자신이 아닌 예수님을 믿는 사람은 결코 후회하지 않을 것이라고 약속한다(11절). 바울은 "누구든지" 이렇게 할 수 있다고 말한다. 유대인과 이방인 모두가 그리스도의 구원이 필요하고, 이들 모두에게 차별 없이 구원이 주어졌다(12절). 요엘서 2장 32절은 이 놀라운 진리를 잘 요약하고 있다. "누구든지[유대인이나 이방인이나, 종교적이든 비종교적이든, 선하든 악하든] 여호와(주)의 이름을 부르는 자는 [예수 그리스도가 누구신지와 우리에게 그분이 필요함을 깨닫고] 구원을 얻으리니 [하나님께서 영원히 그리고 완전히 사랑하시고, 복주시고, 의롭다 하

---

11 성경에 이르되 누구든지 그를 믿는 자는 부끄러움을 당하지 아니하리라 하니

실 것이다]"(13절).

:: 어떻게 구원에 이르는가

우리 모두에게 필요한 것은 사실 어느 누구나 할 수 있는 것이다. 곧 "주의 이름을" 부르는 것이다(13절). 하나님은 당신의 아들을 통해서 이미 이 모든 일을 이루어 놓으셨다. 그렇다면 어떻게 주님의 이름을 부르게 되는 것일까? 첫째로, 믿어야 한다(14절). 이것은 바울이 9-10절에서 말한 바인데, 예수님에 관한 진리를 마음으로 믿어서 그리스도인이 되는 것이다. 그렇지만 "그들이… 듣지도 못한 이를 어찌 믿으리요"(14절) 따라서 둘째로, 복음을 반드시 들어야 한다. 여기서 바울은 단순히 복음을 듣게 되는 것 이상을 생각했을 것이다. 즉 구원하는 믿음은 신비적으로 생길 수 없고, 다만 우리 안에 참된 통찰력을 갖게 하는 복음의 내용에 반응해서 생겨나야만 한다. 그러므로 단순히 성경을 읽는다고 마술처럼 구원을 얻게 되는 것이 아니다. 핵심은 복음의 메시지를 제대로 듣고 제대로 이해하는 것이다. 복음을 듣지 않으면 어느 누구도 믿을 수 없다.

하지만 "전파하는 자가 없이 어찌 들으리요"(14절) 따라서

---

12 유대인이나 헬라인이나 차별이 없음이라 한 분이신 주께서 모든 사람의 주가 되사 그를 부르는 모든 사람에게 부요하시도다 13 누구든지 주의 이름을 부르는 자는 구원을 받으리라

셋째로, 복음이 전해져야 한다. "전파하다(preaching)"는 '전령'이 되다' 또는 '선포하다'라는 의미의 헬라어 케륏소(kerysso)에서 나온 말이다. 당시 전령은 어떤 의미에서는 살아 있는 신문과 같았다. 그들은 시장이나 시가지에서 중요한 소식을 알리는 주된 전달의 수단이었다. 따라서 '전파하다'는 오늘날의 '설교' 만을 가리키는 것이 아니다. 그들은 거리에서 활동했다.

"보내심을 받지 아니하였으면 어찌 전파하리요"(15절) "보내심"으로 번역된 헬라어는 아포스텔로(apostello)다. "보내심"이라고 썼을 때 바울은 두 가지 측면을 생각하고 있었을 것이다. 먼저는 예수님이 우리에게 권위 있는 증인이자 선생인 사도들을 보내신 것이다. 이들의 메시지는 성경에 담겨 있다. 아울러 그리스도께서 교회를 통해 선교사와 설교자, 그리고 그리스도인들을 보내어 시공간과 무관하게 복음을 전하게 하시는 일이다. 하나님은 구원의 메시지와 함께 우리를 보내신다. 하나님은 우리를 외국으로, 설교단으로, 혹은 이웃에게로 보내신다. 좋은 소식을 전하는 자의 발걸음은 아름답다(15절). 여기서 바울이 복음 전파에 대해 가르치는 바에 유의하자.

- 반드시 필요한 것이다 : "그들이… 어찌 믿으리요… 전파하는 자가 없다면"(14절).

---

14 그런즉 그들이 믿지 아니하는 이를 어찌 부르리요 듣지도 못한 이를 어찌 믿으리요 전파하는 자가 없이 어찌 들으리요 15 보내심을 받지 아니하였으면 어찌 전파하리요 기록된 바 아름답도다 좋은 소식을 전하는 자들의 발이여 함과 같으니라

- 전하려는 의지가 필요하다.
- 어떤 사람을 이해시키고 그가 이해한 것(들은 것)의 중요성을 깨닫게 하려면 선포에 그쳐서는 안 된다. 그들이 납득할 수 있어야 한다.
- 자신의 생각이 아니라 그리스도와 사도들의 권위 있는 계시인 진리의 핵심을 전해야 한다.

:: 아름다운 메시지를 거부하다

"아름답도다 좋은 소식을 전하는 자들의 발이여"(15절). 하지만 이 아름다움은 종종 인정받지 못했다. 바울은 이스라엘에서 이러한 일이 벌어졌다고 말한다. "그러나 그들이 다 복음을 순종하지 아니하였도다"(16절). 아름다운 복음의 메시지를 뿌리치는 것은 하나님께 불순종하는 것이다. 역설적이게도 하나님께 순종함으로 의롭게 될 수 있다고 고집하던 유대인들이 믿음을 통해 구원받는 복음을 거부함으로 하나님께 불순종했다!

바울이 앞에서 넌지시 말했듯이(9:27-29), 유대인들이 구원에 대한 하나님의 계획을 거부한 것은 새로운 사건이 아니다. 예수님이 이 땅에 태어나시기 칠백년 전 이사야는 다음과

---

16 그러나 그들이 다 복음을 순종하지 아니하였도다 이사야가 이르되 주여 우리가 전한 것을 누가 믿었나이까 하였으니

같이 말했다. "주여 우리가 전한 것을 누가 믿었나이까"(16절). 유대인들에게 모자라는 것은 "그리스도의 말씀"(17절)에 대한 믿음이었다. 만일 유대인들이 복음의 메시지를 듣고 이해했다면, 구원의 고리에서(하나님이 보내셨다… 그리스도인들이 전했다… 사람들이 들었다… 사람들이 믿고 그리스도를 불렀다) 유대인들에게 끊어진 부분은 마지막 연결고리밖에 없다.

하지만 아직도 변명의 여지가 있을 수 있다. 유대인들이 복음을 듣지 않았을 수도 있다(18절). 하지만 바울은 "그렇지 아니하니"라고 대답한다(18절). 바울은 놀랍게도 시편 19편을 인용하는데, 시편 기자는 하나님의 피조물들이(산들과 바다들) 온 세상에 하나님의 영광을 선포하고 있다고 말한다. 복음이 그만큼 널리 퍼졌다고 말하는 것이다. 지구상에는 아직도 복음이 전해지지 않은 곳이 많이 있지만 바울이 여기서 생각하고 있는 대상은 유대인이다. 당시 유대인 공동체가 있는 곳이면 어디나 복음이 전해졌다. 따라서 유대인들 중에 복음을 듣지 못한 사람은 없었다.

그렇다면 이스라엘이 복음을 이해하지 못한 것일까?(19절) 바울은 신명기 32장 21절을 인용하며 유대인이 아니라 이방인들이 "알지 못했다"는 사실을 밝힌다. 이방인들은 하나님

---

17 그러므로 믿음은 들음에서 나며 들음은 그리스도의 말씀으로 말미암았느니라
18 그러나 내가 말하노니 그들이 듣지 아니하였느냐 그렇지 아니하니 그 소리가 온 땅에 퍼졌고 그 말씀이 땅 끝까지 이르렀도다 하였느니라

의 거룩하신 본성, 의로움의 필요성, 성막과 성전 예배에 내포된 대속 제물에 의한 용서, 메시아에 대한 모든 약속들, 그리고 주님이 우리의 의가 되실 수 있다는 사실을(렘 23:5-6) 알지 못했다. 이처럼 하나님의 길을 알지 못한 것은 유대인들이 아니라 이방인들이었다. 하지만 어떤 의미에서는 유대인들을 이방인들보다 못하게 하셔서, 유대인들이 이방인들을 "시기하게" 만드셨다.

그렇다면 왜 이스라엘은 믿지 않았는가? 유대인들이 알지 못해서 그런 것은 아닌 것 같다. 왜냐하면 하나님은 이방인들에게 하신 것처럼 유대인들에게도 이해할 수 있도록 역사하실 수 있기 때문이다(19절). 유대인들이 하나님을 찾지 않았기 때문도 아닌 것 같다. 하나님은 당신을 찾지 않는 사람들에게도 자신을 드러내시기 때문이다(20절). 하나님은 이스라엘에게 "종일 내 손을 벌렸노라"고 말씀하신다(21절). 그렇지만 유대인들은 순종하지 않았고 완고한 마음으로 하나님의 손을 잡지 않았다. 이것은 충격적인 고발이다. 하나님은 유대인에게 그러신 것처럼 이방인들에게는 손을 내밀지 않으셨다. 게다가 유대인에게 주셨던 것과 유사한 어떤 것도 이방인들에게 주지 않으셨다. 그럼에도 이방인들은 유대인들보다 더 잘 응답했다.

---

19 그러나 내가 말하노니 이스라엘이 알지 못하였느냐 먼저 모세가 이르되 내가 백성 아닌 자로써 너희를 시기하게 하며 미련한 백성으로써 너희를 노엽게 하리라 하였고

그래서 이스라엘은 자신들이 뿌리친 것을 변명하지 못한다.

하나님께 절대주권이 있다. 그렇다고 이것이 복음을 믿으라는 하나님의 요청, 곧 당신의 아들을 믿고 구원을 받으라는 하나님의 부르심에 대한 불순종의 변명거리가 되지는 않는다. 자신의 죄와 복음을 거부한 사실에 대해 우리는 핑계하지 못한다(롬 1:20). 이 단락은 우리를 두 가지 준엄한 진리에 직면하게 한다. 곧 모든 사람은 "그리스도의 말씀"을 어떻게 대했는가에 대한 책임을 스스로 져야 한다는 것과 모든 그리스도인들에게는 "그리스도의 말씀"을 전할 책임이 있다는 것이다. 우리 모두는 언젠가 믿음이라는 "구원의 마지막 고리"를 연결했는지 거절했는지 하나님께 대답해야 할 때가 올 것이다. 그리고 하나님이 우리를 살게 하신 곳이라면, 복음을 듣지 못했거나 이해하지 못했다고 하는 사람이 우리 주변에 한 사람도 있어서는 안 될 것이다.

---

20 이사야는 매우 담대하여 내가 나를 찾지 아니한 자들에게 찾은 바 되고 내게 묻지 아니한 자들에게 나타났노라 말하였고 21 이스라엘에 대하여 이르되 순종하지 아니하고 거슬러 말하는 백성에게 내가 종일 내 손을 벌렸노라 하였느니라

●

하나님은 이스라엘을 구원하실 것이다

롬 11:1-36

깊도다 하나님의
지혜와 지식의
풍성함이여

하나님은 믿음을 통해 구원하실 사람들을 택하신다. 하나님과 복음을 거부하는 것은 우리 자신의 책임이다. 따라서 유대인들이 그리스도를 믿지 않는 것은 자신들의 책임이다. 또한 유대인들은 하나님이 그들을 택하지 않으셨기 때문에 믿을 수 없었다. 이것이 로마서 9-10장의 가르침이다. 그렇다면 다음과 같은 질문을 제기할 수 있다. "하나님이 자기 백성을 버리셨느냐?"(11절) 하나님이 이스라엘 민족을 버리셨는가? 아브라함과 다윗뿐 아니라 이스라엘 역사를 통해 수많은 사람들에게 하신 약속들에도 불구하고, 하나님은 왜 이스라엘의 마음을 당신께로 돌리지 않으실까? 하나님은 이스라엘을 완전히 포기하셨는가? 아니다! 바울은 곧바로 그렇지 않다고 힘주어 대답하며 로마서 11장의 나머지 부분에서 그 이유를 상세히 밝혀 준다. 요컨대 "하나님은 이스라엘을 버리지 않으셨다. 왜냐하면 모든 이스라엘이 믿지 않은 것은 아니기 때문이다."

한 절씩 살펴보기 전에 11장이 성경을 통틀어 가장 이해하기 어려운 본문 중 하나라는 것을 미리 알 필요가 있다. 이 장의 전반적인 흐름을 알기 위해서는 이 책 부록에 나오는 개관을 먼저 살펴보길 권한다. 본문에 나오는 모든 질문과 어려운 문제들을 충분히 깨닫거나 답할 수는 없어도 이 글을 통해 하나님을 더 잘 알게 되고 더 찬양하게 되길 기도한다.

:: 하나님은 이스라엘을 버리지 않으셨다

바울은 본 장에서 하나님이 이스라엘을 버리지 않으셨다는 네 가지 논증을 제시한다.

• 1절 : 바울의 논증 – 초대교회의 위대한 선교사인 바울은 자신이 유대인이라는 사실을 강조한다. "나를 보라! 나도 예전에는 하나님을 대적하던 완악한 사람이었다. 나 같은 사람도 포기하지 않으셨는데 어떻게 하나님이 유대인들을 버리셨다고 말할 수 있겠는가? 하나님은 나를 택하셔서 당신의 구원 사역을 힘차게 이루도록 하셨다."

---

1 그러므로 내가 말하노니 하나님이 자기 백성을 버리셨느냐 그럴 수 없느니라 나도 이스라엘인이요 아브라함의 씨에서 난 자요 베냐민 지파라

• 2절 : 택하심의 논증 - 우리는 9장에서 "미리 아는 것"에는 "미리 보는 것"까지도 포함되어 있다는 것을 배웠다. 하나님은 유대인들이 당신을 믿는 백성이 되도록 미리 정하셨다. 하나님이 미리 아신 사람들이 믿음에서 떨어질 수는 없다.

• 2-4절 : 엘리야의 논증 - 엘리야는 한때 하나님이 이스라엘을 단념하셨고, 자기밖에는 하나님을 진실하게 믿는 사람이 없다고 생각했었다. "이스라엘 자손이 주의 언약을 버리고 주의 제단을 헐며 칼로 주의 선지자들을 죽였음이오며 오직 나만 남았거늘"(왕상 19:14). 하지만 하나님은 바울이 로마서 11장 4절에서 강조하듯 엘리야의 말을 반박하신다. "내가 나를 위하여 바알에게 무릎을 꿇지 아니한 사람 칠천 명을 남겨 두었다"(바울은 왕상 19장 18절에 나오는 말씀을 고쳐 썼다). 다시 말해 이스라엘이 하나님을 완전히 거부한 것 같고 하나님도 이스라엘을 완전히 버리신 것 같은 때조차 영적인 이스라엘인 "신실한 남은 자들"이 존재했다.

• 5-6절 : 은혜의 논증 - 사람들은 엘리야 때와 마찬가지로 "지금도" 모든 이스라엘이 하나님을 버렸다고 착각하고

---

2 하나님이 그 미리 아신 자기 백성을 버리지 아니하셨나니 너희가 성경이 엘리야를 가리켜 말한 것을 알지 못하느냐 그가 이스라엘을 하나님께 고발하되 3 주여 그들이 주의 선지자들을 죽였으며 주의 제단들을 헐어 버렸고 나만 남았는데 내 목숨도 찾나이다 하니 4 그에게 하신 대답이 무엇이냐 내가 나를 위하여 바알에게 무릎을 꿇지 아니한 사람 칠천 명을 남겨 두었다 하셨으니

있다. 하지만 그렇지 않다고 바울은 말한다. "은혜로 택하심을 따라 남은 자가 있느니라… 행위로 말미암지 않음이니"(5-6절). 믿을 만하고 선하고 훌륭한 사람들이 있어서가 아니라 하나님의 은혜가 항상 있기 때문에 신실한 남은 자도 늘 존재한다. 하나님은 항상 믿는 자들을 남겨 두신다.

이처럼 바울은 두 가지 비유를 들어 "택하심의 은혜"를 주장하고 있다. 바울 자신의 이야기와 엘리야의 예를 들어 하나님이 전적인 은혜로 신실한 남은 자를 택하신다는 것이다.

:: 이스라엘이 의를 얻지 못한 이유

"이스라엘이 구하는 그것을 얻지 못하고 오직 택하심을 입은 자가 얻었고 그 남은 자들은 우둔하여졌느니라"(7절)는 "이스라엘에게서 난 그들이 다 이스라엘이 아니요"(9:6)와 같은 맥락이다. 다시 말해 이스라엘 민족 전체나 대다수가 아니라 바울과 같이 소수의 믿는 사람들만이 하나님의 의를 얻은 것이다. 로마서 10장 3절 이하에 나와 있듯이 이스라엘은 의를 구했다. 그것도 "진지하게"(earnestly, 7절) 구했다. 하지만 이스라엘은 이것을 그리스도를 통해 하나님의 선물로 받기보다는 자

---

5 그런즉 이와 같이 지금도 은혜로 택하심을 따라 남은 자가 있느니라 6 만일 은혜로 된 것이면 행위로 말미암지 않음이니 그렇지 않으면 은혜가 은혜 되지 못하느니라

신들의 힘으로 이루려고 힘썼다(3-4절).

정리하자면 비록 이스라엘이 하나님의 의를 진지하게 구했지만, 그것을 행위로 얻을 것인지 아니면 선물로 받을 것인지 선택에 직면하자, 대다수가 행위를 통해 의를 구하려 했다. 반면 택하심을 입은 소수만이 이 의를 선물로 받았다. 11장 7절에서 바울이 한 말을 이렇게 바꾸어도 될 것이다. "택하심을 받은 사람들을 제외한 대부분의 이스라엘 사람들은 하나님의 의를 진지하게 구하긴 했지만 잘못된 방법으로 구했다. 그 결과 대다수의 사람들은 완악해졌다."

그러므로 여기서 말하는 완악함은 은혜의 메시지를 거부한 교만함에 대한 벌로써 '법의 심판을 받은' 완악함이다. 하나님이 이스라엘 민족을 늘 이렇게 대하셨다는 것을 보여 주기 위해 바울은 거듭 구약을 인용한다. 이스라엘이 스스로 완악해지면, 하나님은 그들을 완악한 채로 버려두시고, "혼미한 심령과 보지 못할 눈과 듣지 못할 귀를 주셨다"(8절). 바울이 특별히 이 말씀을 인용하는 이유가 무엇인지 유의해서 봐야 한다. 바울이 인용한 이사야의 말씀은 사실 신명기에 나오는 모세의 말을 바꾸어 말한 것이다. 이런 의미다. "이스라엘이 반역하면 하나님이 그들을 영적인 소경으로 만들 것이라고 모세는 경고

---

7 그런즉 어떠하냐 이스라엘이 구하는 그것을 얻지 못하고 오직 택하심을 입은 자가 얻었고 그 남은 자들은 우둔하여졌느니라

했다. …이사야는 '오늘까지' 그런 상태가 지속되고 있다고 말하며 이스라엘을 꾸짖었다. …이러한 이스라엘의 완악함은 바울이 살고 있는 지금도 계속되고 있다."

따라서 이스라엘의 눈이 흐려져 보지 못하는 것은 그들의 완악함에 대한 하나님의 보응(시편 69편에서 인용)이다(9-10절). 보응이란 지은 죄에 합당한 심판이다. 교만과 자기중심성은 완악함과 무정함을 낳는다. 하나님을 뿌리치면 하나님께 버림받게 된다. 어찌 보면 그것은 당연한 결과이기도 하다.

:: 그리스도의 의를 뿌리친 이스라엘

하나님을 기쁘시게 하려고 애썼던 사람들이(7절) 자신들을 향한 하나님의 사랑을 뿌리치고 스스로 완악해져 버렸다는 바울의 진술은 참으로 충격적이다. 어떻게 이런 일이 있을 수 있을까?

'완악함'은 기독교 자체에 대한 반감이나 분노, 적대감만을 의미하지는 않는다. 그리고 반드시 냉혹함을 의미하는 것도 아니다. 완악한 사람이란 아무런 노력 없이 의롭다 함을 받아 하나님의 자녀가 된다는 복음을 이해하려고 하지 않는 사람이며 이해할 수도 없는 사람이다.

---

8 기록된 바 하나님이 오늘까지 그들에게 혼미한 심령과 보지 못할 눈과 듣지 못할 귀를 주셨다 함과 같으니라

그래서 7절은 오늘날에도 얼마든지 나타날 수 있는 모습이다. 은혜에 대해서는 필사적으로 거부하면서 동시에 하나님을 섬기는 데는 죽을힘을 다하다니 실로 기가 막힌 일이 아닐 수 없다. 어떻게 이런 일이 가능할까? 실제로 많은 그리스도인들이 하나님은 거룩하고 위대하신 분이라 어떠한 악도 용납하지 않는다고 단정하곤 한다. 그래서 하나님께 나아가기 위해 자신의 마음을 정결하게 하기로 결심한다. 아무런 조건 없이 거저 얻는다는 생각은 거룩하신 하나님을 모욕하는 것이라고 여긴다. 이들은 다음과 같이 주장한다. "유죄를 선고받은 살인자가 회개한다는 몇 마디 말로 수년간 올바르게 살기 위해 애쓴 사람처럼 하나님과 온전한 관계를 이룰 수 있다고 가정해 보자! 이것은 얼마나 비논리적이며 하나님의 의를 업신여기는 것인가!" 이들에게는 복음이 하나님의 위대하심을 모욕하는 것이 된다.

이것은 죄와 사탄이 우리 마음에 영적으로 가하는 '유도(judo)식' 공격이다. '유도'에서는 상대방의 공격을 역으로 이용한다. 곧 하나님의 의를 구하는 것은 옳지만 그 진지함이 지나쳐 복음이 하나님의 의에 걸맞지 않다고 결론짓는 식이다. 다시 말해 하나님을 기쁘시게 하려는 간절한 갈망이 자신의 노력과 능력에 대한 무의식적인 교만과 합쳐지면, 그리스도를

---

9 또 다윗이 이르되 그들의 밥상이 올무와 덫과 거치는 것과 보응이 되게 하시옵고

통한 하나님의 긍휼과 사랑에 대해 거부반응을 보이며 완악해질 수 있다.

오늘날 많은 그리스도인들이 이런 모습으로 살아간다. 예를 들면 독실한 신앙인들은(유대인이건 힌두교인이건 무슬림이건 상관없이) 복음이 사람들의 도덕적인 노력을 약하게 만든다고 인식한다. 이들은 하나님 앞에 올바르게 서려고 성실하고 진지하게 노력하지만, 도리어 올바르게 서게 해주시는 하나님의 사랑과 은혜는 뿌리쳐 버린다. 교회 안에서도 이런 모습들을 종종 볼 수 있다. 주로 두려움과 죄의식, 인정받고 싶은 욕망을 이용해서 교인들을 이끌어가는 교회에서 나타나는 모습이다.

:: 이스라엘의 미래

11절의 질문은 1절에서 했던 질문과 본질적으로 같다. 이스라엘이 하나님을 거부하고 또한 하나님의 보응으로 인해 "넘어지기까지 실족했느냐?" 하는 것이다. 그 대답은 "그럴 수 없느니라"다. 사실 유대인과 이방인이 복음을 받아들인 방식은 이방인뿐 아니라 유대인도 믿게 되는 하나님의 주권적 계획의 일부분이었다. 11-16절에서 바울은 유대인들이 복음과 관련해 겪는 세 가지 단계를 정리한다.

---

10 그들의 눈은 흐려 보지 못하고 그들의 등은 항상 굽게 하옵소서 하였느니라

첫 번째 단계에서 이스라엘은 넘어졌지만, 그로 인해 이방인들에게 구원이 주어졌다(11-12절). 흥미진진하게도 적지 않은 유대인들이 믿었지만 대다수의 유대인들은 기독교에 대해 상당히 적대적이었다. 그렇지 않았다면, 초대교회의 유대인 출신 그리스도인들은 복음을 이스라엘 민족만을 위한 것으로 쉽게 단정 지었을 것이다. 그리고 다른 민족에게 복음을 전할 동력도 남아 있지 않았을 것이다. 사도행전에는 다음과 같은 순환이 반복해서 나타난다.

(a) 회당에서 복음이 선포된다.

(b) 유대인 공동체는 복음을 받아들이는 소수와 적대적인 대다수로 분열된다.

(c) 전도자는 도시의 이방인들에게 복음을 전하고 많은 이방인들이 회심을 한다.

(d) 그 결과 교회는 유대인들과 이방인들로 구성된 다민족 교회가 된다.

만일 회당의 모든 유대인들이 복음을 믿었다면, 기독교는 이스라엘 민족 내부에서 생겨난 개혁 운동쯤으로 치부되었을 것이다. 이런 이유로 "그들의 넘어짐이 세상의 풍성함이" 된 것이다(12절).

---

11 그러므로 내가 말하노니 그들이 넘어지기까지 실족하였느냐 그럴 수 없느니라 그들이 넘어짐으로 구원이 이방인에게 이르러 이스라엘로 시기나게 함이니라

두 번째 단계에서 이방인들은 이스라엘로 "시기 나게" 만들었다(11절). 바울은 사역의 목표 가운데 하나가 자신의 골육을 "시기 나게 하여 그들 중에서 얼마를 구원하게" 하는 것이라고 말한다(14절). 대개 우리는 시기심을 부정적인 의미로 받아들인다. 누가는 복음 전도를 통해 사도들이 칭찬을 얻고 그 영향력이 커진 것을 유대인들이 시기했다고 증언한다(행 5:17, 13:45, 17:5). 사도행전 8장에는 마술사 시몬이 기적을 행하는 사도들의 능력을 보고 질투심이 생겨 그것을 구했지만 오히려 베드로에게 호되게 책망 받은 사건이 기록되어 있다.

바울이 여기서 기술한 시기심이 어떤 종류인지는 존 스토트의 글에 잘 묘사되어 있다.

시기심이 불만족이나 죄 된 탐욕만을 의미하는 것은 아니기 때문에 그것이 항상 이기심으로 얼룩진 것은 아니다. 간단하게 말해 시기심이란 '다른 사람이 소유한 어떤 것을 자신도 갖고 싶은 욕망'이다. 그것이 좋은지 나쁜지는 욕망하는 대상이 무엇이고 그것을 소유할 권리가 우리에게 있는지 여부에 달려 있다. 만일 그것이 악하다거나, 다른 사람에게 속해 있어서 가질 권리가 없다면 시기심은 죄가 된다. 하지만 그것이 선하고, 하나님이 모든

---

12 그들의 넘어짐이 세상의 풍성함이 되며 그들의 실패가 이방인의 풍성함이 되거든 하물며 그들의 충만함이리요

사람들에게 누리도록 허락하신 복이라면 그것을 '탐내고' 나아가 그것을 가진 사람들을 시기하는 것은 가치 있는 일이 된다. 이러한 욕망은 옳은 것이어서 교인들 사이에 이것을 유발하는 것이 목회의 실제적인 방향이 될 수도 있다.[1]

이는 놀라운 통찰력이 아닐 수 없다. 대다수의 유대인들이 그리스도를 거부했기 때문에 이방인들이 복음을 들을 수 있었던 것처럼, 그리스도를 받아들인 사람들이 대부분 이방인이었기 때문에 이제 유대인들이 믿을 수 있게 되었다. 구약의 많은 약속들이 이방인들에게 실현되는 것을 보고서 유대인들도 그리스도를 믿게 될 것이다.

사도행전 6장 1-7절에 이와 비슷한 일이 있었다. 초대교회가 가난한 사람들을 돌보기 위해 집사들을 따로 세우자 많은 유대인 제사장들이 그리스도를 믿게 되었다(7절). 왜 이런 일이 생겼을까? 원래 제사장들은 사람들이 바친 십일조와 헌물을 가난한 사람들에게 나눠 주는 사람들이다. 하지만 그 일을 제대로 하지 못하고 있었는데 그리스도인 공동체가 성령의 능력으로 자신들의 소유를 아끼지 않고 모든 가난한 사람들과 함께 나누고 있는 것이다. 이것은 이스라엘이 마땅히 되어야 할 모습이기도 했다(신 15:4-5). 이에 제사장들이 좋은 시기심에서 자신들의 잘못을 깨닫고 복음에 귀를 기울이게 된 것이 아닌가 싶다. 로마서 11장에서 바울이 생각하고 있는 바도 이와 유사할 것이다. 먼저는 유대인들 덕분에 이방인들이 믿음을 가졌고 그 다음에는 이방인들 덕분에 유대인들이 믿음을 가지게 될 것이다.

이어서 바울은 장차 있게 될 세 번째 단계에 대해 말한다. 두 번째 단계에서는 이스라엘의 시기심으로 "그들 중에서 얼마를" 얻는 데 그쳤다(14절). 하지만 바울은 이스라엘이 더 충만하게(12절), 받아들여지는(15절) 그날을 상상한다. 그 구체적인 모습은 25-27절에 나온다.

16절은 해석하기가 까다롭다. 아마도 신실한 남은 자들이 나중에 있게 될 더 풍성한 추수의 "첫 열매"로 여겨질 것이라는 의미인 것 같다. 바울과 같은 유대인들이 복음을 믿는 것은 언젠가 그와 같은 사람들이 훨씬 더 많아질 것이라는 표시다.

바울이 "이방 사람인 여러분에게 말합니다"라고 말하는 대목을 유의해서 보자(13절). 그는 하나님께서 당신의 옛 백성들을 포기하지 않으셨다는 것을 자신뿐 아니라 로마 교회의 이방인 그리스도인들이 알아주기를 바랐던 것 같다. 이로 미루어 보건대 초대교회 공동체와 오늘날 그리스도인 공동체는

---

13 내가 이방인인 너희에게 말하노라 내가 이방인의 사도인 만큼 내 직분을 영광스럽게 여기노니 14 이는 혹 내 골육을 아무쪼록 시기하게 하여 그들 중에서 얼마를 구원하려 함이라

다음과 같은 명백한 도전에 직면해 있는 것 같다. "우리는 하나님이 이스라엘에게 요구하셨던 모습을 지닌 공동체를 세워가고 있는가? 독실한 유대인들이 우리의 교회를 보고 시기심이 생겨 복음에 귀를 기울이고 싶겠는가?"

:: 접붙여진 가지

16절에서 바울은 당시 유대인 신자들을 앞으로 생겨날 수많은 믿음의 가지를 약속하는 뿌리에 비유한다. 이어 17절에서는 올리브나무의 비유를 통해 유대인과 이방인의 관계를 설명하고 있다. 바울이 말하는 바를 보다 잘 이해하려면 간단한 원예학 지식이 필요하다. 스코틀랜드 출신 신약학자인 윌리엄 램지(William Ramsay)의 설명을 들어 보자.

특별한 경우에 더 이상 열매를 맺지 못하는 감람나무에다 돌 감람나무의 어린 가지를 접붙여서 되살리는 것이 관례다. 감람나무 뿌리에서 올라온 수액은 돌 감람나무의 가지를 고귀하게 만들고 이제 감람나무는 다시 열매를 맺게 된다.[2]

---

15 그들을 버리는 것이 세상의 화목이 되거든 그 받아들이는 것이 죽은 자 가운데서 살아나는 것이 아니면 무엇이리요 16 제사하는 처음 익은 곡식 가루가 거룩한즉 떡덩이도 그러하고 뿌리가 거룩한즉 가지도 그러하니라

이런 원예학적인 설명은 바울의 대표적인 은유다. 돌 감람나무 가지는 활발하게 성장하지만 자양분을 얻을 수 있는 나무에 접붙여질 때만 생명을 만들어낼 수 있다. 동시에 접붙여진 가지는 온 나무를 새롭게 하여 다시 생명이 순환하도록 한다. 바울은 이 은유를 특별히 이방인들에게 적용한다(13절). 이방인들은 "참 감람나무 뿌리의 진액을 함께" 받기 위해 하나님의 백성들에게 접붙여진 "돌 감람나무의 가지들"이다(17절). 참 감람나무 뿌리의 진액이란 믿음으로 의롭다 함을 받는 생명의 복음을 의미하는데, 이스라엘의 선조인 아브라함 이래로 소수의 이스라엘 사람들만이 믿었던 바다.

바울은 이방인들에게 믿지 않는 유대인들, 곧 '꺾인 가지들'을 절대로 멸시하지 말라고 경고한다(18절). 이방인들은 자신들이 이스라엘이 지녔던 성경의 진리로부터 혜택을 받았음을 반드시 깨달아야 한다(9:1-5 참조). 그들은 이스라엘이라는 나무에 접붙여졌다. 그리고 아브라함의 믿음을 가짐으로써 아브라함이 받은 약속들을 물려받았다(9:6-7). 이방인들이 한 것은 다만 성경의 역사와 이스라엘을 통해 얻은 약속들 가운데 들어왔다는 것뿐이다. "네가 뿌리를 보전하는 것이 아니요 뿌리가 너를 보전하는 것이니라"(18절). 이방인이 유대인을 업신

---

17 또한 가지 얼마가 꺾이었는데 돌감람나무인 네가 그들 중에 접붙임이 되어 참감람나무 뿌리의 진액을 함께 받는 자가 되었은즉 18 그 가지들을 향하여 자랑하지 말라 자랑할지라도 네가 뿌리를 보전하는 것이 아니요 뿌리가 너를 보전하는 것이니라

여기는 것은 절대로 있을 수 없는 일이다. 우리가 쓰는 성경도 그들에게서 왔고, 예수님도 유대인이셨다.

바울은 이방인들에게 교만하지 말고 도리어 두려워하라고 말한다(20절). "(유대인) 가지들이 꺾인 것은 나로(이방인) 접붙임을 받게 하려 함이라"(19절)는 말씀처럼 유대인들이 복음을 거부했기 때문에 이방인들에게도 기회가 왔기 때문이다. 그렇다고 유대인들보다 자신들이 더 합당하다고 생각해서는 안 된다. 자신들도 믿음으로 접붙여졌고(20절), 그리스도에 대한 믿음을 거부했을 때 "원 가지들도 아끼지 아니하셨은즉"(21절), 그들도 아끼지 않을 것이기 때문이다. 따라서 겸손하게 하나님을 섬겨야 한다.

우리는 "하나님의 인자하심과 준엄하심"을 깊이 생각해야 한다(22절). 하나님이 우리에게 인자하게 대하실지 아니면 준엄하게 대하실지는 우리가 믿는지 믿지 않는지에 달려 있기 때문이다. 이스라엘의 불신앙을 보면서 우리 또한 사소한 것에서부터 경계해야 할 것이다.

이 내용이 로마서 8-9장과 어떻게 조화될 수 있는지 의구심을 품을 만하다. 바울은 오직 은혜로 택하심을 받았기 때문에 우리가 의롭게 되는 믿음을 가질 수 있었다고 했다(8:30-

---

19 그러면 네 말이 가지들이 꺾인 것은 나로 접붙임을 받게 하려 함이라 하리니 20 옳도다 그들은 믿지 아니하므로 꺾이고 너는 믿으므로 섰느니라 높은 마음을 품지 말고 도리어 두려워하라

31, 11:5-6). 또한 우리의 구원이 너무나 확실해서 하늘과 땅에 있는 어떤 것도 우리를 하나님의 사랑에서 떼어놓지 못한다고 했다(8:38-39). 그렇다면 왜 그는 "두려워하라"고 경고하고 있는 것일까?

바울이 말하고 싶은 핵심은 믿음이 주제 넘는 과신은 아니라는 것이다. 로마서에서 바울이 유대인들에 대해 일관되게 주장하는 바는 다음과 같다. "그들이 택하심을 받은 민족이긴 하지만, 그들은 자신들을 최고의 민족이라고 생각하기 시작했다. 아브라함의 후손들이라는 자부심이 지나쳐 어떻게 살든 하나님이 자기들 '안'에 있다고 확신했다. 하지만 사실은 그렇지 않았다."

그래서 바울은 이방인들에게 경고한다. "여러분은 유대인들처럼 주제넘게 자신을 과신하지 마십시오!" 그리고 "하나님의 인자하심에 머물러"(22절) 있으라고 권고한다. 하나님의 지극한 사랑을 아는 유일한 길은 우리의 구원이 완성되는 그 날까지 예수님을 지속적으로 닮아 가는 것이다. 만약 우리가 자기 자신을 위해 살고 죄를 짓기 시작하면, 또한 하나님께 나아가기 위해 자신의 행위를 의지하기 시작하면, 하나님의 인

---

21 하나님이 원 가지들도 아끼지 아니하셨은즉 너도 아끼지 아니하시리라 22 그러므로 하나님의 인자하심과 준엄하심을 보라 넘어지는 자들에게는 준엄하심이 있으니 너희가 만일 하나님의 인자하심에 머물러 있으면 그 인자가 너희에게 있으리라 그렇지 않으면 너도 찍히는 바 되리라

자하심은 물론이고 심지어 자신이 택하심을 받았는지조차 의심하게 될 것이다.

이와 같은 바울의 권고가 8장 30절(의롭다 하신 그들을 또한 영화롭게 하셨느니라)이나 하나님의 사랑 안에서 우리가 안전하다고 주장한 다른 본문과 배치되는 것은 아니다. 요한일서 2장 19절에서 요한은 이렇게 말한다. "그들이 우리에게서 나갔으나 우리에게 속하지 아니하였나니 만일 우리에게 속하였더라면 우리와 함께 거하였으려니와." 요한은 여기서 '구원의 상실'이 아니라 거짓 믿음이 드러난 것을 말하고 있다. 히브리서 저자도 같은 맥락이다. "우리가 시작할 때에 확신한 것을 끝까지 견고히 잡고 있으면 그리스도와 함께 참여한 자가 되리라 성경에 일렀으되 오늘 너희가 그의 음성을 듣거든… 너희 마음을 완고하게 하지 말라"(히 3:14-15). 우리는 자신에게 예수 그리스도에 대한 믿음이 있다고 결코 오만해서는 안 된다.

:: 온 이스라엘이 구원받으리라

여기서 바울의 논의는 이스라엘의 미래로 돌아온다. 물론 유대인들은 하나님의 백성에 포함될 수 있다. "그들도 믿지 아니하는 데 머무르지 아니하면… 그들을 접붙이실 능력이 하나님께 있음이라"(23절). 하나님이 이방인들을 "본성을 거슬러" 구원하실 수 있었다면, "원 가지인" 유대인들은 "얼마나 더 자기 감람나무에 접붙이심을 받으랴"(24절). 바울은 이렇게 이방인들에게 말하고 있다. "9장 4-5절에 나오는 어떠한 특권도 없이 태어난 너희들도 하나님이 구원하셨는데, 그 모든 특권을 갖고 태어난 유대인들이야 얼마나 확실하게 구원하시겠는가!"

그래서 바울은 이방인 형제들이 우쭐대지 않도록 한 가지 "신비"를 밝힌다(25절). 이스라엘이 끝까지 완악한 마음을 품지는 않을 것이며 결국 "온 이스라엘이 구원을 받으리라"는 사실이다(26절). 이것은 놀라운 선언이다!

여기서 말하는 "이스라엘"은 누구를 의미할까? 이스라엘에서 택하심을 받은 남은 자만을 지칭한다고 할 수도 있겠지만 그렇게 되면 이것은 무의미한 말이 되고 만다(택하심을 받은 사람들은 당연히 구원받을 것이다). 더욱이 25절에 나오는 "이스라엘"은 이방인과 대조적으로 사용된 단어라 이스라엘 민족 전체를 지칭하는 것이 더 적절하다.

그렇다면 "구원을 받으리라"는 것은 어떤 의미일까? 26-27절(이사야와 예레미야)에 나오는 인용구는 "그들의 죄를 없이 할" 시온에서 오는 구원자를 말하고 있다. 바로 예수님이다. 요컨대 바울은 때가 되면 온 이스라엘이 예수 그리스도를 통

---

23 그들도 믿지 아니하는 데 머무르지 아니하면 접붙임을 받으리니 이는 그들을 접붙이실 능력이 하나님께 있음이라 24 네가 원 돌감람나무에서 찍힘을 받고 본성을 거슬러 좋은 감람나무에 접붙임을 받았으니 원 가지인 이 사람들이야 얼마나 더 자기 감람나무에 접붙이심을 받으랴

해 구원을 경험할 것이라고 말한다. 그리고 유대인들에게 지속적으로 복음을 전할 것을 가장 강한 어조로 독려하고 있다. 이와 관련한 존 스토트의 이야기는 눈여겨 볼 만하다.

나치로부터 대학살을 경험한 유대인들이 자신들에게 더 이상 복음을 전하지 말라고 그리스도인들에게 요구한 것은 납득할 만하다. 많은 그리스도인들이 계속해서 유대인들에게 복음 전도를 해야 할 것인지 난처한 입장에 처했다. 더욱이 유대인을 대상으로 하는 복음 전도가 반유대주의의 용납될 수 없는 또 다른 모습은 아닌지 논쟁이 벌어지기도 했다. 그러자 일부 그리스도인들은 '두 언약론'이라는 것을 들고 나왔다. 곧 유대인 출신의 그리스도인들과 이방인 출신의 그리스도인들을 위한 한 가지 길과, 하나님과의 언약에 의존하는 역사적 이스라엘을 위한 또 다른 길이라는 두 가지 다른 구원의 '경로'가 있다는 것이다. 하지만 믿음을 가진 유대인과 이방인 모두가 속하는 하나의 감람나무밖에 없다는 로마서 11장의 입장은 '두 언약론'과 명백히 배치된다. 불신앙 가운데 고집을 부리지 않는다면 유대인들도 다시 접붙여질 것이다

---

25 형제들아 너희가 스스로 지혜 있다 하면서 이 신비를 너희가 모르기를 내가 원하지 아니하노니 이 신비는 이방인의 충만한 수가 들어오기까지 이스라엘의 더러는 우둔하게 된 것이라

[우리는 불신앙으로 인해 어떤 사람들에게 생긴 일들을 두려워해야 한다]. 따라서 이들에게 반드시 필요한 것은 예수님을 믿는 것이다. 두 언약론은 예수님께서 이미 없애신 유대인과 이방인 사이의 장벽을 다시 세우는 부작용도 일으킨다. '반유대주의라는 딱지가 두려워서 바울이 정확히 반유대주의라고 여긴 입장(유대인들에게 복음 전도를 하지 않음)을 20세기 후반에 내세우는 것은 역설이다. 역사의 어느 시점이든 이방인들만 보이는 교회나 유대인들 밖에 없는 교회를 상상하는 것은 견디기 힘들다.'(Tom Wright, *The Climax of the Covenant*, p.253에서 인용.)[3]

바울은 26절에서 어떤 의미로 "온" 이스라엘이라고 말하고 있을까? 스토트는 "온 이스라엘"이 어떤 예외도 없는 모든 이스라엘 사람들을 의미하지는 않을 것이라고 주장한다.

"'온 이스라엘'은 유대교 문헌에 반복해서 나오는 표현인데, '어떤 예외도 없는 모든 유대인'이라기보다는 '전체로서의 이스라엘'을 의미하는 것 같다."

마찬가지로 온 이스라엘은 큰 유대인 집단을 의미한다. 11장의 남은 부분에서 '이스라엘'이라는 말은 바로 이런 의미

---

26 그리하여 온 이스라엘이 구원을 받으리라 기록된 바 구원자가 시온에서 오사 야곱에게서 경건하지 않은 것을 돌이키시겠고 27 내가 그들의 죄를 없이 할 때에 그들에게 이루어질 내 언약이 이것이라 함과 같으니라

로 사용되었다. 바울은 믿음을 가진 소수의 유대인과 대조해서 대다수 이스라엘을 지칭할 때 종종 이 말을 사용했다. 바울 자신이 이스라엘 민족의 일원이었어도, 복음을 뿌리친 이스라엘을 말할 때는 자신을 포함시키지 않았다.

많은 사람들은 바울의 말이 마지막 순간 대규모의 유대인들이 그리스도인이 될 것을 의미하는 게 틀림없다고 생각하는데, 그럴 수도 있다. 하지만 수많은 유대인들이 믿게 될 때까지 그리스도교를 받아들이는 유대인의 수가 점진적으로 늘어날 것이라는 의미로 해석할 수도 있다.

그렇다면 이방인들은 믿지 않는 유대인들을 어떻게 보아야 할 것인가? 그들이 보이는 적대감에도 불구하고(28절), 하나님이 그들의 "조상들"에게 한 약속과 "하나님의 은사와 부르심에는 후회하심이"(29절) 없기 때문에 이스라엘을 향한 사랑은 계속 이어진다. 바울은 희망을 놓지 말고 유대인들을 지켜보아야 한다고 말한다. 그리스도인들도 다음과 같은 마음을 가져야 할 것이다. "원래 나는 하나님께 불순종하던 사람이었고 복음을 거부하던 사람이었다. 하지만 복음이 이스라엘의 불신앙 너머에까지 전해져 지금 여기 그리스도인으로 서 있다(30절). 하나님이 이스라엘의 불순종을 통해 은혜로 나에게 오셨

28 복음으로 하면 그들이 너희로 말미암아 원수 된 자요 택하심으로 하면 조상들로 말미암아 사랑을 입은 자라 29 하나님의 은사와 부르심에는 후회하심이 없느니라

다면, 나의 믿음을 통해 은혜로 이스라엘에게도 가실 것이 틀림없을 것이다(31절). 옛 백성을 향한 하나님의 놀라운 섭리 가운데 나는 어떤 역할을 할 것인가?"

32절은 11장뿐 아니라 9장 1절부터 시작된 단락에 대한 결론이기도 하다. ESV 성경은 우리의 이해를 돕는 보다 정확한 번역을 보여 준다. "하나님이 모든 사람을 불순종의 상태에 가두신 것은(마음을 완악하게 하심, 9:17-18) 그들에게 은혜를 베풀기 위해서다." 사람들은 이 구절에 대해 통상 하나님이 "모든" 사람들에게 은혜를 베푸실 것이라고 바울이 말했기 때문에, 결국에는 하나님이 모두를 구원하신다는 보편적 구원을 가리킨다고 생각했다. 하지만 이 같은 해석은 로마서의 대의와 어긋난다. 로마서 2장 5-8절은 마지막 날 하나님의 심판이 있을 것이라고 분명히 말한다. 그러므로 우리는 32절을(30-31절과 더불어) 하나님이 편애하지 않으신다는 사실을 가리키는 것으로 이해해야 한다. 하나님은 이방인들에게 오시기 위해 유대인들을 사용하시고, 유대인들에게 오시기 위해 이방인들을 사용하신다. 이방인과 유대인 모두 불순종했지만, 모두 하나님의 은혜를 발견하게 될 것이다(아니면 오히려 하나님의 은혜로 찾아질 것

---

30 너희가 전에는 하나님께 순종하지 아니하더니 이스라엘이 순종하지 아니함으로 이제 긍휼을 입었는지라 31 이와 같이 이 사람들이 순종하지 아니하니 이는 너희에게 베푸시는 긍휼로 이제 그들도 긍휼을 얻게 하려 하심이라 32 하나님이 모든 사람을 순종하지 아니하는 가운데 가두어 두심은 모든 사람에게 긍휼을 베풀려 하심이로다

이다). 모두에게 하나님의 은혜가 임한다는 것은 F.F. 브루스 (Bruce)의 표현대로 "모두에게 예외 없이라기보다는 모두에게 차별 없이" 임한다는 의미이다(Romans, p.219).

:: 누가 하나님의 판단을 헤아리랴!

32절은 바울이 주장하는 이 논의의 결론이긴 하지만 11 장의 결말은 아니다. 이어지는 33-36절에서는 바울의 즉흥적인 찬양이 갑자기 터져 나온다! 이것은 정독하며 묵상해야 할 고귀한 찬양이다. 이를 통해 우리도 자신의 찬양에 대해 몇 가지를 배울 수 있을 것이다.

첫째, 성경의 진리가 빠진 채 찬양해서는 안 된다. - 찬양이 터져 나올 때 바울은 성경을 인용하고 있다. 34절에서는 이사야 40장 13절을, 35절에서는 욥기 41장 11절을 인용한다. 성경과 친숙하면 찬양의 마음이 불타오를 때 대단히 유용하게 그것을 표현할 수 있을 것이다. 묵상과 영성을 다룬 많은 책들은 과거에 있었던 사건이나 어떤 명언, 이미지, 혹은 아무것도 아닌 것들을 시각화하는 데 초점을 맞춘다. 하지만 참된 찬양은 일반적인 묵상이 아니라 특별히 성경을 묵상할 때 가능하

---

33 깊도다 하나님의 지혜와 지식의 풍성함이여, 그의 판단은 헤아리지 못할 것이며 그의 길은 찾지 못할 것이로다 34 누가 주의 마음을 알았느냐 누가 그의 모사가 되었느냐

다. 혼자서 혹은 여럿이 함께 찬양하고 예배드릴 때 그 중심은 항상 성경이 되어야 한다.

둘째, 찬양이 빠진 채 성경의 진리를 가르치거나 연구해서는 안 된다. - 바울은 성경의 진리를 단순한 지식이나 삶에 적용해야 할 대상으로 여기지 않고 하나님을 찬양하는 통로로 사용했다. 하나님을 알기 위해 성경의 진리를 사용한 것이다. 우리는 성경을 통해 하나님을 알아갈 때 초연하고 냉철한 방법으로 연구만 해서는 안 된다. 우리 자신이 진리에 의해 동요되고 위로받고 도전받아야 한다. 진리의 힘을 느낄 수 있도록 자기 자신을 항상 열어놓아야 한다.

셋째, 하나님을 찬양하는 가르침들은 우리에게 가장 큰 기쁨을 준다. - 바울은 인간의 성취를 보면서 찬양하고 싶은 열망을 품지는 않았다. 찬양은 우리 자신이 얼마나 연약하고 무능하며, 하나님께 전적으로 의존하는 존재인지 아는 데서 나온다. 구원이 하나님의 완전한 주권에 속한다는 진리 안에 기쁨과 찬양이 있다. 바울은 우리가 하나님께 아무것도 드린 게 없고, 하나님도 우리에게 갚으실 것이 없다는 데서 그분을 찬양했다.

넷째, 찬양하기 위해 하나님이 하시는 모든 일을 이해할

---

35 누가 주께 먼저 드려서 갚으심을 받겠느냐 36 이는 만물이 주에게서 나오고 주로 말미암고 주에게로 돌아감이라 그에게 영광이 세세에 있을지어다 아멘

필요는 없다. - 바울도 하나님의 길을 분별하거나 헤아리지 못한다고 힘들어하지 않았다. "그의 판단은 헤아리지 못할 것이며 그의 길은 찾지 못할 것이로다"(33절). 많은 사람들이 하나님에 관해 다 이해하지 못하면 찬양할 수 없다고 느낀다. 하지만 바울은 그것이 불가능하다는 것을 알았다. 우리가 하나님의 의도를 다 이해하고, 그 길을 다 분별하고, 그 성품을 논리적으로 다 설명할 수 있다면 그분은 상당히 '유한한 하나님'일 것이다. 성경의 하나님은 우리의 이해보다 훨씬 더 높고 광대하신 분이다. 따라서 그분의 뜻과 계획을 모두 다 이해하지 못한다고 근심할 필요가 없다. 우리는 하나님이 우리에게 보여 주신 모든 것 때문에 그분을 찬양한다. 또한 보여 주시지 않은 더 많은 것들 때문에 그분을 찬양한다. 모든 것을 다 이해하지 못한다 할지라도 우리는 하나님께 찬양과 영광을 드릴 수 있다. "그에게 영광이 세세에 있을지어다! 아멘"(36절).

::

Part 3

복음은
'새로운 관계'를
맺게 한다

ROMANS 8-16
FOR YOU
TIMOTHY KELLER

복음은 '교회' 내에서
새로운 관계를 맺게 한다

롬 12:1-8

오직
마음을 새롭게 함으로
변화를 받아

12장은 새로운 단락이 시작되는 전환점이다. 바울은 "그러므로"로 그 서막을 연다. 그는 지금까지 설명한 복음을 토대로 그리스도인의 올바른 삶을 제시하려고 한다. 그중에서도 12장 1-2절은 그리스도인의 온전한 삶을 가장 잘 요약하고 있다.

:: 순종하는 동기부터 살피자

우리가 그리스도인으로 살아가는 동기는 어디서 오는 것일까? 1절은 가장 중요한 동기를 두 단어로 제시하고 있다. 첫 번째 단어인 "그러므로"는 바울이 로마서 1-11장에서 설명했던 복음이 기반이 되어 우리 자신을 하나님께 드릴 수 있음을 말하고 있다. 복음은 그리스도의 은혜로 말미암아 오직 믿음으로 의롭다 함을 받는 것이다.

두 번째 단어인 "하나님의 모든 자비하심으로" 역시 본질적으로 같은 맥락이다. 그리스도인으로서 살아갈 충분한 이유는 은혜에 대한 감사뿐이다.

하나님의 사랑과 우리의 구원이 절대 잃을 수 없는 것이라는 바울의 탁월한 주장(로마서 8장)에 비추어 보면 이것은 특히나 중요하다. 만일 그리스도인의 구원이 취소될 수 있는 것이라면 순종의 주된 동기는 분명히 두려움이 될 것이다. 대개비 그리스도인들은 하나님의 진노를 그다지 두려워하지 않을 뿐더러 믿지도 않는다. 하지만 하나님의 진노를 아는 그리스도인들이 다시 하나님의 정죄를 받을 수 있다고 믿게 된다면 어마어마한 두려움에 휩싸일 것이다. 두려움으로 하는 순종에는 은혜에 감사하는 긍정적인 요소보다 심판을 두려워하는 부정적인 요소가 더 많다.

두려움이 우리를 순종하게 만드는 가장 중요한 동기라면 그 결과는 다음과 같을 것이다.

첫째, 시간이 흐르면서 순종하려는 동기가 점점 약해질 것이다. 두려움은 사람의 감정을 매우 소모시키는 정서로 처음에는 큰 성취를 이룬 것 같지만, 머지않아 피폐해질 가능성이 크다. 큰 두려움 속에 지내게 되면 차츰 마음이 무감각해지고 서서히 지쳐서 결국 무슨 일이 벌어지든 아무런 관심도 갖지 않게 된다. 그러므로 두려움에 근거한 종교는 오래 가지 못하는 경향이 있다.

둘째, 두려워서 하는 순종에는 회개와 관련해서 심각한 문제가 따른다. 두려워서 순종하는 사람들은 대개 어딘가에 '경계선'이 있다고 믿게 된다. 그래서 죄를 많이 짓게 되면 이 경계선을 넘게 되고 하나님께 정죄함을 받게 된다고 생각한다. 하지만 우리는 그 경계선이 어디에 있는지 모른다. 그 결과 회개는 기분 좋은 경험이 아니라 쓰라린 경험이 되고 만다. 하나님의 심판이 두렵기 때문에 자신의 죄를 인정할 수 있는 안정감도 없다. 종국에는 자신을 합리화하거나 다른 사람을 비난하기에 바쁜 사람이 된다.

셋째, 두려움에서 비롯된 순종은 환난이나 역경을 견뎌 내지 못한다. 두려워서 순종하는 사람은 고난이 닥칠 때 다음 중 한 가지로 반응하게 될 것이다. "내가 하나님께 벌을 받는구나! 드디어 하나님이 나를 버리시는구나! 내가 선을 넘어 버렸나 보다." 혹은 "이것은 부당해! 이런 나쁜 일들이 생기지 말라고 하나님께 복종했는데!" 그리스도인으로서 살아가는 동기가 두려움 때문이라면 환난으로 인해 얻는 것은 절망과 쓰라림밖에 없을 것이다.

:: 자신을 산 제물로 드려라

따라서 바울은 삶의 출발점을 간단하고 설득력 있게 표

현한다. "그러므로… 하나님의 모든 자비하심으로"(1절). 그리고 자신의 형제들에게 예수 그리스도를 따르는 삶의 중심이 되는 두 가지 요소를 권고한다. 한 가지는 1절에 있고, 다른 한 가지는 2절에 나오는데, 1절에는 "너희 몸을… 산 제물로 드리라"는 것이다.

이 말은 성전에서 사용하는 용어로 제물을 바치러 성전에 온 예배자를 비유로 들고 있다. 구약의 제사 중에 하나인 '속죄제'는 예배자가 제물을 바치고 그 피를 통해 용서를 구하는 것이었다. 하지만 히브리서에도 나와 있듯이 예수님께서 우리의 속죄 제물이 되셨으므로 바울이 여기서 말하는 것은 속죄 제물이 아니다.

또 다른 제사로는 '번제'가 있는데 키우는 가축들 중 흠 없는(구별되고 결함이 없는) 최고의 가축을 제물로 태우는 것이었다. 그런 가축은 매우 비쌌기 때문에 이것이 의미하는 바는 우리가 가진 것 중 가장 귀한 것을 바침으로써, 우리의 모든 것을 하나님의 뜻에 맡긴다는 고백이었다. 번제는 항상 제물의 전부를 태웠는데, 이는 하나님께 자신의 전부를 거룩하게 바친다는 것을 의미했다.

"산 제물"이 된다는 것은 하나님의 뜻에 자신의 전부를

내맡기는 것이다. 능동적으로는 하나님이 말씀하시는 것이면 그것이 무엇이든 기꺼이 순종하겠다는 것이고, 수동적으로는 하나님이 우리 삶에 허락하신 것은 무엇이든 기꺼이 감사하게 받아들이겠다는 의미다.

바울은 우리의 "몸"을 바칠 것을 촉구하면서 자신이 말하고 있는 전체(전부)가 어떤 의미인지 로마 교인들에게 이해시키려 했다. 몸은 부정적이고 나쁜 것이며 영은 지성과 영혼을 고양시키는 것이라고 교육받고 믿었던 그리스-로마 사람들에게 이러한 바울의 생각은 너무나 충격적이었을 것이다. 바울은 하나님이 원하시는 예배가 순전히 내면적이고 추상적인 것이 아니라 실제적이고 전인적인 것이라고 말하고 있다. 하나님이 원하시는 것은 우리의 모든 것이다. 우리에게 남은 것을 드려서는 안 된다!

이와 관련해 존 스토트는 다음과 같이 말하고 있다.

바울은 3장 13절에서 인간의 타락상을 폭로하면서 그것이 우리 몸을 통해 드러난다는 사실을 분명히 보여 주었다. 곧 혀로는 남을 속이고, 입술에는 독사의 독이 흐르고, 입은 저주와 독설로 가득하고, 발은 피흘리는 데 날쌔고, 그리고 눈에는 하나님을 두려워하는 기색이 없다. 반면에 그리스도인의 고결함도 몸으로 하는 행위로 나타난다. 따라서 우리는 몸의 지체들을 '의의 도구들'(6:13,

19)로 하나님께 바쳐야 한다. 그러면 우리 발은 하나님의 길을 걸을 것이고, 우리 입술은 진리를 말하며 복음을 전파할 것이고, 우리의 혀로는 마음의 상처를 치유하고, 우리의 손은 넘어진 사람들을 일으킬 것이고… 우리의 팔로는 사랑받지 못한 외로운 사람들을 안아 줄 것이고, 우리의 귀로는 비탄에 빠진 사람들의 부르짖음을 들어줄 것이고, 우리의 눈으로는 겸손하게 오래 참으면서 하나님을 바라볼 것이다.[1]

"산(living) 제물"은 제물이 살아 있기에 이 일이 계속된다는 의미인 듯하다. "제물"은 원래 죽이는 것이다. 그렇다면 '산 제물'은 '살아 있는 죽임'이 된다! 다시 말해 우리의 전부를 하나님의 뜻에 맡기고 순종할 수 있도록 우리의 태도를 끊임없이 새롭게 해야 한다는 의미이다. 이것이 바로 "자기를 부인하고 날마다 제 십자가를 지고…"(눅 9:23-24) 예수님을 따르는 삶이다. 또한 제 목숨을 버리는 "거룩한" 삶의 모습이다(1절). 거룩하다는 것은 온전히 고결하고 전적으로 구별된다는 것이다. 그리스도인의 삶이란 예수님의 십자가 죽음 속에서 하나님의 긍휼을 보며 매일매일 자신의 삶과 몸을 하나님께 기꺼이 바치는 삶이다.

우리가 추구해야 할 삶의 모습은 하나님 보시기에 거룩
하게 사는 것이다. 복음은 우리 삶의 방향을 근본적으로 바꾸
어 놓는다. 그 결과로 자기 자신이나 누군가를 위해서가 아니
라 하나님을 기쁘시게 하는 삶을 소망하게 된다. 바울은 데살
로니가 교회에도 이와 같은 취지로 권면했다. "사람을 기쁘게
하려 함이 아니요 오직 우리 마음을 감찰하시는 하나님을 기
쁘시게 하려 함이라"(살전 2:4).

복음은 우리를 자유롭게 해주며 하나님이 기뻐하시는 삶
을 살도록 동기를 부여해 준다. 우리는 복음 안에서 하나님의
충만하고 완전한 은혜와 사랑을 받는다. 성령은 "하나님과 원
수가"(롬 8:7) 되었던 우리 마음을 바꾸어 하나님을 사랑하고 섬
기도록 변화시킨다(롬 7:22). 하나님은 믿음을 고백하는 우리 안
에서 예수님과 예수님이 이루신 완전한 순종을 보시고(갈 3:25-
27), "내가 너를 기뻐하노라"(막 1:11)고 말씀하신다.

하나님이 우리를 기뻐하시기 때문에 우리는 하나님을 기
쁘시게 하는 삶을 살 수 있다. 우리가 하나님께 순종할 수 있
는 이유는 구원을 얻기 위해서가 아니라 이미 우리를 구원하
신 사랑에 감사하기 때문이다. 하나님이 우리를 받아 주셨기
에 우리는 자유롭게 되었고 그분이 기뻐하시는 삶도 살 수 있
게 되었다.

예를 들어 뒤뜰에서 오랜 시간 아들에게 타격 방법을 가

르쳐 준 아버지가 있다고 하자. 이제 아버지는 타석에서 실제로 야구 경기를 하고 있는 아들의 모습을 지켜보고 있다. 아버지는 아들의 전부를 사랑하기에 혹시 아들이 자신의 가르침을 잊어 버리고 삼진 아웃을 당한다 해도 그 사랑을 거두지 않을 것이다. 아들 또한 속상하지만 자신의 경기 결과와 무관하게 자신을 지지해 주는 아버지의 사랑을 확신할 수 있을 것이다.

물론 아들은 간절히 홈런을 날리고 싶을 것이다. 아버지의 사랑을 얻기 위해서가 아니라 이미 자신을 사랑하는 아버지를 위해서 말이다. 만일 아버지의 사랑을 깨닫지 못했다면, 아버지의 사랑을 얻기 위해 홈런을 치려는 노력은 결국 자기 자신을 위한 것이 되고 만다. 그러나 아버지가 이미 자신을 사랑한다는 사실을 알고 있기에 잘하려는 노력 자체가 아버지를 기쁘게 하는 것이 된다.

:: 합리적인 예배를 드려라

바울은 이렇게 사는 것이 "너희가 드릴 영적 예배"라고 말한다(1절). 안타깝게도 "영적"이라고 번역한 NIV 성경(1984) 과 ESV 성경, 또한 "참되고 합당한"으로 번역한 NIV 성경 (2011) 모두 이 말씀의 핵심을 흐리는 것 같다. 바울은 이렇게 우리 자신을 바치는 것에 대해 헬라어 로기켄(*logiken*)을 사용해서 '합리적인' 예배라고 말한다. 이 말은 글자 그대로 '이성적'

이고 '논리적'이라는 말이다. 하나님이 우리에게 베푸신 긍휼을 생각해 보면 우리 전부를 바치는 것은 과연 합리적이고 논리적이다. 또한 이 주제를 잘 생각해 보면 우리 삶을 제물로 바치는 것만이 합리적인 반응이라는 의미이기도 하다. 요컨대 하나님의 긍휼을 제대로 경험하게 되면 자신의 전부를 남김없이 하나님께 바치지 않는 것이 오히려 비합리적이라는 말이 된다. 만일 자신의 일부만을 성의 없이 바친다면 그것은 곧 당신이 생각하고 있지 않다는 것이다. 예수님이 하신 일을 주의 깊게 보고 그분이 하신 일을 제대로 듣는다면 반드시 얼음 같은 우리의 영혼이 녹게 될 것이다.

:: 근본적으로 변화하라

바울은 근본적인 삶의 길을 펼쳐 보인다. 그렇게 살기 위해서는 마음이 새로워져야 한다. "이 세대를 본받지 말고 오직 변화를 받아"(2절). 이것은 어떤 의미인가? 두 가지 방식이 우리 앞에 있다. 하나는 세상을 따르는 것이고 다른 하나는 하나님의 뜻을 따르는 것이다. 바울은 세상을 특징짓는 사고와 감정, 행위의 방식들을 거부하고 하나님의 뜻을 따르는 것을 자신의 삶과 모습으로 받아들이라고 한다.

---

2 너희는 이 세대를 본받지 말고 오직 마음을 새롭게 함으로 변화를 받아 하나님의 선하시고 기뻐하시고 온전하신 뜻이 무엇인지 분별하도록 하라

그런데 흥미롭게도 '본받다'와 '변화를 받다'가 대조적으로 사용되고 있다. "변화를 받다"는 헬라어로 메타모르포오(*metamorphoo*)이다. 바울은 이 말을 고린도후서 3장 18절에서도 사용하고 있다. "우리가 다 수건을 벗은 얼굴로 거울을 보는 것 같이 주의 영광을 보매 그와 같은 형상으로 변화하여 영광에서 영광에 이르니 곧 주의 영으로 말미암음이니라." 다시 말해 그가 말하는 변화는 겉으로 어떤 것을 본받는 것이 아니라 속사람이 새롭게 되는 것을 의미한다. 우리가 하나님의 뜻을 분별해야 하기 때문에 이러한 속사람의 변화가 필요하다는 사실에 유의하자(2절). 더욱 지혜롭고 선한 것을 발견하기 위해서는 먼저 자신이 지혜롭고 선해져야 한다!

그리스도인의 삶은 "마음을 새롭게 함으로" 가능해진다(2절). 이것이 구체적으로 어떤 의미인지 설명하지는 않았지만 우리가 그리스도의 모습으로 새롭게 되는 길이기에 아주 중요하다. 이것을 이해하는 최선의 방법은 마음을 새롭게 함이 하나님의 은혜에 대해 합리적인 예배로 반응하는 또 다른 방식 가운데 하나라는 것이다. 우리의 마음은 그리스도에 대한 진리로 불꽃이 일어야 한다!

바울은 다른 곳에서 마음을 새롭게 한다는 것이 무엇인지 그 실마리를 제공해 준다. 골로새서 3장 16절을 통해 볼 때 이 말은 우리 안에 하나님 말씀의 진리를 풍성하게 하라는 의미로 보인다. 하지만 그것 이상이기도 하다. 에베소서 4장 23

절에서는 "마음의 영이 새롭게 되어"(ESV 성경)라고 했다. 이 말은 우리가 단지 참된 것을 생각하는 것이 아니라 우리 마음을 지배하는 영향력의 방향을 바꾸라는 것이다. 요즘 쓰는 말로 하면 그리스도께서 우리의 "상상력"을 사로잡도록 하라는 것이다. 예수님이 누구시며 어떤 일을 하셨는가 하는 것이 우리의 상상력에 불을 지르고 우리의 마음을 지배하는 것이다. 하지만 이런 일은 성령께서 우리 안에 있는 진리를 그렇게 사용하실 때 일어난다(고전 2:11-14).

:: 영적인 침체를 극복하는 법

로마서 12장 1-2절은 어떻게 하면 영적인 침체 혹은 반복적인 불순종을 극복할 수 있는지 잘 보여 준다. 다시 말해 우리 마음이 기쁘게 되어 자신의 전부를 바칠 수 있는 방법을 알려 준다.

첫째, 하나님의 자비를 본다. - KJV 성경과 ESV 성경은 "자비" 대신 "자비들"이라고 번역했는데, 하나님의 일반적인 자비가 아니라 십자가에서 행해진 특별한 자비들을 지칭한다 (만일 우리에게 거룩해지고 싶은 관심이나 열정이 부족하다면 우리를 향한 하나님의 자비를 깊이 생각해 보지 않았기 때문이다). 우리의 마음을 하나님의 자비와 은혜에 대한 깊은 묵상으로 타오르게 하지 않고서는 그리스도인으로서 거룩하게 살아 갈 방법이 없다. 우리는 지금 멈춰 서서 하나님의 자비에 대해 깊이 생각해 볼 필요가 있다.

둘째, 우리를 위해 전부를 내어 주신 예수님께 우리가 보일 수 있는 합리적인 반응은 그분께 우리 전부를 드리는 것이다. 하나님께 전적으로 순종하지 않는 것은 무례할 뿐 아니라 분명하게 생각하지 못했기 때문이다. 우리는 자신을 하나님께 드리는 만큼만 우리를 위해 자신을 전적으로 내어 주신 하나님을 이해할 수 있다. 이것이야말로 지각 있는 행동이다!

셋째, 우리의 마음이 새롭게 되어야 한다는 것을 명심한다. 세상이나 유행하는 형식적인 도덕적 규범을 본받지 말고 오히려 속사람부터 새롭게 된다. 거듭해서 말하지만 이것은 예수님이 누구시고 어떤 일을 하셨는지 정기적으로 묵상할 때 가능하다. 우리에게 허락하신 상황에서 우리가 어떻게 살기를 원하시는지, 또한 우리가 어떻게 변화되길 원하시는지 하나님의 뜻을 깊이 생각할 때 이루어진다.

:: 자신을 정확히 평가하라

하나님의 자비하심으로 변화를 받게 되면 자기 자신을 제대로 볼 수 있게 된다. 바울은 "너희 각 사람에게 말하노니 마땅히 생각할 그 이상의 생각을 품지" 말라고 한다(3절). 곧 거만해지지 말라는 것이다. 낮은 자존감의 위험성에 대한 우리 문화의 온갖 경고에도 불구하고, 정말로 위험한 것은 이기심 내지는 자기중심성이다. 대부분의 종교들은 자신의 중요성과 능력, 권리를 과대평가하는 데 인간의 가장 심각한 문제들이 있다고 본다(특히 불교에서 이러한 관점이 지배적이다). 인간은 자신의 지혜와 역량, 성실과 능력을 과장하기 쉽다. 그리스도인이라면 그렇게 해서는 안 된다. C. S. 루이스는 그리스도인을 제외하고서 어느 누구도 자신이 잘난 체하고 으스댄다고 인정하는 법을 본 적이 없다고 말한다. 바울의 권고대로 우리는 항상 이러한 위험을 경계해야 한다. 열린 마음으로 다른 사람들의 도움을 받으려면 자신의 참모습이 아닌 것과 자신이 할 수 없는 것을 인정할 필요가 있다.

하지만 동시에 바울은 "너희 각 사람에게 말하노니… 지혜롭게 생각하라"(think of yourself with sober judgment)고 말한다(3절). 여기서 '지혜로움(sobriety)'이라고 번역된 말은 원래 술 취하지 않은 상태를 의미한다. 다시 말해 "지혜롭게(sober)"란 아주 정확하고 실제적으로라는 의미이다. 바울은 여기서 겸손해지라든지 다른 사람을 자신보다 높게 여기라고 말하지 않는다. 자신의 능력을 과소평가하지도 말라고 한다. 우리가 뛰어나거나 잘할 수 있는 일을 인정할 때 다른 사람들을 도울 수 있기 때

---

3 내게 주신 은혜로 말미암아 너희 각 사람에게 말하노니 마땅히 생각할 그 이상의 생각을 품지 말고 오직 하나님께서 각 사람에게 나누어 주신 믿음의 분량대로 지혜롭게 생각하라

문이다. 우리는 자신을 과대평가하지도 과소평가하지도 말고 자신에 대해 정직해야 한다.

:: 믿음의 분량대로 생각하라

3절을 읽은 대부분의 사람들은 "믿음의 분량"을 "믿음의 양"이라고 해석했다. 곧 하나님이 어떤 사람에게는 다른 사람보다 더 많은 믿음을 주셨기에 우리 자신을 어떻게 생각할 것인가는 우리가 가진 믿음의 양에 달려 있다는 식이다. 하지만 이러한 해석은 로마서의 대의에 어긋난다. 더욱이 '분량'의 헬라어인 메트론(*metron*)은(미터의 어원) 양이 아니라 측량의 기준을 뜻한다. 따라서 3절은 다음과 같이 해석할 수 있다. "너희 모두에게는 십자가에 못 박히신 그리스도로 인한 구원의 믿음이 주어졌다. 바로 그것으로 너희 자신을 평가해야 한다." 우리는 무엇보다 우리 모두가 같다는 사실을 깨달아야 한다. 우리에게 있는 다양한 배경이나 능력 등에도 불구하고, 우리 모두는 그리스도 안에서 구원받았다. 하나님은 그리스도 안에서 우리를 공평하게 사랑하신다.

복음은 우리가 자신의 본래 모습보다 더 높게 평가하지 않도록 해준다. 우리는 아무리 노력해도 심판받을 수밖에 없는, 하나님의 사랑으로만 구원받을 수 있는 죄인들이다. 또한 복음은 자신을 본 모습보다 더 낮게 평가하지 않도록 해준다.

우리는 궁극적으로 가장 중요한 평가를 내리시는 하나님 눈에 가장 사랑스럽고 존귀한 구원받은 자녀들이다.

그렇다면 이 말씀은 복음 안에서 우리가 누구인지 기억함으로 우리 자신을 평가하라는 명령인 셈이다. 우리 자신을 평가할 첫 번째 "분량"은 우리가 믿는 복음이다.

그다음 두 번째로 우리는 그리스도의 몸 안에서 각자 독특한 은사들과 능력들을 가졌다고 생각해야 한다. 우리는 모두 다르다. 우리는 복제품이 아니다. 복음 앞에서는 모두가 같지만 각자가 다양한 능력들로 서로를 섬긴다. 에베소서에서 바울은 구원받은 모든 사람이 "그가 만드신 바라 그리스도 예수 안에서 선한 일을 위하여 지으심을 받은 자니 이 일은 하나님이 전에 예비하사 우리로 그 가운데서 행하게 하려 하심이니라"(엡 2:10)고 했다. 사람마다 독특한 인격과 성품, 이력 그리고 능력이 있기 때문에 하나님이 만드신 목적대로 각 사람은 특별한 일들을 잘 해낼 수 있다. 하나님은 인간의 몸처럼 교회도 상호 의존하고 서로 지체가 되기를 원하신다(5절).

바울은 고린도전서에서 교회의 지체됨에 대해 자세히 설명했다. "만일 온 몸이 눈이면 듣는 곳은 어디며 온 몸이 듣는 곳이면 냄새 맡는 곳은 어디냐 그러나 이제 하나님이 그 원하시는 대로 지체를 각각 몸에 두셨으니 만일 다 한 지체뿐이면 몸은 어디냐 이제 지체는 많으나 몸은 하나라 눈이 손더러 내가 너를 쓸 데가 없다 하거나 또한 머리가 발더러 내가 너를 쓸 데가 없다 하지 못하리라"(고전 12:17-21).

이렇게 몸의 비유는 거듭 우리가 마땅히 그래야 하는 것 보다 우리 자신을 과대평가하거나(우리에게는 교회의 다른 구성원들이 필요하다), 혹은 과소평가하지(교회의 다른 구성원들에게는 우리가 필요하다) 않도록 중심을 잡아 준다.

"받은 은사가 각각 다르니"(6절). 우리는 무엇보다 이러한 은사들을 "우리에게 주신 은혜대로" 받은 것을 기억해야 한다. 하나님의 은혜는 우리에게 의롭다 함을 주시는 데서 뿐 아니라 각자의 은사에서도 드러난다(엡 4:7-12 참조). 우리는 이러한 은사들을 자신을 위해서가 아닌 우리가 속한 몸을 위해 사용해야 할 것이다.

그러므로 자신을 올바르게 평가하는 두 번째 방법은 우리가 그리스도께 속했고 몸 된 교회에 속했다는 사실을 기억하는 것이다.

:: 하나님의 다양한 은사들

이어서 바울은 하나님이 주시는 다양한 은사들을 열거한다. 은사의 종류는 여기에 나오는 것보다 더 많다(고린도전서 12장 8-10절과 28절, 에베소서 4장 11절도 모든 은사들을 망라한 것은 아니다).

---

4 우리가 한 몸에 많은 지체를 가졌으나 모든 지체가 같은 기능을 가진 것이 아니니
5 이와 같이 우리 많은 사람이 그리스도 안에서 한 몸이 되어 서로 지체가 되었느니라

대체로 영적인 은사는 다음의 세 가지 범주로 구분된다.

- 말씀의 은사(예언, 가르침, 격려, 지식)
- 다스림의 은사(통치, 행정, 지혜)
- 섬김의 은사(나눔, 긍휼, 접대, 기적, 방언과 방언 통역, 치유 - 어떤 사람들은 기적, 방언과 방언 통역, 치유를 '표징의 은사'로 세 분한다)

이러한 은사들은 사람들의 필요에 초점을 맞추는 특정한 봉사 수단을 통해 표현된다. 특정한 봉사를 위해서는 특별한 은사나 은사들의 조합이 필요할 수도 있다(예를 들면 어린이들에게 성경을 가르치는 데 필요한 은사들).

바울이 로마서 12장에서 열거한 은사들을 정리하면 다음과 같다.

- 예언(6절) : 이것은 계시 받은 메시지를 하나님처럼 전하는 은사는 아닐 것이다. 신약 성경의 어떤 곳에서는 예언자가 마치 구약 성경의 예언자들처럼 하나님의 메시지를 전하는 듯하지만(사도행전 11장 28절에 나오는 아가보), 고린도전서 12장 28절에서 바울은 예언자를 사도들보다 아래에 둔다. 여기에서도 바울은 "믿음의 분수대로" 예언하라고 말한다. 많은 사람들이 이것을 '믿음의 분량대로'라고 해석하지만 원래 헬라어로는 '믿음과 일치되게'라는 뜻으로 '기준'을 가리킨다. 기독교의

---

6 우리에게 주신 은혜대로 받은 은사가 각각 다르니 혹 예언이면 믿음의 분수대로,

교의와 다르게 예언해서는 결코 안 된다고 강조한 것이다. 그런데 예언이 하나님으로부터 온 것이라면 왜 이런 규정이 있어야 할까? 아마도 '예언'에 또 다른 뜻이 있기 때문일 것이다. 로마서 12장 6절에서는 예언이 설교, 혹은 성령의 능력으로 말씀이 의미하는 바를 전하는 것을 말하는 것 같다.

• 섬기는 일(7절) : 이것은 헬라어로 디아코니아(*diakonia*)인데, '실제적인 봉사'를 의미한다. 섬기는 일에 은사가 있는 사람은 실무와 행정에 능하다. 이들은 협업에 능해서 혼자 주목받으려고 하지 않는다.

• 가르치는 일(7절) : 이것은 진리를 가르칠 때 납득이 되도록 명료하게 설명해 주는 은사다. 그런데 좋은 교사라고 해서 설교를 잘하라는 법도 없고, 좋은 설교자라고 해서 잘 가르친다는 법도 없다. 가르치는 은사는 다양해서, 사람마다 잘 가르치는 연령대와 학생의 규모 또한 다르다.

• 위로하는 일(8절) : 이것은 원래 헬라어로 파라칼레오(*parakaleo*)인데 '나란히 오다'라는 의미다. "위로하는 일"도 좋은 번역이긴 하지만, 그 속에는 다른 사람들을 지지하고 고무하는 현대적 의미의 '카운슬링'도 포함된다. 위로하는 사람이 공식적인 카운슬러처럼 반드시 훈련을 받을 필요는 없을 것이다. 위로하는 사람들은 조언하고 지지하고 영접하는 다양한 일들을 통해 사람들을 섬길 수 있다.

• 구제(8절) – 이 일에 은사를 가진 사람들은 과하게 주

는 것을 즐기기도 하지만 대개는 지혜롭게 베푼다. 이들의 관대함은 영적으로 풍성한 열매를 맺는다.

• 다스리는 일(8절) – 다스리는 사람은 사람들로 하여금 자신을 따르게 만드는 은사가 있다. 그에게는 사람들에게 비전을 제시하고 그것을 이루도록 고무하는 능력이 있다.

• 긍휼(8절) – 이 은사를 가진 사람들은 특별히 가난한 사람, 아픈 사람, 약한 사람, 감옥에 갇힌 사람, 중독된 사람, 그리고 나이든 사람들을 돌보는 일에 마음이 감동된 사람들이다.

:: 당신의 은사는 무엇인가

그렇다면 자신에게 있는 은사를 어떻게 분별할 수 있는가? 바울은 네 가지 방법을 알려 준다.

첫 번째, 자기진단이다. – 바울은 은사에 대해 "지혜롭게 생각하라"고 권고한다(3절). 첫째, 은사를 발견하기 위해 우리의 마음을 살펴본다. 우리의 감정을 살펴볼 수도 있다. 그리고 다음과 같이 자문해 본다. "나는 어떤 일을 즐거워하는가? 어떤 종류의 섬김에 끌리는가? 그 일이 만족스러운가?"

둘째, 어떤 일이 우리를 필요로 하는지 알아차릴 수도 있

---

7 혹 섬기는 일이면 섬기는 일로, 혹 가르치는 자면 가르치는 일로, 8 혹 위로하는 자면 위로하는 일로, 구제하는 자는 성실함으로, 다스리는 자는 부지런함으로, 긍휼을 베푸는 자는 즐거움으로 할 것이니라

다. "나는 어떤 문제를 가장 먼저 알아차리는가? 나에게는 가난한 사람들에 대한 부담감이 있는가? 나에게는 카운슬링이 필요한 사람들에 대한 부담감이 있는가? 교회가 너무 무질서하다고 느끼는가?"

셋째, 우리가 잘하는 일들을 살펴볼 수도 있다. "내가 즐거워하는 일을 잘하는 편인가? 나는 사람들에게 실제로 도움이 되고 있는가?" 보다 정확하게 진단하고 분별하기 위해서 당신을 잘 아는 사람들의 의견을 구해 보자.

은사를 분별하는 두 번째 방법은 경험이다. ‒ 바울은 은사가 있다면 그것을 사용하라고 한다(6절). 대개 섬기기 전에는 자신에게 어떤 은사가 있는지 잘 알지 못한다. 섬기면서 자신의 은사에 대해 알게 되는 경우가 많다. 섬기는 과정에서 자신에게 있는 은사에 대한 생각이 달라질 수도 있다. 자신의 영적인 '재능들'을 알아차리기 위해서는 다양한 섬김을 해보는 것이 가장 좋다.

세 번째, 성경에 나오는 은사들에 대한 공부를 통해서다. ‒ 이것을 통해 우리는 은사의 목록을 작성할 수 있다. 자신을 평가할 수 있는 은사의 범주가 없다면 자신의 은사 또한 분별하기가 쉽지 않을 것이다. 따라서 자신의 경험을 보다 잘 살피기 위해서는 성경에 나오는 영적 은사의 목록을 공부해 보는 것이 매우 중요하다.

네 번째, 그것을 사용하고(6절, NIV성경), 그것을 실행함(8

절, NIV성경)으로 안다. – 우리에게 어떤 은사가 있는지 알게 되었다면 교회의 다른 사람들을 섬기기 위해 그것을 사용해야 한다. 하나님은 당신이 택하신 대로 은사를 나누어 주시기 때문에, "나는 다른 은사를 원해!" 혹은 "내 은사를 다르게 사용하고 싶어!"라고 해서는 안 된다. 우리의 능력과 은사를 사용해서 그분을 섬기는 것이 참 영적 예배다. 하나님의 자비하심을 힘입을 때 우리는 기쁜 마음으로 이렇게 할 수 있다.

●

복음은 '이웃들'과
새로운 관계를 맺게 한다

롬 12:9-21

●

악에게 지지 말고
선으로 악을 이기라

12장 1-2절은 '하나님의 자비'라는 관점으로 지나온 열한 장들과 앞으로 보게 될 다섯 장들을 바라보게 한다. 이제부터 전개될 12-16장에서는 "산 제물"로 드려지는 새로운 마음과 몸을 통해 그리스도인의 삶이 어떻게 근본적으로 변화되는지 보려고 한다. 12장의 나머지 부분에서 바울은 교회 안에서 믿음의 동역자들과 어떻게 관계를 맺을 것인지, 그리고 교회 밖의 사람들과 어떻게 관계를 맺을지 생각하도록 한다.

:: 참된 사랑

9절에는 세 가지 명령이 나온다. "사랑에는 거짓이 없나니… 악을 미워하고… 선에 속하라."

첫 번째, 우리는 진실한 마음으로 사랑해야 한다. 사랑에는 "거짓이 없나니"에 해당하는 헬라어는 아뉘포크리토스(*anypokritos*, 위선적이지 않은)이다. 우리는 사람들과의 관계에서 진실해야 한다. 속으로는 무시하면서 겉으로만 공손하게 도움을 주는 척, 따뜻한 척해서는 안 된다. 친절한 문화는 교회는 물론이고 전통적 가치를 중시하는 모든 공동체 안에 널리 퍼져 있다. 따라서 겉으로는 서로 상냥한 척하면서 속으로는 중상과 비방, 편견으로 가득 차 있는 위선의 위험이 항상 도사리고 있다. 우리는 자기 자신과 친구들 안에 있는 죄의 문제들에 용감하게 맞설 만큼 '가식 없는 직선적인 사랑'을 표현할 수 있어야 한다.

두 번째, 우리의 사랑은 부정적으로는 "악을 미워하고" 긍정적으로는 "선에 속하여서" 하나님의 뜻에 부합해야 한다. 우리는 하나님의 도덕적 질서에 근거해서 사랑해야 한다. 하나님이 악이라고 하면 "미워해야"(완전히 소름끼치도록) 하고, 하나님이 선이라고 하시는 것에는 그 안에 "속해야"(꼭 붙어서 떨어지지 않는) 한다. 이것이 왜 중요한가는 종종 누군가를 사랑할 때 선과 악에 대한 우리의 관점이 자주 흐려지기 때문이다. 다음의 유행가 가사처럼 사랑한다고 해서 선악의 판단까지 달라져서는 안 된다.

---

9 사랑에는 거짓이 없나니 악을 미워하고 선에 속하라

"당신을 사랑하는 게 잘못이라면, 나는 바르게 살고 싶지 않아요. 내 마음이 옳다고 말하는데 잘못되었을 리가 없어요!" 이처럼 당신이 누군가를 사랑한다면 당신의 마음은 그 사람의 마음과 묶이게 된다.

사랑하는 사람의 고민이 당신의 고민이 되고, 그 사람의 행복도 당신의 것이 된다. 그래서 사랑하는 사람에게 꼭 필요한 것을(화나게 하거나 슬프게 만들 수도 있는) 주기보다는, 오히려 그 사람이 기뻐하는 것을 주고 싶은 유혹에 빠지기 쉽다. 거의 대부분의 부모들은 자녀를 양육하면서 이러한 문제에 직면한다. 부모들은 자녀들이 화를 내거나 눈물을 흘리는 것을 보면 마음이 약해져서 일관되게 벌을 주지 못한다. 하지만 어릴 때 훈육을 제대로 받지 못하면 어른이 된 후 어김없이 불행을 경험하게 된다.

같은 문장 안에서 사랑도 하고 동시에 미워도 하라는 것이 이상하게 보일 수 있지만 우리는 올바로 미워하지 않고서는 올바로 사랑할 수 없다! 이 말은 "사랑에는 거짓이 없나니"와 긴밀하게 연결되어 있다. 참된 사랑이란 사랑하는 사람을 '가식 없이 직선적으로' 사랑하는 것이다. 레베카 맨리 피퍼트 (Rebecca Manley Pippert)는 이렇게 말한다.

우리가 사랑하는 사람이 무분별한 행동이나 관계 때문에 피폐해진다면 그 모습을 지켜보며 어떤 기분이 들지 생

각해 보라. 참된 사랑은 속임수와 거짓말, 파괴시키는 죄
와 맞선다.[1]

참된 사랑은 진리를 중요하게 생각한다. 사랑하는 사람
의 죄와 맞서기를 두려워하는 것은 사랑받고 싶은 이기적인
욕망일 뿐 참된 사랑이 아니다. 이러한 이기적 사랑은 사랑하
는 사람의 애정을 잃을까봐 두려워 올바른 것을 행하지 못한
다. 그렇게 되면 사랑하는 사람이 우상이 되고 만다. "그 사람
이 나를 계속 사랑하게만 할 수 있다면 무엇인들 못하겠는가!"
이것은 그 사람을 사랑하는 것이 아니다. 그 사람에게서 얻는
사랑을 사랑하는 것이다. 다시 말해 그 사람보다 당신 자신을
더 사랑하는 것이다. 따라서 도덕적인 원칙을 무시하거나 죄
와 맞서지 못하는 사랑은 결코 진실한 사랑이 될 수 없다. 진
실한 사랑은 사랑하는 사람을 도울 수 있다면 잠깐 동안 그 사
람을 잃는다 해도 기꺼이 그 사람의 죄와 맞선다.

:: 사랑스럽지 않는 사람을 사랑하라

우리는 어떻게 하면 자신이 좋아하지 않는 사람들을 거
짓 없이 사랑할 수 있을까? 누군가를 마음속으로는 무시하면
서 사랑하는 것처럼 행동하는 것은 가식이다. 하지만 사랑하
기 전에 먼저 따뜻하고 친절한 마음을 가지라고 요구하는 것

도 비현실적이다. 그렇다면 해결책은 무엇인가?

복음은 다음과 같은 길을 제시한다. 우리를 위한 그리스도의 희생을 기억하는 것이다. 그러면 미워하는 마음을 회개할 수 있고 마음이 따뜻해져서 사랑하는 마음이 생기기 시작할 것이다(12:1-2). 이것이 어떻게 가능한가? 복음은 우리가 본질적으로 사랑스럽기 때문에 하나님의 사랑을 받은 것이 아니라고 말한다. 그리스도는 우리가 전혀 아름답지 않았을 때 우리를 아름다운 존재로 만들기 위해 죽으셨다. 이 사실을 기억한다면 사랑스럽지 않은 사람을 섬길 수 있을 것이다.

"오 주님! 저는 주님 앞에서 이 사람보다 훨씬 사랑스럽지 못했습니다. 그럼에도 주님은 저를 위해 고통당하시고 죽으셔서 제게 생명을 주셨습니다! 사실 제가 할 일은 이 사람을 위해 작은 시간과 노력을 들이는 것밖에는 없습니다."

복음을 이해하지 못한 사람은 이렇게 하지 못한다. 일반적인 도덕성과 친절만으로는 이렇게 할 수 없다. 복음을 이해하지 못한 사람들에게는 두 가지 불충분한 대안 외에는 선택권이 없다. 거짓으로 사랑하는 척하든지(싫어하는 사람에게 상냥함) 아니면 선별적으로 사랑하든지(좋아하는 사람에게만 친절함). 하지만 주님의 사랑을 떠올리며 회개한다면 당신의 마음은 점점 더 따뜻해질 것이다. 그렇게 되면 거짓 없는 사랑으로 하나님을 섬기고, 사람들도 더욱 거짓 없이 사랑하게 될 것이다.

바울은 9절의 세 가지 권고에 이어 10-16절에서 열두세 가지(어떻게 나누는가에 따라 달라진다!) 권고를 한다. 모두 사랑이 무엇인지 말하고 있는데 네 가지 범주로 구분할 수 있다.

첫 번째, 참된 사랑은 끈끈한 가족애다. "형제를 사랑하여 서로 우애하고"(Be devoted to one another in brotherly love, NIV 성경) (10절). "형제를 사랑하여"(philadelphia)와 "우애하고"(philostorge)는 가족 간의 혈연관계를 기독교 공동체에 적용한 말이다. 바울은 마치 혈연관계에 있는 것처럼 우리가 서로를 사랑해야 한다고 말한다. 가족 관계는 가장 기초적이고 본질적인 관계다. 형제와 자매, 부모와 자식은 서로가 완전히 다른 가치관과 삶의 양식들을 추구한다고 해도 가족으로서의 끈은 여전히 이어진다. 이런 의미에서 사람들은 종종 "영원한 나의 형이야" 혹은 "그래도 여전히 나의 동생이야"라고 말하곤 한다. 그리스도인들도 이처럼 서로에게 깊이 헌신해야 한다. 그리스도인의 사랑을 표현하는 "우애하고"(devoted)는 개인주의적인 문화 속에서 성장한 사람들에게는 부담스러운 도전일 수도 있다.

두 번째, 참된 사랑은 다른 사람을 먼저 생각한다. "존경하기를 서로 먼저 하며"(10절). 바울은 빌립보서 2장 3절에서도 비슷하게 말한다. "오직 겸손한 마음으로 각각 자기보다 남을

---

10 형제를 사랑하여 서로 우애하고 존경하기를 서로 먼저 하며

낮게 여기고." 존경한다는 것은 다른 사람이나 사물을 귀하고 가치 있게 대우한다는 의미다. 여기에는 깊은 신학적 뿌리가 있다. 기독교와 유대교에서는 모든 사람이 하나님의 형상대로 창조되었다고 이해한다. 우리의 이성과 인성, 창조성, 그리고 영혼 등은 하나님의 모습을 닮도록 만들어졌다. 그러므로 우리가 만나는 모든 사람들은 한없이 귀하고 소중한 존재들이며 마땅히 그렇게 대해야 한다. 자신보다 다른 사람을 먼저 존중하는 것은 상대방에게 귀를 열고 그의 희망과 기쁨, 필요, 두려움이 무엇인지 이해하는 것이다. 더욱이 다른 그리스도인을 볼 때는 그 사람 안에 창조주의 형상뿐 아니라 그리스도가 계신 것을 본다. 이것은 자신이 다른 사람보다 열등하다고 생각하라는 의미가 아니다. 로마서 12장 3-4절은 그리스도 안에서 자신을 다른 사람들과 동등하게 여기고 자신만이 할 수 있는 방법으로 세상을 위해 봉사하라고 말한다. 이렇듯 우리의 자아상은 확고하고 분별력이 있어야 한다.

더 나아가 바울은 다른 사람의 필요에 집중하는 간단한 훈련을 하라고 권고한다. 16절도 같은 의미이다. 참된 사랑은 자기중심적이지 않다. "높은 데 마음을 두지 말고… 지혜 있는 체하지 말라." 사람마다 성장 배경이나 성격, 이웃들의 태도에 따라 '낮은 곳'을 다르게 정의하겠지만, "낮은 데 처하며"란 낮고 천한 사람들과 함께 사귀는 것을 의미한다. 요컨대 사랑의 본질은 우리 자신의 이미지나 사회적 지위, 필요가 아니라 다른 사람들의 필요에 집중하는 것이다.

　　세 번째, 참된 사랑은 인내한다. 11-12절에는 인내하지 않고는 따를 수 없는 네 가지 명령이 나온다. 얼핏 보면 이 두 절이 하나님과 우리의 관계에 대해 말한 것 같지만, 사실은 그리스도인이 맺는 관계들에 대한 다양한 권고들과 연결되어 있다. 우리는 문제들 앞에서 희망을 잃지 않고 인내하며 "기도"에 온 힘을 쏟아야 한다. 이것이 그리스도인의 교제와 어떤 관계가 있는가? 아마도 우리가 어려움을 겪을 때 형제와 자매들에게 본이 되라는 의미인 듯하다. 또한 관계에서 발생하는 문제에 부딪힐 때 인내와 기도로 맞서라는 의미이기도 하다! 다른 사람들과 삶으로 깊이 엮이는 것은 쉬운 일이 아니다. C.S.루이스의 말대로 우리의 마음이 상처받지 않을 유일한 방법은 누구에게도 마음을 주지 않는 것이다. 하지만 그리스도인은 자신의 마음을 다른 사람들에게 줄 것이기 때문에 "열심"(11절)을 내며 "소망"(12절)을 품어야 한다. 우리는 그리스도를 통한 승리의 소망을 기억해야 하며 기도함으로 그것을 맞이해야 한다(12절). 14절은 "축복하고 저주하지 말라"고 명령한다. 곧 보겠지만 이것은 인내의 또 다른 측면이다. 우리는 서로 용서해야 한다. 되갚지 않을 뿐 아니라 더 나아가 우리에게 상처를 준 사람들과 관계를 맺는 데 적극적으로 힘써야 한다.

---

11 부지런하여 게으르지 말고 열심을 품고 주를 섬기라 12 소망 중에 즐거워하며 환난 중에 참으며 기도에 항상 힘쓰며

네 번째, 참된 사랑은 감정과 행동이 동반된다. 우리는 다른 사람들과 공감하도록 부르심 받았다. "즐거워하는 자들과 함께 즐거워하고 우는 자들과 함께 울라"(15절). 13절에서 말하는 핵심은 "당신이 믿는 것을 말로만 하지 말고 행동으로 보여라"는 것이다. 바울은 "성도들의 쓸 것을 공급하며 손 대접하기를 힘쓰라"고 권고한다(13절). 우리는 자신의 집과 돈, 물건들을 필요한 사람들과 나누어야 한다. 그러므로 참된 사랑은 감상에 젖는 것이 아니라 다른 사람의 필요를 채우는 행위이기도 하다. 그렇다면 바울이 왜 함께 즐거워하고 울라고 말했을까? 사실 바울은 우리가 할 수 있는 것을 명령하고 있다. 그리스도인들은 멈추어 서서 다른 사람의 내면세계를 이해해 볼 필요가 있다. 그것은 다른 사람의 기쁨과 슬픔을 우리 자신의 기쁨과 슬픔에 연결함으로 가능하다. 우리가 경험했던 슬픔을 기억하는 것은 힘들고 달갑지 않은 일이다. 또한 다른 사람의 기쁨 속으로 들어가는 것도 힘들기는 마찬가지다. 예를 들어 당신에게 없는 좋은 것을 친구가 가지게 된다면, '즐거워하는 자들과 함께 즐거워하기'가 쉽지 않다. 바울의 말처럼 사랑은 무엇보다 행동하는 것이다.

사랑은 사람들이 필요로 하는 것을 그것이 무엇이든 행

---

13 성도들의 쓸 것을 공급하며 손 대접하기를 힘쓰라 14 너희를 박해하는 자를 축복하라 축복하고 저주하지 말라 15 즐거워하는 자들과 함께 즐거워하고 우는 자들과 함께 울라

하는 것이다. 그것은 자신의 감정과 행위, 권리를 희생한다는 의미이기도 하다. 요컨대 참된 사랑이란 누군가에게(그 사람이 원하지 않을 수도 있는) 진리와 필요한 도움을 모두 주는 것이다.

:: 선으로 이기는 길이 있다

10-16절에서 바울은 그리스도인 형제자매들을 어떻게 사랑할 것인가에 대해 말했다. 이어지는 17-21절에서는 원수를 사랑하는 문제를 다루고 있다. 14-16절을 전환부로 볼 수 있는데 바울이 "너희를 박해하는 자"라고 이미 14절에서 말하고 있기 때문이다. 14-16절은 우리에게 호의적인 사람들을 어떻게 대할지 뿐만 아니라 우리에게 적대적인 사람들을 어떻게 사랑할 것인지를 다룬다.

모든 권고의 기본 원리는 처음과 끝에 요약되어 있다. "아무에게도 악을 악으로 갚지 말고"(17절), "악에게 지지 말고 선으로 악을 이기라"(21절). 여기서 '이기라'는 "제압하다"(overpower)를 의미하는 군사 용어이다. 이것은 대단히 예리하고 근원적인 통찰력이다. 악을 악으로 갚는 것은 전쟁에서 제대로 싸워 보지도 못하고 악에게 패배하는 것과 같다! 악

---

16 서로 마음을 같이하며 높은 데 마음을 두지 말고 도리어 낮은 데 처하며 스스로 지혜 있는 체하지 말라

을 물리치는 유일한 길은 해를 입힌 사람에게 선을 행하는 것이다. 다시 말해 잘못한 사람을 미워하게 되면 그 사람이 이기는 것이다! 악을 이기는 유일한 길은 그 사람을 용서하고 사랑하는 것이다. 만약 '악'을 '악을 행한 사람'과 너무 동일시하게 되면, 악을 없애기 위해 악을 행한 사람을 없애야 한다고 믿게 된다. 하지만 그렇게 되면 악에게 좋은 일을 하게 되고 우리는 자신도 모르는 사이에 악한 세력에게 조종당하게 된다.

J. R. R. 톨킨은《반지의 제왕》에서 이러한 원리를 잘 묘사했다. 악의 왕인 사우론을 파멸시키기 위해 사우론의 반지를 사용한 선한 사람들은 그 과정에서 예외 없이 악이 되어 버렸다. 요컨대 잘못 쟁취한 승리는 모두 헛된 것이 되고 만다. 악을 이기기 위해 반지를 낀 사람은 도리어 자신이 악이 되어 악을 돕는 꼴이 되었다. 패배한 것이다.

따라서 악을 이기는 비밀은 '악'을 '악을 행한 사람'과 구분하는 것이다. 우리의 주된 목표는 용서하고 사랑하고 악을 행한 사람에게 친절을 베푸는 것이다. 이렇게 하면 두 가지 일이 일어나는데 첫째, 악이 우리를 침범하지 못한다. 악에 속한 교만과 미움이 우리를 물들이지 못한다. 둘째, 악이 더 이상 악을 행한 사람에게 침범하지 못할 수도 있다. 그는 우리의 사랑으로 마음이 유순해져 선한 영향력의 도움을 받을 수도 있다.

---

17 아무에게도 악을 악으로 갚지 말고 모든 사람 앞에서 선한 일을 도모하라

바울은 우리의 선한 행위와 말이 "숯불을 그 머리에 쌓아 놓"는 것과 같다고 말한다(20절). 이것은 회개에 이르게 할 수도 있다는 표현이다. 그 사람이 우리의 선한 반응을 보며 자신의 악을 부끄러워하고 괴로워하고 뉘우칠 수도 있는 것이다.

실제로 이것은 무엇을 의미하는가? 세 가지 의미로 볼 수 있다.

첫째, 악의를 가진 사람을 피하지 말라. "할 수 있거든 너희로서는 모든 사람과 더불어 화목하라"(18절). 누군가 우리에게 잘못했을 때 대부분은 그 사람을 피해 버린다. "나는 그들이 내게 한 잘못을 되갚지 않아. 단지 보고 싶지 않을 뿐이야." 하지만 당신의 회피가 보복의 한 형태일 수도 있다. 악을 피하는 것이 악을 이기는 것은 아니다(이 말에는 조건이 따른다. 아래에서 설명할 것이다).

둘째, 말과 행동으로 사랑을 표현하라. "네 원수가 주리거든 먹이고"(20절, 14절도 참조). 이 말은 악의를 가진 사람들에게 정중하고 친절하게 말하고 행동해야 한다는 것이다. 여기서 우리는 조심해야 한다! 간혹 우리는 악의를 가진 사람들을 부끄럽게 만들려는 의도로, 또는 그들의 잘못을 생각나게 하기 위해 친절을 베풀 수도 있다. 이것은 올바른 동기가 아니다.

---

18 할 수 있거든 너희로서는 모든 사람과 더불어 화목하라 19 내 사랑하는 자들아 너희가 친히 원수를 갚지 말고 하나님의 진노하심에 맡기라 기록되었으되 원수 갚는 것이 내게 있으니 내가 갚으리라고 주께서 말씀하시니라

우리는 사려 깊게 그들에게 도움이 될 일을 찾아서 하고, 또한 공손하게 말해야 한다.

셋째, 앙갚음을 하지 않는다. "너희가 친히 원수를 갚지 말고"(19절).

그럼에도 한계선이 있다. 9절은 누군가 우리에게 죄를 짓도록 허용한다면 그것은 지혜롭고 참되게 사랑하는 것이 아니라고 말해 주고 있다. 악한 의도라고 해도 그 정도에는 차이가 있다. 지나치게 해롭고 위험한 사람일 경우 이들과 함께하는 것이 죄짓게 만드는 것일 수도 있다. 그렇다면 이들에게 '선'을 행하는 것은 떨어져 있는 것이 된다. 우리는 떨어져 있고 싶은 동기가 보복에 있는지 아니면 어떻게든 이들을 돕고 싶은 신중한 대응에 있는지 잘 분별해야 한다.

:: 복음은 원수도 사랑하게 한다

바울은 우리에게 다음과 같이 말하고 있다. "누군가 악의를 품고 당신에게 잘못을 범했는가? 그렇다면 당신은 이에 대해 어떻게 대응할 것인가? 들끓는 복수심으로 어느 때고 무엇이든 당신이 할 수 있는 앙갚음을 할 것인가, 아니면 넓은 마

---

20 네 원수가 주리거든 먹이고 목마르거든 마시게 하라 그리함으로 네가 숯불을 그 머리에 쌓아 놓으리라 21 악에게 지지 말고 선으로 악을 이기라

음으로 그들에게 가장 좋은 일을 할 것인가?" 바울이 말하는 사랑의 법에서 면제될 만큼 심각한 핍박이나 깊은 상처는 없다고 치자. 그렇자면 실제로 누가 자신의 원수에게 이렇게 할 수 있겠는가? 하지만 바울은 우리가 정말로 "하나님의 모든 자비하심으로"(1절) 산다면 이렇게 할 수 있다고 말한다. 복음만이 9-21절에 나오는 사랑의 다양한 모습대로 살게 해준다. 왜 그런가?

첫 번째, 복음은 하나님이 우리에 대해 얼마나 오래 참으셨고 지금도 참고 계신지 생각나게 해준다. 하나님은 우리가 회개하고 믿음을 가지기까지 마지막 심판을 유보하시며 오래 참으셨다(2:4). 그리고 반복되는 우리의 약점과 실패를 그리스도 안에서 용서하시며 지금도 참고 계신다.

두 번째, 복음은 우리 자신에 대해 "지혜롭게 생각"하게 한다(12:3). 우리는 그리스도 안에서 하나님이 우리에게 주신 믿음으로 자신을 평가해야 한다. 먼저는 세상에 존재하는 다른 모든 사람들과 마찬가지로 자신이 구원에서 멀어진 죄인이라는 것을 깨닫게 된다. 따라서 우리 앞에 있는 사람이 그리스도인이건 아니건, 훌륭한 사람이건 아니건 죄에 관해서는 모두 같다는 것을 알게 된다. 또한 우리가 죄인이라 할지라도 하나님이 우리를 의롭다 하셨고 영원히 사랑하신다는 것을 알게 된다.

따라서 우리는 다른 사람 앞에 아무것도 증명할 필요가

없다! 만약 복음이 없다면 유명하고 사회적으로 성공한 사람들과 어울려 자신의 가치와 유용성을 증명 받고 싶겠지만 복음 안에서는 그럴 필요가 없다. 온 우주의 하나님이 우리 아버지가 되셨고 우리를 기뻐하실 뿐 아니라 우리 안에 거하신다! 따라서 이제는 인정받을 만한 사람들과 사귀기 위해 애쓸 필요가 없다. 우리가 가장 사랑하고 닮고 싶은 분이 이미 우리 안에 계시기 때문이다! 복음을 통해 우리는 낯선 사람, 힘든 사람, 불편한 사람을 사랑할 수 있을 만큼 풍족한 자유를 얻게 되었다. 우리는 사회의 주변부로 밀려난 사람들을 존중하며 함께 잘 지낼 수 있다.

이처럼 그리스도인들은 가장 편견 없는 사랑을 할 수 있는 사람들이다. 자신의 죄에도 불구하고 하나님이 받아 주신 것을 알기에 인종이나 계급, 직업에 대한 편견이나 선입관으로부터 자유로울 수 있다.

세 번째, 복음은 다른 사람의 기쁨과 슬픔을 진심어린 애정으로 함께 나눌 수 있게 해준다. 그리스도만이 우리의 참된 기쁨이라면 다른 사람과 더불어 맘껏 기뻐하고 슬퍼할 수 있을 것이다. 예를 들어 무척이나 결혼을 원하는 싱글이라면 결혼하는 친구와 함께 기뻐하는 것이 쉽지 않을 것이다. 결혼이 인생의 목적이라면 더더욱 힘들 것이다. 하지만 그리스도를 참 기쁨으로 모셨다면 함께 즐거워할 수 있을 것이다.

다른 사람의 슬픔을 공감하는 것도 마찬가지다. 그리스

도께서 우리의 의와 평화가 되지 않았다면 우리가 무시하거나 열등하다고 여기는 사람에 대해 공감하는 것이 무척 어려울 것이다. 하지만 복음은 우리를 겸손하게 만들고 우리 자신을 똑바로 평가하게 해준다. 복음은 우리가 하나님과 원수였을 때 하나님이 우리를 사랑하셨다고 말한다(5:8). 이것을 깨닫는다면 우리가 사랑하지 못할 사람은 어디에도 없다.

공감하지 못하는 또 다른 이유 가운데 하나는 삶이 반드시 좋은 것이어야 한다는 강박 때문이다. 이런 경우 우리는 삶의 어두운 면이나 고통을 외면하고 힘든 상황을 그럴듯하게 가린다. 고통 받는 사람의 마음도 당연히 헤아리지 못한다. 만약 우리의 미래에 대한 만족과 확신을 그리스도 안에서 찾지 못한다면, 늘 환경 속에서 위안을 찾거나 그 결과로 세상에서의 힘든 삶을 거부하게 될 것이다.

다른 한편으로 복음은 우리가 사랑의 감정을 느끼지 못해도 사랑을 행하도록 해준다. 예수님도 십자가에 달리셨을 때 그 마음이 우리를 향한 애정과 사랑으로 충만하시지는 않았을 것이다. 그 순간 예수님의 사랑은 오로지 의지의 발현이었다. 예수님은 "이 잔을 내게서 옮기시옵소서"(눅 22:42)라고 하실 만큼 힘드셨다. 하지만 십자가를 지시기로 결심하셨다. "그러나 내 원대로 마시옵고 아버지의 원대로 되기를 원하나이다." 그래서 "아버지 저들을 사하여 주옵소서"(눅 23:34)라고 말씀하실 수 있었던 것이다.

네 번째, 복음은 모든 것을 바르게 정리하실 신뢰할 만한 심판관이 우리에게 있다고 말한다. 우리는 되갚을 필요가 없다. 우리와 세상을 돌보시는 하나님이 한 치의 오차도 없이 공평하게 심판하실 것이기 때문이다. 하나님이 갚으실 것을 알기에 우리는 자유롭게 "하나님의 진노하심에" 맡길 수 있다(19절). 십자가는 하나님이 죄를 얼마나 심각하게 여기시는지, 그리고 그것을 얼마나 정확하게 심판하시는지 보여 준다. 베드로는 그리스도의 발자취를 따르기 위해 선한 일을 하다가 환난을 겪었던 그리스도인들을 향해 확신을 가지고 말한다. "욕을 당하시되 맞대어 욕하지 아니하시고 고난을 당하시되 위협하지 아니하시고 오직 공의로 심판하시는 이에게 부탁하시며"(벧전 2:23). 복음은 우리에게 공의를 약속한다. 하지만 그것을 집행하는 것은 우리가 아님을 상기시킨다.

:: 필요한 사람이 되고자 하는 욕망

"산 제물"(1절)로 사는 것은 쉽지 않다. 그것은 오늘날의 문화와 반대되는 삶이다. 오늘날에는 '자신을 사랑하라'는 심리학 혹은 처방들이 가히 전성기를 누리고 있다. 왜 그런가? 많은 카운슬러들은 여러 사례를 통해 스스로를 사랑스럽게 여기지 않는 사람들이 다른 사람들로부터 함부로 취급 받게 된다고 말한다. 그 결과 우리 시대의 지혜는 다음과 같다. "당신이 원하는 것을 찾아 전진하라. 상호간 이익이 있다면 관계를 유지시키라. 당신이 더 많이 희생해야 한다면 그것은 건강한 관계가 아니다. 당신 자신의 가치를 더 높이 평가하라! 당신에게 필요한 것이 아니라면 무시하라!"

이러한 태도들의 문제는 상황을 너무 단순하게 본다는 것이다. 세상은 복음은커녕 다양한 형태의 죄와 자기의(自己義)도 알지 못한다. 따라서 목적과 의도를 가지고 도우려는 사람과 자발적인 사랑에서 다른 사람들을 도우려는 사람을 구별하지 못한다. '본인은 남을 도와주고 있다고 생각하지만 실제로는 남을 망치고 있는 사람'(enabler)이나 '중독된 사람에게 심리적으로 종속되어 상호 의존하게 만드는 사람'(codependent)은 자신이 유용하다고 느끼기 위해 희생하는 사람들이다.

만일 당신이 그리스도 안에서 받아들여졌다는 것을 깨닫지 못한다면, 다른 사람의 사랑을 통해 그렇게 느끼고 싶을 것이다. 그 경우 사랑하는 사람을 우상으로 만들어서 그 사람에게 싫은 말을 하지 못하게 되거나 자신이 필요한 사람이 되고자 하는 욕망에 빠지고 만다. 다른 사람들이 자신을 남용하는 것을 기꺼이 즐기고, 더 나아가 순교자적 희생으로 자신이 더 가치 있는 사람이 되었다고 느끼는 것이다. 이런 욕망이 작용하고 있다면 자신을 덜 사랑하는 것이 문제가 아니라 너무 많이 사랑하고 있는 것이 문제다! 이 경우 주는 쪽도 받는 쪽도 서로를 사랑하지 않으며 상대방을 잃게 될까봐 진실을 말하지 못한다.

그러므로 9절은 10-21절을 잘못 해석하는 것을 막아 주는 경계선과 같다. 사랑하는 사람이 당신을 죄짓게 만든다면 그것은 이미 사랑이 아니다. 죄를 허용하거나 조장하는 것은 누구에게도 좋은 일이 아니다. 마찬가지로 "선에 속하라"(9절)는 의미는 자기 자신에게도 결코 죄를 짓지 말라는 것이다. 다시 말해 하나님께 불순종하는 방법으로 다른 사람들을 사랑해서는 안 된다.

요컨대, 다른 사람의 사랑이나 하나님의 사랑을 얻기 위해서가 아니라 하나님이 우리에게 이미 부어 주신 사랑 때문에 사랑해야 한다. 성경에는 우리를 위해 자신을 바친 그리스도의 사랑에 관한 많은 기록이 있다. 예수님은 우리를 사랑하시기 위해 벌거벗겨졌고 죽임을 당하셨다. 이러한 사랑 때문에 우리는 그분이 사신 대로 살고, 그분이 사랑한 대로 사랑할 수 있다. 만일 우리를 희생하고서 다른 사람을 사랑한다면 우리는 그리스도처럼 사랑하는 것이 무엇인지 이해하기 시작한 것이다.

03

복음은 '국가'에 대해
새로운 관계를 맺게 한다

롬 13:1-14

피차 사랑의 빚 외에는
아무에게든지
아무 빚도 지지 말라

13장에서 바울은 우리가 속한 국가를 어떻게 볼 것인가, 그리고 한 국가의 국민으로서 우리 자신을 어떻게 생각할 것인가 하는 문제로 논의의 초점을 옮긴다. 다시 말해 하나님의 자비하심에 비추어 "위에 있는 권세들"(13:1)에 대한 우리의 태도가 어떻게 변화되어야 하는지 밝히고 있다.

여기에서 우리가 중요하게 인식할 것은 바울이 교회와 국가의 관계에 대해 논의하는 것이 아니라는 것이다. 그는 그리스도인들이 가진 시민권의 의미에 대해서 말한다. 바울은 통치자나 더욱이 그리스도인 통치자에 대해서도 다루지 않는다(당시에는 그리스도인 통치자가 전혀 없었다!). 그는 수백 년 동안 사람들을 힘들게 했던 교회와 국가의 관계라는 문제에 대해 특별한 답을 내놓지 않는다.

그럼에도 불구하고 우리는 몇 가지 흥미로운 추론을 해 볼 수 있다. 존 스토트는 교회와 국가 간의 관계에 대해 네 가지 대표 모델을 제시한다(스토트는 이것이 아주 단순화시킨 모델임을 인정한다).

- 에라스투스주의 : 국가가 교회를 다스린다.
- 신정 정치 : 교회가 국가를 다스린다.
- 콘스탄티누스주의 : 국가가 교회에 특권을 주고, 교회는 이 특권적 지위를 유지하기 위해 어느 정도 국가에 순응한다.
- 협력 : 교회와 국가가 각기 하나님께 받은 고유의 책임이 있다는 것을 인정하고 이러한 역할을 완수하도록 서로 격려하고 협력한다.

그는 "네 번째 모델, 곧 협력이 바울이 로마서 13장에서 가르치는 것과 가장 잘 들어맞는 것 같다"고 말한다.

이번 장은 그리스도인들이 국가의 국민으로서 어떻게 살 것인가에 논의의 초점이 있다(왜냐하면 이것이 로마서 13장의 주제이기 때문이다). 바울은 그리스도인이 어떻게 국가를 긍정적으로 그리고 부정적으로 볼 것이며, 또한 국가에 대한 그리스도인의 책임과 국민들에 대한 국가의 책임은 무엇이고, (11-14절에서는) 그리스도인이 사회의 일원으로서 어떻게 살 것인지를 보여준다.

바울은 명료하게 모든 그리스도인이 정부의 권위에 복종해야 한다고 말한다(1절). 그가 말하는 세 가지 이유는 다음과 같다.

첫째, 그것이 옳기 때문이다. 우리가 살고 있는 국가는 하나님이 만드셨다. "모든 권세는 다 하나님께서 정하신 바라"(1절). 무릇 정부는 하나님이 제정하신 것이므로 국민들의 존경과 복종을 받는 것이 당연하다. 이것은 이 땅의 통치자들 또한 역사를 주관하시는 하나님의 다스리심에 의해 세워진다는 의미이기도 하다. 다니엘서 4장 17절은 하나님이 모든 인간 정권을 다스리시며 "자기의 뜻대로 그것을 누구에게든지" 주신다고 말한다. 따라서 그리스도인들은 하나님이 국가에 주신 역할을 인정하고 "양심을 따라" 복종해야 한다(5절).

둘째, 복종하는 것이 현명한 행위이기 때문에 그렇게 하라고 한다. 그는 하나님이 인간 사회를 다음과 같은 방식으로 계획하셨다고 말한다. "네가 권세를 두려워하지 아니하려느냐 선을 행하라… 그는 하나님의 사역자가 되어 네게 선을 베푸는 자니라"(3-4절). 사람들이 서로 책임 있는 삶을 살며 함께 사는 것이 가능하려면 정부가 필요하다고 말하는 것이다. 사

---

1 각 사람은 위에 있는 권세들에게 복종하라 권세는 하나님으로부터 나지 않음이 없나니 모든 권세는 다 하나님께서 정하신 바라

회는 처벌이라는 위협이 없다면 인간의 이기심 때문에 제대로 기능하지 못할 가능성이 많다. 따라서 국가는 지혜로운 체제이다.

4절은 정부가 실제로 하는 일을 보여 준다. "그가 공연히 칼을 가지지 아니했으니." "칼"은 국가가 각종 제재(벌금, 구속, 사형 등)를 통해 범죄자들을 처벌하는 권력을 상징한다. 만약 모든 국민들이 칼을 지닌다면 세상이 얼마나 무질서해지겠는가! 무정부 상태였던 시대와 지역이 있긴 하지만 어느 누구도 그런 상태에서 살고 싶어 하지는 않는다. 하나님의 계획은 소수의 사람들이 칼을 가지는 것이었다. 우리 모두가 칼을 가질 수는 없다. 요컨대 정부가 일할 수 있도록 우리는 복종하는 것이다. 국민이 복종하지 않는다면 그 사회의 질서는 쉽게 무너지고 말 것이다.

셋째, 우리가 복종하는 것이 공평하기 때문이라고 한다. 바울은 다스리는 것이 힘든 일이라고 넌지시 말하는 듯하다. "너희가 조세를 바치는 것도 이로 말미암음이라 그들이 하나님의 일꾼이 되어 바로 이 일에 항상 힘쓰느니라 모든 자에게 줄 것을 주되"(6-7절). 우리는 통치자들에게 마땅히 주어야 할 것을 준다. 그들은 그들의 역할인 통치를 하고 우리는 우리의

---

2 그러므로 권세를 거스르는 자는 하나님의 명을 거스름이니 거스르는 자들은 심판을 자취하리라

역할인 복종을 해야 하기 때문이다.

:: 무조건 복종해야 하는가

얼핏 보면 바울이 무조건적으로 복종을 요구하는 것 같다. 그리스도인이 해서는 안 되는 일에 대해 말할 때 그의 요구는 더욱 단호해진다. "권세를 거스르는 자는 하나님의 명을 거스름이니 거스르는 자들은 심판을 자취하리라"(2절).

바울이 비기독교 국가인 로마 제국에 관해 말하고 있다는 사실을 감안하면 이러한 진술의 강도는 한층 더 커진다. 바울이 염두에 두고 있는 "권세들"은 교회에 대해 잘해야 비우호적이고, 최악의 경우 적대적이었던 권력이었다. 세속화되고 있는 지금의 교회들은 1세기 그리스도인들이 직면했던 적개심을 이제 겨우 어느 정도 경험하기 시작했다. 사실 21세기에도 핍박받는 교회들은 매일 그것을 경험한다. 바울은 그리스도인들에게 이러한 형태의 '국가'에 복종하라고 말한다. 국가에 대한 그리스도인의 기본 입장은 복종이다.

그렇지만 여기서 이러한 권세가 절대적이지는 않다고 살짝 암시하고 있다. 이 말은 본문에 명시적으로 드러나 있지는 않았지만 어떤 부분에 내포된 것을 유추할 수 있다는 의미다.

첫 번째 암시는 7절에 나온다. "모든 자에게 줄 것을 주되… 조세를 바치고… 관세를 바치고… 두려워하며… 존경하라." 이것은 "가이사의 것은 가이사에게, 하나님의 것은 하나님께 바치라"(마 22:21)고 하셨던 예수님의 말씀을 명백히 되풀이한 것이다. 바울은 여기서 틀림없이 통치자에게는 한정된 권한밖에 없다고 강조하신 예수님의 가르침을 염두에 두고 있다. 예수님은 그 시대의 일반적인 국가관인 '왕이나 황제는 신들 가운데 하나이거나 그 지역의 신과 너무나 밀접해서 국가에 신적인 권위가 있다'는 개념에 도전하신 것이다. 예수님은 로마 황제에게 세금을 내는 것은 허락하셨지만 로마 황제를 숭배하는 것은 반대하셨다. 곧 무조건적인 복종에는 반대하신 것이다.

이러한 예수님의 말씀은 초대교회 성도들의 의식 깊은 곳에 뿌리내렸다. 베드로도 베드로전서 2장 17절에서 이 말씀을 반복하고 있다. 그리스도인들이 국가 권력을 심판할 수 있는 더 높은 권세를 섬긴다는 사실이 발각되면서 로마제국은 그리스도인들을 극심하게 박해하였다. 동일한 이유로 역사의 거의 모든 시기에 걸쳐 그리스도인들은 환난을 겪어 왔다. 17세기에 잉글랜드와 스코틀랜드의 스튜어트 왕이 '왕권신수설'(왕의 통치권은 하나님으로부터 주어진 것이므로 왕권을 제한하려는 어떤 시도도 하나님의 뜻에 위배된다는 정치 이론)을 주장하자 개신교 목사

---

3 다스리는 자들은 선한 일에 대하여 두려움이 되지 않고 악한 일에 대하여 되나니 네가 권세를 두려워하지 아니하려느냐 선을 행하라 그리하면 그에게 칭찬을 받으리라

였던 사무엘 루터포드(Samuel Rutherford)는 그것에 반대해서 〈법이 왕이다〉라는 문서를 작성했다. 곧 성경이 가르치는 바는 왕이 법이 아니라 (하나님의) 법이 왕이라는 것이다!

두 번째 암시는 로마서 13장 3-4절에 나온다. "다스리는 자들은 선한 일에 대하여 두려움이 되지 않고"(3절). "그는 하나님의 사역자가 되어 네게 선을 베푸는 자니라"(4절). 통치가가 하나님의 종이라는 사실은 그가 하나님의 도덕적 명령에 따라 일해야 함을 분명히 보여 준다. 종에게는 마음대로 할 수 있는 자유가 없다. 라이언 킹에서 왕의 아들인 어린 사자 심바는 이렇게 말한다. "왕이 되면 원하는 것을 마음대로 할 수 있다고 생각했어요!" 그러자 그의 아버지 무파사 왕은 "왕이 된다는 것은 그것보다 더 큰 일이란다!"라고 대답한다. 이처럼 왕이 정말 옳은 행동을 지지한다는 것을 보여 주려면 하나님의 도덕적 명령에 위배되는 옳지 않은 행동을 결코 요구해서는 안 될 것이다.

이것은 바울의 말에 내포된 암시일 뿐이지만 성경의 다른 곳에서는 이러한 암시들이 명시적으로 나온다. 사도행전 5장 29절에서 베드로는 유대인 지도자들이 그리스도와 그의 부활에 대해 전하지 말라고 하자 다음과 같은 원칙을 분명히 했

---

4 그는 하나님의 사역자가 되어 네게 선을 베푸는 자니라 그러나 네가 악을 행하거든 두려워하라 그가 공연히 칼을 가지지 아니하였으니 곧 하나님의 사역자가 되어 악을 행하는 자에게 진노하심을 따라 보응하는 자니라

다. "사람보다 하나님께 순종하는 것이 마땅하니라." 베드로와 동료 사도들은 복음 전파를 금지하는 산헤드린(유대인의 최고 법정)의 명령에 불복하겠다고 선언했다. 따라서 성경은 시민 불복종의 근거를 명확히 제시해 준다. 곧 국가가 하나님이 금하신 것을 명하거나 혹은 하나님이 명령하신 것을 금한다면 국민으로서 불복종하는 것은 그리스도인의 의무이다.

국가에 대한 성경의 가르침은 예리하고 독특한 것이다. 한편으로는 하나님의 말씀에 불순종하고 선한 사람들을 처벌하는 부당한 정권에 복종하고 지지하는 이들도 있다. 애굽에서 수상을 지낸 요셉과 잔인한 이교도 바빌론에게 항복하라고 외쳤던 예레미야다(렘 21:9). 그리스도인들은 악하고 어리석은 정부라 하더라도 그 권위를 약화시키거나 경멸해서는 안 된다 (바울이 말하고 있는 로마 정부가 하나님께 불순종하는 행위를 부추겼던 것은 틀림없다).

다른 한편으로 통치자가 하나님께 불순종할 것을 요구할 때 용감하게 저항하며 불복종한 이들도 있다. 성경에 잘 알려진 예로는 다니엘과 그의 친구들이 있다. 바빌론이 이교도의 나라였지만 다니엘과 사드락, 메삭, 아벳느고는 그곳에서 행정관으로 활동했다. 하지만 하나님께서 금하신 것을(우상숭배, 단 3:4-6) 하라고 명령받았을 때, 그리고 하나님의 명을 지키지(하나님께 기도하는 것, 단 6:7) 못하게 했을 때 이들은 아무 두려움 없이 국가에 불복종하고 처벌을 받았다(단 3:16-18).

또 다른 예로 이스라엘이 애굽에서 종살이할 때 바로의 영아 살해 명령에 불복종한 유대인 산파들(출 1:17)도 있다. 제 2차 세계대전 중 나치 정권에 저항해서 유대인들을 숨겨 주었던 사람들도 마찬가지다.

:: 국가에 대한 그리스도인의 책임

따라서 그리스도인들은 국가에 대해 어떤 인식을 가지고 살아야 하는지 다음의 세 가지로 정리할 수 있겠다.

첫 번째, 복종한다(1절, 5절). - 물론 우리는 국가에 복종해야 한다. 여기에는 매우 실제적이고 구체적인 항목인 세금이 포함된다(6-7절). "우리의 시민권은 하늘에 있는지라"(빌 3:20)를 마치 선거도, 세금 납부도, 공무원이 되는 것도 해서는 안 된다는 의미로 잘못 추론해서는 안 되겠다. 바울이 여기서 분명히 밝히고 있는 바이기도 하다.

두 번째, 양심에 따라 복종한다(5절). - 이 말은 우리가 반드시 국가를 평가해야 한다는 의미다. 이것은 매우 중요한 문제다! 다른 사람들은 처벌 받는 것이 두려워 복종할 수도 있다(5절). 단지 두려워서 복종한다면 자기 이익을 위해 복종하

---

5 그러므로 복종하지 아니할 수 없으니 진노 때문에 한 것이 아니라 양심을 따라 할 것이라

는 것과 같다. 처벌당할 위험이 없다면 복종하지 않을 것이기 때문에 결국은 국가에 복종하지 못하게 된다. 다른 한편으로 처벌에 대한 두려움은 국가에 필요 이상으로 복종하게 만든다. 왜냐하면 "나는 단지 명령을 받은 것뿐이야"라며 부도덕한 행위도 서슴지 않을 것이기 때문이다. 바울의 근본적인 원칙은 그리스도인으로서의 양심과 하나님께 대한 순종 때문에 국가에 복종한다는 것이다. 이것은 두 가지 길이 교차하기 때문에 확고한 원칙이 요구된다. 한편으로 우리는 중요한 일이 아니라 하더라도 국가에 복종할 것이다. 왜냐하면 우리의 동기는 국가를 세우신 하나님께 복종하는 데 있기 때문이다. 다른 한편으로 우리는 국가가 명령하는 것을 아무런 비판 없이 절대적으로 복종하지는 못한다. 국가가 우리의 양심에 어긋나는 것을 요구한다면 불복종해야 하기 때문이다. 주석가인 레온 모리스(Leon Morris)는 다음과 같이 말했다.

> 양심은 국가에 복종하라는 외부의 명령을 따르게 하는 강력한 지원군이다. 하지만 일단 양심이 관여하게 되면 양심에 어긋나는 것은 할 수 없다는 경계선이 정해진다. …양심은 우리로 하여금 복종하게 만드는 동시에 그 복

---

6 너희가 조세를 바치는 것도 이로 말미암음이라 그들이 하나님의 일꾼이 되어 바로 이 일에 항상 힘쓰느니라

종에 한계를 짓도록 한다.[2]

　세 번째, 두려워하고 존경하는 자세로 복종한다(7절). -
이 말은 우리가 국가에 협력해야 할 뿐 아니라 존중하는 마음
과 예의를 갖추고서 그렇게 해야 한다는 의미다. 우리는 가족
과 교회와의 관계에서도 똑같이 부모나 사역자들, 그리고 통
치자들에게 예의를 갖추어야 한다. 비록 존경할 만한 모습이
보이지 않는다 하더라도 하나님이 허락하신 권위를 존중해야
한다.

:: 국가의 의무는 무엇인가

　지금까지 국가에 대한 그리스도인의 책임이 무엇인지 살
펴보았다. 이제부터는 국민에 대한 국가의 의무, 국가가 존재
하는 이유들과 그 기능들에 대해 설명하고자 한다. 이것은 국
가의 '직무 해설서'라고도 할 수 있다.

　첫 번째, 국가의 소극적인 기능은 범죄를 처벌하는 것이
다. "그가 공연히 칼을 가지지 아니했으니 곧 하나님의 사역자
가 되어… 보응하는 자니라"(4절). 국가가 사회 질서를 유지하

---

7 모든 자에게 줄 것을 주되 조세를 받을 자에게 조세를 바치고 관세를 받을 자에게
관세를 바치고 두려워할 자를 두려워하며 존경할 자를 존경하라

기 위해 범죄를 처벌해야 한다는 점에 대해서는 모든 그리스도인들이(대부분의 사람들도) 동의할 것이다. 사회의 평화와 조화를 깨뜨리는 살인, 절도, 다양한 형태의 기만과 사기는 어디에나 존재한다. 하지만 바울이 말하는 처벌의 성격을 두고는 사람에 따라 견해가 다르다. '칼'은 사형과 전쟁에서의 살인에 이르기까지 모든 처벌할 수 있는 권력을 의미하는 것 같다. 바울이 전에 '칼'을 죽음의 의미로 사용했고(8:35), 그 시대에는 그와 같이 관용적으로 사용되었기 때문에(행 12:2, 계 13:10), 바울이 말한 바를 그렇게 이해하는 것이 가장 올바른 것 같다.

하지만 지금도 논란이 되고 있는 사형 제도의 장점 또는 문제점을 여기에서 논의하는 것은 부적절한 것 같다. '칼'이 폭력을 사용하는 권한을 의미하는 것은 맞지만 그렇다고 사형 제도의 합법성 여부를 이 본문을 토대로 가려낼 수는 없을 것이다.

두 번째, 국가의 적극적인 기능은 "선을 베푸는"(4절) 것이다. NIV 성경(1984)은 "너에게 선을 행하기 위한"으로 번역하고 있는데, 사실 바울이 쓴 헬라어 원문에는 '행하다'가 나오지 않는다. 따라서 바울은 국가가 글자 그대로 '너에게 선이 되기 위한' 하나님의 종이라고 말한다. 바울이 의미하는 바가 무엇일까? 물론 그는 국가가 선을 '위해' 있다고 말한다! 하지만 그 '선'이 정확하게 무엇을 의미하는지(선한 행위나 선한 정세), 그리고 선을 이루기 위해 국가가 어떻게 기능하는지는(보상을 통해 혹은 지위의 상승을 통해) 말하지 않는다.

어떤 주석가들은 이것이 국가의 두 번째 기능에 대해 말한 것이 전혀 아니라고 주장한다. 오히려 같은 내용을 두 가지 다른 방식으로 13장 4절 전반부와 4절 후반부에서 말하고 있다고 여긴다. 이들은 범죄를 처벌함으로써 국가가 선을 증진시킨다고 말한다. 따라서 '선'은 단지 국민들의 선한 행위일 뿐, 바울의 말뜻이 다음과 같다고 말한다. "국가는 처벌을 통해 범죄를 억제함으로써 당신이 올바르게 행동하도록 당신에게 봉사한다." 이러한 해석은 국가의 기능이 치안 유지와 국방에 제한되어야 한다는 관점과도 일치한다. 이런 생각이 설득력 있는 것은 바로 다음에 "그러나 네가 악을 행하거든"이라고 말하기 때문이다. 그렇게 되면 '선'은 단지 국민의 행동을 말하는 것이 된다.

하지만 4절 전반부와 후반부가 국가의 동일한 기능에 대해 말하는 것 같지는 않다. 4절 후반부는 '그러므로'가 아니라 '그러나'로 시작한다. 문법적으로 보면 두 가지의 상이하고 반대되는 행위들이 논의되고 있는 것이다. 따라서 '선'이 국민의 선한 행위를 의미한다 하더라도, 국가가 4절 후반부에 나오는 처벌과 응징 외에 다른 활동을 통해 국민의 선행을 보상하고 증진시킨다는 의미는 틀림없다. 이것은 국민들 사이에 봉사를 격려하고 장려하기 위해 국가가 선한 행동과 관계들을 북돋울 수 있는 방법을 찾아야 한다는 의미일 것이다. 게다가 어떤 사람들은 국가가 개인의 선만이 아니라 개인을 '위한' 선을 장려해야 한다고 바울이 말한 것으로 믿는다. 이것은 다양한 수단을 통해 사람들의 전반적인 경제, 사회, 문화, 그리고 신체의 복지를 향상시키는 것을 의미할 것이다. 물론 이러한 관점에 따른다면 국가의 영역은 확장된다.

'선'이 무엇을 의미하는지 바울이 정확히 밝히지 않은 것은 우리에게 그것을 폭넓게 생각할 수 있는 여지를 남긴 것일 수도 있다. 가장 자연스러운 해석은 다음과 같다. "국가는 선한 행동과 관계들(선)을 장려하고 보상하면서 동시에 나쁜 행동과 관계들(악)은 억제하고 처벌해야 한다." 그러므로 로마서 13장은 극히 제한된 정부나 매우 강력한 정부, 혹은 자유지상주의(Libertarianism)나 전체주의의 양 극단을 모두 배제한다.

:: 냉철한 조건부의 존중

국가의 기능과 책무에 대한 이해는 그리스도인으로서 국가를 어떻게 이해하고 국가와 어떻게 관계 맺을지 알게 해준다. 그리스도인들은 비기독교 정부일지라도 냉철하게 조건부로 존중할 필요가 있다. 다음은 예레미야의 예언에서 볼 수 있는 몇 가지 원칙이다.

첫째로, 우리와 다른 입장을 가진 통치자들도 존중해야한다. 예를 들어 하나님은 예레미야를 통해 이교도 왕인 "내

종 느부갓네살"(렘 27:6)을 섬기지 않으면 "내가 그 민족을 벌하리라"(렘 27:8)고 이스라엘에게 말씀하신다.

둘째로, 냉철한 존중이란 그리스도인들이 자신과 다른 관점을 가진 통치자의 행위 때문에 염려하고 두려워하지 않는다는 의미다. 왜 그런가? 하나님은 당신을 경외하지 않는 사람들에게 권력을 주실 때 그들에게 정의도 요구하시기 때문이다. "모든 나라가 그와 그의 아들과 손자를 그 땅의 기한이 이르기까지 섬기리라 또한 많은 나라들과 큰 왕들이 그 자신을 섬기리라"(렘 27:7). 두려움 때문에 분노하거나 "더 이상 그의 통치를 받아들일 순 없어!"라고 해서는 안 된다. 어쨌든 통치자 본인은 모른다 할지라도 그는 "하나님의 종"이다(4절). 그가 하나님의 계획을 뒤엎지는 못한다. 그의 불신앙과 폭력마저 하나님의 손바닥 위에 놓여 있다.

그러나 셋째로, 냉철한 존중은 조건부라는 의미이기도 하다. 하나님이 심판자이기 때문에 왕과 그의 나라도 심판을 받을 것이다. 회개하지 않는다면 왕들도 하나님의 심판을 받을 것이다(렘 27:7). 그러므로 우리는 무조건이 아니라 비위를 거스르지 않을 만큼만 존중한다.

그리스도인들은 국가의 역할에 대한 과도한 이데올로기적인 관점을 경계해야 한다. 정부의 기능이 기본적인 치안 유지에 제한된다는 매우 보수주의적 관점을 성경이 지지한다고 말하기는 어렵다. 마찬가지로 정부를 마치 구원자로 보는 자유주의나 사회주의적인 관점도 지지하지 않는다.

그리스도인들은 더욱 적극적으로 국가의 일에 참여해야 한다. 대체로 로마서 13장은 정부의 역할에 대해 매우 긍정적이다. 바울이 7절에서 조세와 관세 납부에 대해 말하는 것은, 사실상 그리스도인들이 국민으로서 공적인 영역에 널리 참여하기를 권한다고 볼 수 있다. 이것은 8-10절로 이어진다.

:: 사회의 일원으로 살다

8-10절을 보면 우리가 "남"(8절)이나 "이웃"(9-10절)을 사랑하라고 가르치는 것으로, 곧 매우 개인적인 적용으로만 해석하기 쉽다. 국가에 대한 내용은(1-7절) 원수를 사랑하라는 명령(12:17-21)과 이웃을 사랑하라는 명령(13:8-10) 사이에 끼어져 있다. 그렇다면 이것은 바울이 각기 다른 주제들을 생각나는 대로 배열한 것인가? 아니면 이들 사이에 어떤 연관성이 있는 것일까?

먼저 12장 17-21절과 13장 1-7절 사이의 연관성을 살펴보자. 바울은 "선으로 악을 이기라"(12:21)고 명령하고 나서 곧바로 사회에 참여하라고 말한다. 우리 그리스도인들은 국민으

---

8 피차 사랑의 빚 외에는 아무에게든지 아무 빚도 지지 말라 남을 사랑하는 자는 율법을 다 이루었느니라

로서 국가를 감시하면서 선행(자비와 자선의 행위)과 선한 삶을 통해 사회의 악을 이겨야 한다. 이제 13장 1-7절과 8-10절 사이의 연관성을 알아보자. 7절에서 바울은 "모든 자에게 줄 것을 주되"라고 하면서 특별히 국가를 지칭해서 말한다(세금에 대해 말한다). 8절에서는 아무에게도 빚지지 말라고 하면서 그 대상을 국가에서 함께 살아가는 모든 이웃들로 옮겨 간다. 이처럼 바울은 국가뿐 아니라 공적인 영역, 그리고 시민의 생활 전반에 참여하라고 요청하고 있다. 이처럼 그리스도인들은 자신의 지역과 공동체, 도시에서 선을 행하는 위대한 사람들이 되어야 한다.

다시 한 번 예레미야는 이러한 집단적인 방식에서 선으로 악을 이긴 성경의 모범적인 예가 된다. 그는 바빌론으로 유배된 유대인들에게 그들이 살고 있는 도시의 번영을 추구함으로 악을 이기라고 요구한다. 예레미야가 바빌론으로 유배된 유대인들에게 편지를 쓸 무렵 유대인들은 '불결한' 이교도의 도시 생활을 거부한 채 자기들끼리 고립된 지역에서 살고 있었다. 그런데 예레미야는 그 도시가 회개하지 않으면 심판이 있을 것이라고 확신에 차서 말한다. 유대인들이 바빌론 사람들의 죄악들을 모른 채 해서는 안 된다는 것이다. 오히려 유

---

9 간음하지 말라, 살인하지 말라, 도둑질하지 말라, 탐내지 말라 한 것과 그 외에 다른 계명이 있을지라도 네 이웃을 네 자신과 같이 사랑하라 하신 그 말씀 가운데 다 들었느니라

대들은 도시에 적극적으로 참여해서 평화와 번영을 도모해야 했다. 이교도적인 가치와 타협하라는 것이 아니라 도시에 대해 가장 긍정적인 자세를 가지라는 말이다. 예레미야는 유대인들에게 집을 지어 정착하고(29:5), 사회에 투자하고, 결혼해서 자녀들을 낳아 번성하고(29:6), 유대인으로서 정체성을 지키고, 살고 있는 도시의 평화를 구하고, 도시의 전반적인 조화와 번영을 추구하고, 그것을 위해 하나님께 기도하라(29:7)고 말한다. 다시 말해 유대인들에게 자신들이 거주하는 도시의 공동선을 이루기 위해 사랑하고 신뢰함으로 "선으로 악을 이기라"고 말하고 있는 것이다. 로마서 13장 8-10절에서 바울은 말하는 바도 이러한 배경을 염두에 둔 것이다.

:: 사랑에 빚진 자로 살다

7절에 이어 8절에서 전개되는 바울의 명령은 그리스도인들이 바칠 세금을 바치고 존경할 권세를 존경하고 아무에게도 빚지지 말고, "피차 사랑의 빚 외에는"(8절) 어떤 빚도 지지 말라는 것이다. 여기서 바울은 "사랑의 빚"을 하나님의 법을 지키는 그리스도인의 의무와 연결시킨다. 왜냐하면 "남을 사랑하는 자는 율법을 다 이루었기" 때문이다. "간음하지 말라, 살인하지 말라, 도둑질하지 말라, 그리고 탐내지 말라 한 것과 그 외에 다른 계명이 있을지라도 네 이웃을 네 자신과 같이 사랑

하라 하신 그 말씀 가운데 다 들었느니라"(9절). 요컨대 하나님
의 법은 우리 주변의 이웃들에게 어떻게 선을 행하고 사랑할
것인가에 대한 하나님의 지침이다. 바울은 이렇게 말하는 것
이다. "법은 단순한 지침이 아니라 '사랑의 지침'이다."

하지만 이번에는 반대로 사랑이 율법의 완성이라고 말한
다(10절). 사랑을 이웃과의 관계에서 하나님의 법을 성실하게
따르는 것이라고 정의한다. 사실 사랑이란 그저 법을 따르는
것이다. 바울은 사랑과 법을 대립하는 것으로 보지 않는다. 순
종하는 것이 사랑하는 것이고, 사랑하는 것이 순종하는 것이
다! 다른 사람들을 사랑하려면 하나님의 법에 순종해야 한다.

하지만 현대인들은 이렇게 생각하지 않는다. 짧은 안목
으로 보면 사랑하는 것이 마치 법을 어기는 것으로 보일 수도
있다. 예를 들어 우리는 진실을 이야기하면 상대방에게 상처
가 될까봐 종종 거짓말을 한다. 그러나 바울은 무엇이 상대방
에게 상처가 되고 도움이 될지 우리보다 하나님이 더 잘 아신
다고 말한다. 일반적으로 사람들이 생각하는 '사랑하는 것'이
란 상대방이 아프지 않고 힘들지 않게 '위로하는 것'을 의미한
다. 물론 사랑의 핵심은 해를 입히지 않는 것이다(10절)! 그렇
긴 해도 우리와 우리의 이웃들에게 궁극적으로 필요한 것이
무엇인지는 하나님만이 아신다. 우리의 영혼과 마음을 지으신

---

10 사랑은 이웃에게 악을 행하지 아니하나니 그러므로 사랑은 율법의 완성이니라

하나님은 우리에게 필요한 것을 아신다. 그러므로 율법을 통해 하나님은 우리에게 이렇게 말씀하신다. "이웃에게 해로운 일을 하지 않겠다고? 그렇다면 이렇게 해라! 너의 본능이나 지혜가 아니라 율법의 지침들에 따르라." 따라서 하나님의 법에 불순종하는 것은 단지 불순종하는 것이 아니다! 모든 죄는 하나님의 지혜에 대한 비난이며 거기에는 사랑이 없다.

그러므로 그리스도인들은 자신의 도시를 섬기면서 예레미야가 깨달았듯이 고립과 타협의 양극단 모두를 피해야 한다. 그리스도인들에게는 비기독교인 사회와는 적당히 거리를 둔 채 그곳이 잘되도록 섬기거나 일하지 않고, 믿는 사람들끼리 게토에 살려는 유혹이 있을 수 있다. 하지만 예레미야는 유배된 유대인들에게 이교도 도시를 섬기면서도 하나님의 백성으로서 자신들의 정체성을 지키라고 말한다. 또한 이미 보았듯이 유배된 유대인이었던 다니엘도 하나님께 순종하지 못하게 하는 부분은 거부했지만 바벨론을 섬겼다. 그리스도인들은 하나님의 법을 양보함으로 사회를 사랑하는 것이 아니라 하나님의 법에 순종함으로써 사랑한다. 그러므로 그리스도인은 사회로부터 자신을 격리시키지 않고 사회에 자신을 순응시키지도 않는다.

---

11 또한 너희가 이 시기를 알거니와 자다가 깰 때가 벌써 되었으니 이는 이제 우리의 구원이 처음 믿을 때보다 가까웠음이라

:: 입체적인 전망을 가져라

이렇게 살기 위해서 "이 시기(the present time)"(11절)를 잘
이해할 필요가 있다. 그리스도인들은 하나님이 건설하신 이
세상 국가의 국민이면서 동시에 침노하고 있는 영원한 나라의
백성이라는 것을 깨닫고 기억해야 한다. 이것이 우리가 지녀
야 할 관점이다.

이 시기는 "밤이 깊고 낮이 가까웠"다(12절). 이 세상은 그
리 오래 가지 못할 것이며 영원한 세상이 이제 곧 도래할 것이
다. 많은 사람들이 바울의 기대처럼 마지막 심판의 날이 빨리
오지 않았기 때문에 바울이 잘못 판단했다고 생각한다! 하지
만 이는 이 세상에 존재하는 생명의 덧없음을 깊이 이해하지
못한 데서 나온 견해다. 우리는 우리의 삶을 진리 위에, 그리
고 하나님, 사랑, 의로움과 같이 사라지지 않을 것들 위에 세워
야 한다. 사실 그리스도인들만이 이 세상의 덧없음을 깨닫게
되는 것은 아니다. 죽음의 문턱까지 갔던 많은 비 그리스도인
들도 삶의 우선순위가 완전히 뒤바뀌는 경험을 하곤 한다! 그
리스도인들은 항상 이러한 전망을 가지고 살아야 한다. 하루
가 지날 때마다 "우리의 구원이 처음 믿을 때보다 가까웠음이
라"(11절)는 놀라운 진리를 새겨야 할 것이다.

이것을 알면 "빛의 갑옷을" 입게 된다(12절). 우리는 "낮에

---

12 밤이 깊고 낮이 가까웠으니 그러므로 우리가 어둠의 일을 벗고 빛의 갑옷을 입자

와 같이 단정히" 행할 것이다(13절). 우리는 늘 여명이 밝아 오는 것과 그리스도께서 아주 가까이 오신 것을 상상하며 이렇게 질문해야 한다. "이제 나는 어떻게 행동해야 하는가? 참으로 중요한 것은 무엇인가? 영원히 없어지지 않을 것은 무엇인가?"

14절에서 바울은 이 세상 가운데 천국의 시민으로 살면서 어떤 옷을 입어야 할지 말하고 있다. "주 예수 그리스도로 옷 입고 정욕을 위하여 육신의 일을 도모하지 말라." 우리는 그리스도로 이미 옷 입고 있기 때문에 하나님 앞에서 법적으로 의롭게 되었다(갈 3:27; 롬 6:3 참조). 우리는 법적으로 "그 안에" "그에게 덮여" 있다. 하지만 본문의 문맥에 따르면 마치 우리가 그리스도를 옷으로 입은 것처럼 살아야 한다는 의미로 해석된다.

예를 들어 턱시도를 입은 남성과 긴 드레스를 입고 하이힐을 신은 여성은 행동에서도 달라지게 마련이다. 품위 있고 공식적인 모임에 참석하려고 차려입은 자신의 모습을 거울로 본다면 옷에 어울리는 행동을 하게 될 것이다. 자칫 운동복을 입었을 때처럼 행동한다면 우스꽝스러워 보일 뿐 아니라 연회 옷차림도 훼손될 수 있다! 그리스도인으로 살기 위해 마치 그

---

13 낮에와 같이 단정히 행하고 방탕하거나 술 취하지 말며 음란하거나 호색하지 말며 다투거나 시기하지 말고 14 오직 주 예수 그리스도로 옷 입고 정욕을 위하여 육신의 일을 도모하지 말라

리스도를 입은 것처럼 훈련하자. 우리는 내가 어떤 분으로 옷 입었는지, 그분이 우리를 위해 무엇을 하셨는지, 무엇을 지불하셨는지, 우리에게 무엇을 원하시는지 기억해야 한다. 이것은 "죄에 대하여 죽은 우리가 어찌 그 가운데 더 살리요"라는 로마서 6장의 가르침과 유사하다. 바울의 가르침을 따라 자신이 하는 모든 일에서, 자신이 속한 국가와 사회를 대하는 모든 태도 가운데서, 자신이 어디를 향하고 있는지 그리고 자신이 누구인지 항상 기억하라!

04

복음은 '약자와 강자' 사이에
새로운 관계를 맺게 한다

롬 14:1-23

믿음을 따라 하지
아니하는 것은
다 죄니라

1장부터 11장까지 바울은 우리가 오직 은혜로 그리스도
를 믿는 믿음을 통해 하나님 보시기에 의로운 자가 된다는 복
음에 관해 설명했다. 그래서 우리는 하나님 보시기에 죄인이
면서도 동시에 의롭고 완전한 존재이다. 우리가 복음을 온전
히 이해하고(1-5장), 경험한다면(6-8장), 그 결과로 감사와 기쁨
이 충만한 삶을 살게 될 것이다.

12-13장에서는 우리 자신과 다른 그리스도인들, 그리
고 친구든 원수든 상관없이 세상과의 관계를 새롭게 하는 삶
에 대해 설명했다. 이제 14장은 지금까지 말해 온 것들을 로마
교회 안에 있는 특정한 문제에 적용하고 있다. "좋습니다. 이제
이것들을 여러분이 가지고 있는 문제에 어떻게 적용할지 보여
드리겠습니다."

로마 교회의 문제는 무엇인가? 그것은 자신과 의견이 다른 그리스도인들을 계속해서 비판한 것이다(1절). 서로 이해하고 받아주기보다는 거부하는 분위기가 교회 안에 가득했다. 근본적인 문제는 교인들 중 일부가 기본 원칙과 개인의 선호를 구별하지 못한 것이다. '논란의 여지가 있는 영역' 안에 있는지 아니면 그 밖에 있는지 자각하지 못했다. 1절의 "의견"(disputable matters, NIV)은 원래 헬라어로 디아로기스모스(*dialogismos*)이다. 전통적으로 사람들은 이것을 "양심의 문제"라고 불렀다. 양심의 문제란 하나님이 특별히 말씀하시지 않은 관습을 일컫는다. 곧 그 문제에 대해 명시적으로 금지하거나 명하지 않은 것들이다. 따라서 논란의 여지가 있는 문제에 부딪히면 대개 사람들은 잘못된 양극단 중 한 가지를 선택하기 쉽다. 우리는 어떠한 영역에도 논란의 여지가 있다고 생각하거나 반대로 전혀 논란의 여지가 없다고 생각하는 양쪽 모두를 조심해야 한다.

로마 교회의 경우 먹는 문제가 논란거리였다. "어떤 사람은 모든 것을 먹을 만한 믿음이 있고 믿음이 연약한 자는 채소만 먹느니라"(2절). 어떤 사람들은 그리스도인으로서 고기를 먹을 수 없다고 느꼈다.

---

1 믿음이 연약한 자를 너희가 받되 그의 의견을 비판하지 말라

하지만 다른 영역에서도 의견 차이가 있었다. 5절에 의하면 어떤 사람들은 특정한 날을 거룩하게 지켜야 한다고 느꼈다. 골로새서 2장 16절에서 바울은 구약의 절기들을 지키는 그리스도인들에 대해 말한다. 로마 교회에도 그런 사람들이 있었던 것 같다. 더 나아가 로마서 14장 14절과 20절에 의하면 특정한 음식들이 '불결하다'고 믿는 사람들까지 있었다. 이것은 분명 정결한 음식과 불결한 음식을 규정한 구약의 의식법에 근거한 것이다(레 11장과 신 14장 참조). 음식에 관한 법은 성막이나 성전에서 예배드릴 수 있는 자격에 관한 구약 성경의 규정들 안에 들어 있다. 적절하게 처리된 음식만 먹도록 규정한 구약의 율법을 따르는 사람들이 로마 교회 안에도 있었던 것이다. 로마서 14장 21절은 포도주를 마시는 문제 역시 논란이 되었음을 보여 준다. 어떤 그리스도인들은 신앙인이라면 결코 포도주를 마셔서는 안 된다고 확신했다.

:: 믿음이 약한 자와 강한 자

이어 바울은 믿음이 '약한' 것과 '강한' 것이 무엇을 의미하는지 알려 준다. "먹지 않는 자는 먹는 자를 비판하지 말라 이는 하나님이 그를 받으셨음이라"(3절). 믿음이 약한 사람들은

---

2 어떤 사람은 모든 것을 먹을 만한 믿음이 있고 믿음이 연약한 자는 채소만 먹느니라

우리가 행위로 구원받은 것이 아니라는 복음의 핵심을 놓치고 있는 것 같다. 우리는 그리스도 안에서 받아들여졌다. 그렇다면 바울은 왜 그런 사람들에게 믿음이 약하다고 말하는가? 레온 모리스(Leon Morris)는 이에 대해 다음과 같이 설명한다.

> 논의에서도 알 수 있듯이 바울은 그리스도를 거의 믿지 않는 사람을 두고 믿음이 연약하다고 하지 않는다(4:19 참조). 오히려 바울이 염두에 두고 있는 사람은 믿음으로 구원받는다는 진리에 내포되어 있는 행위의 참된 의미를 이해하지 못하는 이들이다. …곧 믿음으로 의롭다 함을 받는다는 의미를 깨닫는 데 있어서 고기와 포도주, 그리고 특정한 날들에 대한 질문은 아무런 관련이 없다는 것을 이해하지 못한 사람이다.[1]

믿음이 약한 그리스도인들이 구원받지 못한다거나 그들이 그리스도를 신뢰하지 않는다고 말하는 것은 아니다. 사실 믿음이 약한 사람들이야말로 그리스도를 기쁘시게 하는 데 가장 부지런하고 열의가 있다. 그들이 약한 것은 아직도 그들에게 남아 있는 율법주의적인 열심 때문이다. 그들은 복음의 의

---

3 먹는 자는 먹지 않는 자를 업신여기지 말고 먹지 않는 자는 먹는 자를 비판하지 말라 이는 하나님이 그를 받으셨음이라

미를 다 이해하지 못했다. 은혜로만 구원받는다면 하나님께 잘 보이기 위해 규정이나 규범들을 꼭 지켜야 한다고 느낄 필요가 전혀 없다.

반면 믿음이 강한 그리스도인들은 우리가 은혜로만 구원받은 것을 알기 때문에 고기를 먹는 것과 같이 스스로 자유롭게 결정할 수 있는 영역이 있다는 것을 이해하는 사람들이다. 사실 바울은 15장 1절에 가서야 믿음이 '강하다'는 표현을 쓰는데 여기서부터 적용해도 무방할 것 같다. 예수님은 제자들에게 어떤 음식이든 먹어도 된다고 하셨다(막 7:14-23; 롬 14:14 참조). 하지만 믿음이 약한 어떤 그리스도인은 "우리는 절대 고기를 먹어서는 안 된다. 그것은 잘못된 일이다"라고 말했다. 반면 믿음이 강한 다른 그리스도인은 고기를 먹어도 된다고 말하고 있다.

이 논쟁을 고린도전서 8장에 묘사된 것과 비교해 보면 매우 흥미롭다. 그것은 과거 우상을 숭배했던 그리스도인들과 다른 그리스도인들 사이에 벌어진 다툼으로 그리스도인들이 이교도들의 제사에 쓰고 남은 고기를 사서 먹을 수 있는가 하는 논쟁이었다. 이 경우에는 "고기를 먹는 것은 아무 문제도 없어, 우상이 살아 있는 실제는 아니잖아"라고 말한 사람들이 믿음이 강한 사람들일 것이다. 따라서 이들은 우상을 숭배한 적이 없는 유대인 출신의 그리스도인들이 대부분일 것이다. 반면 믿음이 약한 사람들은 우상 숭배의 덫에 걸린 적이 있던 이방인 출신 그리스도인들로 무엇이든 과거의 경험과 관련되면 자신들이 더럽혀진다고 느꼈을 것이다.

하지만 로마서에서는 역할이 뒤바뀐 것 같다. 믿음이 약한 사람들은 구약 성경의 정결과 불결에 관한 법을 지켰기 때문에(14:2,3,14,20), 불결한 고기를 먹거나 다른 규정들을 어기면 자신들이 더럽혀진다고 느꼈다. 따라서 여기서는 유대인 출신의 그리스도인들이 믿음이 약한 사람들인 것 같다.

그렇다면 "로마 교회의 믿음이 약한 사람들이 갈라디아서에 나오는 '유대주의자들' 곧 구원받기 위해서는 구약 성경의 율법을 반드시 지켜야 한다고 주장한 사람들과 같은 사람들인가"라고 질문할 수 있다. 대답은 이 둘은 분명히 다르다는 것이다. 바울은 이런 유대주의자들을 전혀 그리스도인으로 생각하지 않았다(갈 1:8). 따라서 유대주의자들과 로마 교회의 믿음이 약한 그리스도인들은 완전히 다른 부류다.

로마 교회의 믿음이 약한 사람들은 구약에 근거한 식사 관습과 의식에 익숙해진 그리스도인들로 자신들의 의식에 동참하지 않는 그리스도인들을 비난하기 시작했다. 그런데 바울은 조심스럽게 모든 유대인 출신 그리스도인들의 믿음이 약하다고 말하지는 않는다! 왜냐하면 "하나님을 경외하는 자들"로 불린 이방인 그리스도인들 중에서도 많은 이들이 기독교로 개종하기 전에 회당에 참여한 경험이 있기 때문이다. 이런 의미에서 이들도 믿음이 약한 사람들이 될 수 있는 것이다.

고린도전서 8장과 로마서 14장을 나란히 놓고 비교해 보면 특정한 쟁점과 관련해서 어떤 민족이나 사회적 집단은 믿음이 약한 사람들의 범주에(고린도 교회의 그리스인들) 속하는 반면 다른 집단은 믿음이 강한 사람들의 범주에 들어갔다. 그런데 또 다른 쟁점과 관련해서는 역할이 뒤바뀌기기도 했다(로마서 14장에서의 유대인들).

이는 배후에 있는 문제의 핵심을 볼 수 있게 도와준다. 곧 비본질적인 문화적이고 의례적인 관습들을 지키는 것이 자신의 성숙을 위해 꼭 필요하다고 여기는 그리스도인들이라면 누구든지 믿음이 약한 사람들 속에 포함될 수 있다. 예를 들어 어떤 교회의 장년 세대들은 CCM(현대 기독교 음악)으로 예배드리길 좋아하는 젊은 세대들을 보면서 자신들이 신앙적으로 더 성숙하다고 느낄 수 있다. 이들은 젊은이들이 같은 그리스도인이라는 사실에는 동의하지만 CCM에 불쾌하고 화가 나기 때문에 하나님도 그럴 것이라고 주장할 수 있다. 이것은 기호와 습관, 혹은 문화의 문제에 지나지 않는 것을 영적인 성숙의 표시로 부풀리는 것이다.

:: 서로에게 하지 말아야 할 것

3절은 믿음이 강한 사람과 약한 사람이 서로에 대해 갖는 일반적인 태도를 보여 준다. "먹는 자는(믿음이 강한 사람) 먹지 않는 자를(믿음이 약한 사람) 업신여기지 말고." 바울은 믿음이 강한 사람들에게 믿음이 약한 사람들을 보면서 교만하지 말라고 권고한다. 믿음이 강한 사람들은 자신들이 더 성숙했고, 높은 단계이고, 지혜롭고, 영적으로 분별력 있다고 생각하기 쉽다. 그러면서 믿음이 약한 사람들을 다소 순진하고 속이 좁다고 무시한다. 믿음이 강한 사람들은 "너는 그게 문제야!"라면서 믿음이 약한 사람들이 불경하게 여기는 관습이나 태도를 계속 고집한다.

반면 먹지 않는 사람들은(믿음이 약한 그리스도인들) 먹는 사람들을(믿음이 강한 그리스도인들) 비판하기 마련이다. 3절에서 믿음이 강한 사람은 믿음이 약한 사람을 무시하며 개의치 않는데 반해, 믿음이 약한 사람은 믿음이 강한 사람을 정죄한다는 것에 유의하자. 믿음이 약한 사람들이 믿음이 강한 사람들을 향해 교만한 마음을 품지는 않겠지만, 그들이 하나님을 모욕하는 중대한 영적인 위험에 빠졌다고 비난하며 맞설 것이다.

요컨대 믿음이 강한 사람들은 믿음이 약한 사람들을 율법주의자들로 보면서 이들을 너무 가볍게 대하는 경향이 있다. 반면 믿음이 약한 사람들은 믿음이 강한 사람들의 파격을 보며 심히 당황하고 괴로워서 이들을 너무 심각하게 대하는 경향이 있다.

바울은 믿음이 강한 사람들과 약한 사람들이 결코 감정적으로 서로를 대해서는 안 된다고 강조한다. 3-12절에서는 주로 믿음이 약한 사람들의 태도를 비판하고 있는데 반해, 13-21절에서는 믿음이 강한 사람들에 대해 말하고 있다. 바울은 믿음이 약한 사람들에게 이렇게 말한다. "당신들이 삼가는 것을 행하는 그리스도인들을 정죄한다면, 중요한 사실 몇 가지를 잊어버린 것입니다."

첫 번째, 우리 모두가 믿음으로 의롭다 함을 받았다는 사실이다. 왜 다른 그리스도인들을 정죄해서는 안 되는가? "하나님이 그를 받으셨"기 때문이다(3절). 여기 나오는 "받으셨음이라"는 1절의 "받되"와 동일한 말이다. "하나님이 우리를 받으셨기 때문에 우리도 서로 받아 주어야 합니다." 바울의 입장은 확고하다. 어떤 그리스도인의 행동이나 관점에서 그의 강점과 약점이 무엇이든 간에 하나님이 그 사람을 완전히 사랑하고 받아 주셨다는 사실을 반드시 기억해야 한다. 이것이 바로 로마서의 핵심이다! 바울은 로마의 그리스도인들에게 하나님이 그들을 받으셨고 그리스도 안에서 의롭다 하신 것을 깨달아 자신들의 마음을 다스리라고 한다. 존 스토트는 다음과 같이 썼다.

어떻게 우리가 감히 하나님이 받아 주신 사람을 물리치

겠는가? 참으로 다른 사람들에 대한 우리의 태도를 결정하는 최고의 방법은 그들에 대한 하나님의 태도를 보고서 결정하는 것이다. 이것은 '우리 자신에게 하듯 다른 사람에게도 하라'는 황금률보다 오히려 더 나은 원칙이다. 우리에게 하듯 다른 사람에게 하는 것도 유익하지만, 하나님이 대하시듯 다른 사람에게 하는 것은 더욱 유익하다.[2]

두 번째, 그들은 오직 하나님만 심판하신다는 것을 잊어버렸다. 4절은 논란이 될 수 있는 양심의 문제에서 자신과 견해가 다른 그리스도인을 정죄하는 것에 대해 강하게 경고한다. "비판하는(judge)"(4절)은 그저 평가하는 게 아니라 정죄하고 비난하는 것이다. 예를 들면 바울은 여기서 고기를 먹는 것이 그 자체로 죄가 아니라고 말한다. 하지만 어떤 사람은 적절한 이유로 먹지 않겠다고 결정할 수도 있다. 그 경우 고기를 먹는다고 다른 사람들을 비판하고 정죄하는 것은 매우 잘못된 것이다. 왜 그런가? "남의 하인을 비판하는 너는 누구냐?"(4절) 그는 당신의 종이 아니다. 주인이신 예수 그리스도가 그 사람을 심판해야지, 우리가 다른 사람을 심판할 자격은 없다.

---

4 남의 하인을 비판하는 너는 누구냐 그가 서 있는 것이나 넘어지는 것이 자기 주인에게 있으매 그가 세움을 받으리니 이는 그를 세우시는 권능이 주께 있음이라

세 번째, 자기 자신의 위치에 대해 깊이 생각하는 것을 잊어버렸다. 우리 각 사람은 어떤 행위를 하면서 그것이 옳은지 그른지 깊이 생각하며 확신을 가질 필요가 있다. 믿음이 약한 사람들은 자신들이 틀릴 수도 있다는 것을 기억해야 한다! 5절에서 바울은 매우 흥미롭고 중요한 말을 한다. "각각 자기 마음으로 확정할지니라." 우리의 행위에 대해 신중하게 생각하라는 것이다. 첫째, 어떤 행위에 대해 성경이 실제로 하라고 명령하거나 하지 말라고 금하는지, 혹은 양심의 자유에 맡기는지 살펴볼 필요가 있다. 둘째, 성경이 우리의 자유에 맡기는 행위도 우리 자신이나 다른 사람을 죄짓게 한다면 하지 않기로 결정할 수 있다. 우리는 기도하며 깊이 생각할 때 어떤 결정이든 내릴 수 있게 된다! 바울은 특별히 믿음이 약한 사람들에게 이것을 말하고 있다. 왜냐하면 율법주의적인 사람들은 성경을 깊이 연구하지도, 그것에 대해 깊이 생각하지도 않아서 이런저런 의구심으로 가득 차 있기 때문이다. 우리는 양심을 일깨우기 위해 힘쓰고, 잘못한 것은 인정하는 겸손을 가져야 한다.

네 번째, 마찬가지로 우리는 양심에 따라 행동할 필요가 있다. 그리스도인들은 어떤 행동을 할 때 그것에 대해 깊이 생

---

5 어떤 사람은 이 날을 저 날보다 낫게 여기고 어떤 사람은 모든 날을 같게 여기나니 각각 자기 마음으로 확정할지니라

각하고 그것이 옳다고 확신하기 전에는 그 일에 참여해서는 안 된다. 6절에서 바울은 어떤 행위를 할지 말지 결정할 때 유용한 한 가지 아이디어를 준다. "먹는 자도 주를 위하여 먹으니 이는 하나님께 감사함이요 먹지 않는 자도 주를 위하여 먹지 아니하며 하나님께 감사하느니라." 그리스도인들은 어떤 행위를 하기 전에 이렇게 자문해 보아야 한다. "그리스도 앞에서 이것을 할 수 있는가? 그분을 보면서도 이 일을 할 수 있는가? 그분의 이름으로 감사하면서 이것을 할 수 있는가?" 우리는 자신을 위해 살지 않고 주님을 기쁘시게 하는 그분의 백성들이다. "우리가 주의 것"이므로(7-8절), 우리의 양심이 상처받지 않으려면 양심을 따라 살아야 한다.

:: 믿음이 약한 사람들에 대한 도전

9-13절에서 바울은 믿음이 약한 사람들을 향해 이렇게 도전한다. "여러분과 한 형제를 만드시기 위해 그리스도께서 죽었다 다시 살아나셨는데(9절), 어떻게 주께서 대신 죽으신 형제를 비웃을 수 있습니까?(10절) 어떻게 여러분이 하나님의 심

---

6 날을 중히 여기는 자도 주를 위하여 중히 여기고 먹는 자도 주를 위하여 먹으니 이는 하나님께 감사함이요 먹지 않는 자도 주를 위하여 먹지 아니하며 하나님께 감사하느니라 7 우리 중에 누구든지 자기를 위하여 사는 자가 없고 자기를 위하여 죽는 자도 없도다

판을 대신하겠습니까?(10-11절) 다른 사람이 아닌(13절), 자기 자신이 하나님 앞에 설 때 무엇이라고 대답할지 생각하십시오(12절)." 하나님이 복음 안에서 받아주신 사람이라면 누구든지 받아 주어야 한다. 그리고 복음 안에서 정죄함이 없는 사람이라면 우리가 함부로 정죄해서도 안 된다. 우리의 양심은 복음이 주는 자유와 연결되어 있어야 하고 마땅히 복음이 주는 자유와 함께 살아가야 한다.

:: 걸림돌이 되어서는 안 된다

13절 전반부는 믿음이 약한 사람들에 대한 마지막 권면이자 믿음이 강한 사람들에 대한 권면의 시작이기도 하다. 믿음이 강한 그리스도인들은 "비판하지 말고 도리어 부딪칠 것이나 거칠 것을 형제 앞에 두지 아니하도록 주의"해야 한다 (13절). 20절에 나오는 "거리낌"은 원래 13절의 "부딪칠"(stumble, *proskomma*)과 같은 말이다. 그래서 21절에서는 그것을 "넘어지게 하는"(새번역, NIV 성경) 것이라고도 번역한다. 믿음이 강한 사람들이 믿음이 약한 사람들에 대해 무감각해지면 그들을 업신여기게 되고(3절), 또한 죄를 짓게 만든다고 바울은 말하고

8 우리가 살아도 주를 위하여 살고 죽어도 주를 위하여 죽나니 그러므로 사나 죽으나 우리가 주의 것이로다 9 이를 위하여 그리스도께서 죽었다가 다시 살아나셨으니 곧 죽은 자와 산 자의 주가 되려 하심이라

있다.

믿음이 약한 사람들이 강한 사람들에 대해 불쾌한 마음이 생기면 14장 3-13절에서 경고한 정죄하는 마음과 친교를 깨뜨리는 몰인정하고 무례한 마음을 갖게 된다. 믿음이 강한 사람들의 행동은 믿음이 약한 사람들로 하여금 자신들의 양심에 어긋난 행동을 하게 만들 수도 있다.

바울은 고기 자체가 부정하지는 않다고 분명히 밝히고 있다(14절). 믿음이 약한 사람들은 단지 먹는 것과 마시는 것에 관해 잘못 생각하고 있는 것이다! 바울은 여기서 마가복음 7장 14-15절 나오는 예수님의 말씀을 언급하는 듯하다. 이 문제에 관해 하나님은 베드로에게도 말씀하신 바 있다(행 10:15, 28). 부정하다고 여겨졌던 것은 이제 깨끗하다. 하나님은 어떤 것도 악하게 창조하지 않으셨다. 그것이 악이 되는 이유는 우리 자신의 죄 된 심성 때문이다. 우리는 모든 것들을 감사함으로 누려야 한다(딤전 4:1-5 참조). 구약 성경에 음식에 관한 법이 나오는 이유는 하나님 앞에 순결한 모습으로 나와야 한다는 것을 이스라엘인들에게 알려주기 위한 일종의 방편이었다. 이제 우리는 그리스도 안에서 하나님 앞에 거룩하고 흠 없이 나아가게 되었다(골 1:22). 그러므로 어떤 것들에 대해 여전히 까다롭

---

10 네가 어찌하여 네 형제를 비판하느냐 어찌하여 네 형제를 업신여기느냐 우리가 다 하나님의 심판대 앞에 서리라 11 기록되었으되 주께서 이르시되 내가 살았노니 모든 무릎이 내게 꿇을 것이요 모든 혀가 하나님께 자백하리라 하였느니라

게 군다면 창조와 구속의 진정한 의미를 깨닫지 못한 것이다.

믿음이 약한 사람들의 입장이 성경의 가르침에 위배된다고 거침없이 말했던 바울이지만 "다만 속되게 여기는 그 사람에게는 속되니라"(14절)고 부연 설명을 덧대고 있다. 23절에서 바울은 그 의미를 더 자세히 밝힌다. 어떤 사람이 자신의 양심에 어긋나게 행동한다면 그것이 잘못된 행동은 아니더라도 자신에게는 잘못된 것이다. 왜냐하면 그리스도인으로 해야 할 올바른 행동을 하지 못했기 때문이다. 곧 그것이 잘못된 행동은 아닐지라도 자신의 믿음을 따라 행하지 않았다면 잘못된 것이다. "믿음을 따라 하지 아니하는 것은 다 죄니라"(23절).

:: 자유가 걸림돌이 되기도 한다

이것은 믿음이 강한 사람들이 성경적으로 옳더라도 믿음이 약한 사람들을 업신여기면서 자신들의 자유를 계속 즐겨서는 안 된다는 것을 말한다. 특별히 이 문제와 관련해 바울은 믿음이 강한 사람들이 고기를 자유롭게 먹음으로 인해 두 가지 문제가 발생한다고 15절에서 말한다.

첫째, 그들은 사랑하고 있지 않다. "피차 사랑의 빚 외에

---

12 이러므로 우리 각 사람이 자기 일을 하나님께 직고하리라 13 그런즉 우리가 다시는 서로 비판하지 말고 도리어 부딪칠 것이나 거칠 것을 형제 앞에 두지 아니하도록 주의하라

는 아무에게든지 아무 빚도 지지 말라"(13:8)는 교회 밖의 사람들만큼이나 교회 안의 사람들에게도 적용해야 한다. 다른 그리스도인들의 마음을 상하게 한다는 것을 알고서도 의도적으로 그렇게 한다면 그것은 사랑하는 것이 아니다(복음 전파나 구제처럼 하나님의 명령을 받은 것들에 대해 말하는 것이 아니라, 우리가 자유롭게 할 수 있는 것들에 대해 말하는 것이다). 다른 사람의 마음을 의도적으로 상하게 한다면 그들을 사랑하지 않는 것이다.

둘째, 하나님이 이루신 일을 망쳐 놓는다. 바울은 믿음이 강한 자가 약한 형제를 "망하게" 할 수도 있다고 말한다(15절). 망하게 한다는 것이 무슨 의미일까? 어떤 사람들은 믿음이 약한 사람들이 완전히 파멸해서 지옥에 가는 것을 의미한다고 생각하는데 그럴 가능성은 거의 없는 것 같다. 바울은 이미 로마서 8장에서 많은 부분을 할애하며 그리스도의 사랑에서 우리를 끊을 것은 아무것도 없다고 단언했다. 믿음이 강한 사람들의 둔감함 때문에 다른 그리스도인이 지옥에 갈 수 있다고 생각하기는 어렵다. 따라서 믿음이 강한 사람들에게 다른 그리스도인들의 신앙을 무너지게 할 수 있는 힘이 있다고 결론지을 수는 없을 것이다. 보다 정확한 의미는 20절에 드러나듯이 강한 자들의 둔감함이 "하나님의 사업을 무너지게" 할 수도

---

14 내가 주 예수 안에서 알고 확신하노니 무엇이든지 스스로 속된 것이 없으되 다만 속되게 여기는 그 사람에게는 속되니라

있다는 것이다. "하나님의 사업"은 모든 믿는 자들이 그리스도와 같은 충만함에 이르도록(엡 4:13), 하나님이 그들 속에서 하시는 일을 의미한다(너희 안에서 착한 일을 시작하신 이, 빌 1:6). 다시 말해 강한 이들의 둔감함 때문에 약한 이들이 그리스도의 지혜와 인격으로 성장하는 것이 지연되고 훼방 받을 수 있다는 것이다. "하나님의 사업"을 교회라고 본다면 하나님이 교회 안에 세우신 관계들을 무너지게 하고 있다는 의미이기도 하다.

만약 '술을 마시는 것은 무조건 죄다'라고 확신하는 약한 사람이 있다고 가정해 보자. 그는 다른 그리스도인이 믿음이 강한 친구들의 강요로 술을 마시는 것을 볼 때는 별 문제가 아니라고 생각한다. 동료들의 압력 때문에 그랬을 것이라고 생각하기 때문이다. 하지만 자신이 술을 마실 경우는 다르다. 그는 술이 하나님의 뜻에 어긋나는 것이 아니라고 진심으로 확신하지 못하기 때문에 양심의 가책을 받고 결국에는 죄책감을 느낄 것이다. 하지만 그러다가 자신의 죄책감을 무시하기 시작하면 진짜 죄가 되는 일도 부담 없이 할 수 있게 된다. 다음의 이야기는 실제로 있었던 일이다. 나는 예전에 여자가 화장하는 것이 죄라고 가르쳤던 교회에서 자란 어떤 여고생을 알고 지낸 적이 있다. 하지만 그녀는 다른 교회에서 자란 학교

---

15 만일 음식으로 말미암아 네 형제가 근심하게 되면 이는 네가 사랑으로 행하지 아니함이라 그리스도께서 대신하여 죽으신 형제를 네 음식으로 망하게 하지 말라

또래들의 압력으로 아침에 집을 나선 후 화장을 했고 집에 돌아가기 전에 화장을 지웠다. 성경 어디에도 화장을 금지하는 내용은 없지만, 그녀는 이 일로 양심의 가책을 받았다. 그녀는 화장에 대해 확신이 없었다. 영적으로 그녀는 하나님께 성실하기보다는 친구들의 인기를 택했다. 그 결과 그녀는 하나님의 뜻에 위배되는 성적인 문란에 훨씬 쉽게 빠져들고 말았다. 잘못 배운 그리스도인 친구들이 그녀의 원칙을 조롱하자 걸려 넘어지고 만 것이다.

:: 강한 자들이 잊고 있는 것

따라서 바울은 믿음이 강한 사람들에게 이렇게 말한다. "여러분이 믿음이 약한 형제들을 업신여기면서 자신의 자유로운 행동을 바꾸지 않는다면, 다음과 같은 사실들을 잊고 있는 것입니다."

첫 번째, "그리스도께서 대신하여 죽으신 형제"에게 상처를 주고 있다(15절). 바울은 예수님이 모든 믿는 자들을 위해 목숨을 지불하셨다고 상기시킨다. 그것은 실로 엄청난 희생이었다. 예수님이 믿음이 약한 형제와 자매를 위해 죽으셨다면 우리는 그야말로 세심하게 이들을 보살피고 이들의 생각을 존

---

16 그러므로 너희의 선한 것이 비방을 받지 않게 하라

중해야 한다. 예수님은 목숨까지 바치셨는데 우리도 자신의 자유를 조금은 제한할 수 있지 않을까? 만약 믿음이 강한 사람들이 자신이 가진 자유에 집착한다면, 비록 그 자유가 선할지라도 믿음이 약한 사람들은 그것을 "악한 것"으로 볼 것이다(16절).

　두 번째, 당신은 그리스도인의 삶에서 정말 중요한 것에 대해 잊고 있다. 하나님 나라의 백성이 된다는 것은 "먹는 것과 마시는 것이 아니다"(17절). 우리는 믿음으로 의롭게 되어서 얻게 되는 자유를 즐기기 위해 사는 것이 아니다. 도리어 "오직 성령 안에 있는 의와 평강과 희락"을 위해 산다(17절). 따라서 우리 자신과 믿음의 형제자매들을 위해 의와 평강과 희락을 가져오는 행동을 해야 할 것이다. 믿음이 강한 이들은 "산 제물"(12:1)이 되어 "하나님을 기쁘시게"(18절) 하는 삶을 구해야 한다(물론 여기서 바울은 믿음이 약한 사람들도 가르치고 있다. 물질에 대한 법들과 규정들에 집착하는 것이 하나님 나라의 핵심인 거듭난 인격과 서로에 대한 섬김을 놓치게 한다는 것을 이들은 알아야 한다).

　그러므로 믿음이 강한 사람의 행동을 이끄는 원리는 "이것으로 복음 안에서 얻은 나의 자유를 어떻게 누릴 수 있을까"가 아니라 "내 형제와 화평하고, 그를 세우고 의롭게 하는 일

---

17 하나님의 나라는 먹는 것과 마시는 것이 아니요 오직 성령 안에 있는 의와 평강과 희락이라 18 이로써 그리스도를 섬기는 자는 하나님을 기쁘시게 하며 사람에게도 칭찬을 받느니라

이 무엇일까?"(19절)가 되어야 한다. 이렇게 하여 믿음이 강한 사람들은 자신보다 약한 사람들을 그리스도 안에서 '받아 준다.' 이 말은 원래 프로스람바노(*proslambano*)로 참아 준다기보다 '환영하다'라는 뜻이 강하다. 다시 말해 누군가를 자신의 모임에 받아 주고 사랑해 준다는 의미다. 믿음이 강한 사람들은 자신들의 행동에 불만이 있는 사람들에게 더욱 냉담하게 대하는 경향이 있기 때문에 이것은 매우 중요하다. 바울은 서로의 차이 때문에 멀어지지 말고 좋은 관계를 지켜 나가라고 권한다. '받아 준다'는 것은 모든 노력을 다하는 것이다(19절). 요컨대 믿음이 강한 사람들이 믿음이 약한 사람들을 피하거나 업신여겨서는 안 되고 그들과 함께 있도록 힘써야 하는 것이다.

만일 우리 자신의 영적인 강건함만큼이나 믿음이 약한 형제들의 영적인 강건함도 중요하다면, "고기도 먹지 아니하고 포도주도 마시지 아니하고 무엇이든지 네 형제로 거리끼게 하는 일을 아니함이 아름다우니라"는 것을 깨닫게 될 것이다 (21절). 우리는 이 부분에서 항상 조심해야 한다. 걸려 넘어지게 한다는 것은 그저 약한 사람들을 당황하게 하는 것이 아니다. 때로는 기분이 언짢아진 이들이 교회에 협박을 할 수도 있다. 만약 교회 안에 믿음이 매우 약하고 온갖 의구심을 가진 이가

---

19 그러므로 우리가 화평의 일과 서로 덕을 세우는 일을 힘쓰나니 20 음식으로 말미암아 하나님의 사업을 무너지게 하지 말라 만물이 다 깨끗하되 거리낌으로 먹는 사람에게는 악한 것이라

있다면 자신들이 옳다고 여기는 기준에 어긋나는 행동을 하는 다른 그리스도인들을 보면서 계속해서 마음이 상할 수 있다. 물론 믿음이 강한 사람들이 모든 것을 삼갈 필요는 없다. 하지만 믿음이 약한 사람들이 반감을 가지거나 영적인 혼란에 빠질 위험이 분명히 있다면, 사랑하는 마음으로 삼가 주어야 한다. 찬양의 형태를 놓고도 이러한 논란에 휩싸일 수 있다. 믿음이 강한 사람은 약한 사람의 의사를 존중해 주어야 한다.

:: 그렇다면 어떻게 함께 살 수 있을까?

22-23절에서 바울은 믿음이 강한 사람과 약한 사람 사이의 문제를 다시 한 번 다룬다. 22절은 "자신이 생각하는 것을 자신에게 적용하라!"고 한다. 어떤 행위들은 충분히 논란의 여지가 있으므로 성경에서 명시적으로 금하거나 명령하지 않았을 경우에는 자신의 견해를 남들에게 밀어붙이거나 주장하지 말아야 한다. 대신 그것들을 자신에게 적용하라. 논쟁거리가 있을 때 자신의 견해를 밝히는 것조차 하지 말라는 것은 아니다! 더욱이 다른 사람을 절대로 평가해서는 안 된다고 말하지도 않는다. 예수님은 거짓 예언자들을 조심하라고 말씀하셨

---

21 고기도 먹지 아니하고 포도주도 마시지 아니하고 무엇이든지 네 형제로 거리끼게 하는 일을 아니함이 아름다우니라 22 네게 있는 믿음을 하나님 앞에서 스스로 가지고 있으라 자기가 옳다 하는 바로 자기를 정죄하지 아니하는 자는 복이 있도다

249

고(마 7:15), 사도 요한도 영들을 분별하라고 했다(요일 4:1). 바울이 말하고 싶은 것은 논란이 될지 모르는 문제에 부딪쳤을 경우에 그것을 교회 전체의 문제로 확대시키지 말고 자기 자신에게 집중하라는 것이다.

그리스도인들은 어쨌든 자신의 양심에 따라 살아야 한다. 하나님이 허락하셨는지 의심하면서도 그 행동을 한다면 그것은 믿음으로 하지 않은 것이기 때문에 죄가 된다(23절). 믿음이 약한 사람들은 양심에 가책을 받지 않도록 해야 하고, 믿음이 강한 사람들은 형제들이 그렇게 되지 않도록 주의해야 한다.

이것은 논란이 되는 영역에서 서로 심판하지 말라는 의미다. 모든 교회는 각기 다른 상황과 문화에 따라 다양한 문제들에 직면하게 될 것이다. 하지만 무엇보다 가장 우선되는 원칙은 어떤 문제가 논란의 영역에 있는지를 결정하는 것이다. 그렇게 하기 위해서는 성경을 자세히 보아야 한다. 세례와 같이 특정한 문제를 놓고 성숙한 그리스도인들 사이에 의견의 차이가 크다면 그것은 논란이 될 수 있는 문제라는 것을 인정해야 한다. 모든 문제를 논란거리로 삼으려는 사람들의 위험에 대해서도 경고할 필요가 있고, 어떤 문제도 논란이 되는 것

---

23 의심하고 먹는 자는 정죄되었나니 이는 믿음을 따라 하지 아니하였기 때문이라 믿음을 따라 하지 아니하는 것은 다 죄니라

을 피하려는 사람들의 위험도 경고할 필요가 있다.

함께 모여 논란이 되는 문제에 대해 합의했다면 바울의 충고를 따를 필요가 있다. 믿음이 약한 사람들은 성경의 기록을 살펴보고 자신의 입장을 재고하여 다른 사람들을 정죄하지 말아야 할 것이다. 오히려 나와 의견이 다른 사람들이 그 문제에서 자신들의 양심대로 할 수 있게 해주어야 한다. 마찬가지로 믿음이 강한 사람들은 성경을 살펴보고 자신의 입장을 재고해서, 특별히 믿음이 약한 사람들의 마음을 당황하게 하거나 상하게 하지 말아야 한다. 그렇게 되면 성령이 하나님 나라의 백성들에게 주시는 의와 평강과 희락을 드러낼 수 있는 공동체로 세워질 것이다. 이 공동체는 믿음이 약하든 강하든 모든 믿는 사람들을 부르시기 위해 예수 그리스도께서 죽으신 그리스도의 공동체다.

::

Part 4

하나 되어
복음을
전하라

ROMANS 8-16
FOR YOU
TIMOTHY KELLER

모든 분열을 넘어
하나 됨을 이루라

롬 15:1-33

이방인을 위하여
그리스도 예수의
일꾼이 되어

로마서의 가장 큰 주제이자 바울이 품었던 위대한 열정은 복음 안에서 하나 된 교회가 세상에 복음을 전파하는 것이다. 이것은 바울이 로마 교회에 보낸 이 편지의 결론인 15장의 중심 주제이기도 하다.

:: 그리스도를 본받아 이웃을 섬겨라

바울은 그리스도인이 지녀야 할 윤리의 보편적 원칙을 제시하면서 15장을 시작한다. "믿음이 강한 우리는 마땅히 믿음이 약한 자의 약점을 담당하고 자기를 기쁘게 하지 아니할 것이라"(1절). 경제적이든 문화적이든 사회적이든 힘을 가진 사람은 자신의 영역에서 "약한" 사람들을 돕고 세워주는 일에 자신의 힘을 사용해야 한다. 자신을 높이고 더 안락한 삶을 살기 위해 자신이 가진 것을 사용해서는 안 된다.

14장의 연장선에서 보면 이 가르침이 교회 안의 관계에 대해 말한 것 같지만 2절에서는 "이웃"이라고 하면서 그 범위를 확대시키고 있다. 우리의 형제자매는 그리스도인들이지만, 우리의 이웃은 누구든지 될 수 있다(눅 10:25-37 참조).

따라서 1절의 원리는 모든 삶의 영역에서 포괄적으로, 또한 우리가 만나는 모든 사람들에게 적용될 수 있다.

- 재정 : 재력이 있는 그리스도인들은 하나님이 가난한 사람들을 일으키고 부유하게 하라고 돈을 주셨다는 것을 생각해야 한다(예루살렘에 있는 가난한 그리스도인들을 위해 모금하는 바울의 논의를 참조할 것, 25-28절).

- 교회의 지도자들 : 교회의 지도자들은 교인들의 행복과 편안함을 위해 사역하는 것뿐 아니라 소외된 사람들과 회의론자들까지 염두에 두고 일해야 한다.

- 관계들 : 우리는 비슷한 사람들이나 유익이 될 것 같은 사람들, 또는 기분을 좋게 해주는 사람들과만 어울려서는 안 된다. 우리를 기진맥진하게 만드는 사람들과도 어울려야 한다. 그리스도인이라면 모임을 대할

---

1 믿음이 강한 우리는 마땅히 믿음이 약한 자의 약점을 담당하고 자기를 기쁘게 하지 아니할 것이라

때 "이들은 내가 만나고 싶은 사람들인가? 이 사람들과 함께 있으면 즐거울까?"가 아니라 오히려 "이 사람들을 어떻게 돕고 세워줄 수 있을까? 내가 도울 수 있는 사람이 있을까?"라고 질문해야 한다.

- 거주의 선택 : "어디에 살면 가장 편안할까?"가 아니라 "하나님과 다른 사람들에게 가장 도움이 되려면 어디에 살아야 할까?" 하고 질문해야 한다. 그래서 많은 그리스도인들이 복잡하고 낙후된 도시에 머무른다. 공동체 성장 사역은 재력이 있는 그리스도인들이 경제적으로 빈곤한 지역을 선택해 들어가 살면서 그곳을 재건하기 위해 자신의 삶을 바치는 것이다. 이러한 삶은 1절의 원칙에 근거한 것이다.

- 교회 안의 관계들 : 바울은 이러한 원칙을 14장에서 한 가지 특별한 문제에 적용했다. 교회에서 자신과 다른 견해를 가진 그리스도인들을 이기려고 해서는 안 되고 도리어 존중하면서 자신의 입장을 재고할 수 있어야 하는 것이다. 의견 차이가 지속된다면 다른 사람이 민감하게 여기는 영역에 대해서는 맞추도록 애써야 한다.

---

2 우리 각 사람이 이웃을 기쁘게 하되 선을 이루고 덕을 세우도록 할지니라

바울은 다른 서신들과 같이 로마서에서도 예수 그리스
도께서 우리의 모범이 되시고 우리에게 동기를 부여해 주신다
는 것을 상기시켜 준다. 세상의 찬양과 예배를 받으시기에 합
당한 "그리스도께서도 자기를 기쁘게 하지 아니하셨나니"(3절).
예수님은 섬김을 받기 위해서가 아니라 섬기기 위해 오셨다
(막 10:45). 바울은 그리스도의 삶과 사역을 노래한 '메시아에 관
한 시편', 곧 신약 성경에 여러 번 인용된 시편 69편을 통해 그
것을 증명한다. 시편에서 선하고 의로운 사람은 부당한 고난
과 핍박을 견뎌낸다. "비방하는 자들의 비방이 내게 미쳤나이
다"(3절).

예수님은 자원해서 하나님의 원수들에게 조롱과 고문,
죽임을 당하셨다. 우리도 같은 자세로 이웃들을 세우기 위해
자신을 희생하며 살아야 한다.

:: 성경은 소망이 자라게 한다

바울은 성경을 인용하면서 곧바로 다음과 같이 진술한
다. "무엇이든지 전에 기록된 바는 우리의 교훈을 위하여 기록

---

3 그리스도께서도 자기를 기쁘게 하지 아니하셨나니 기록된 바 주를 비방하는 자들
의 비방이 내게 미쳤나이다 함과 같으니라 4 무엇이든지 전에 기록된 바는 우리의 교
훈을 위하여 기록된 것이니 우리로 하여금 인내로 또는 성경의 위로로 소망을 가지게
함이니라

된 것이니 우리로 하여금 인내로 또는 성경의 위로로 소망을 가지게 함이니라"(4절). 여기에는 다음과 같은 의미가 내포되어 있다.

첫째, 성경은 오늘날의 상황에도 전적으로 적용될 수 있다. "전에 기록된 바는 우리의 교훈을 위하여 기록된 것이니." 성경에 보존된 모든 내용은 우리에게 무엇인가를 가르쳐 주기 위한 것이다. 바울이 "무엇이든지"라고 말한 것은 이른바 성경의 "완전영감설(plenary inspiration)"의 입장을 뒷받침하는 것이다. 하나님은 우리를 위해 성경의 전부를 지으셨다. 따라서 모든 성경에는 교훈과 적용할 것이 있다.

둘째, 그리스도는 성경의 중심이다. - 바울이 시편 69편을 인용하며 그것을 그리스도에게 적용하는 것을 보면 모든 성경이 그리스도에 관한 것임을 알게 된다. 예수님은 제자들과 엠마오로 가시면서 "모든 성경"이 당신에 관한 것이라고 말씀하셨다(눅 24:27).

셋째, 성경이 제대로 사용된다면 우리 안에 "소망"이 커지게 될 것이다. - 성경은 인내(성경은 힘든 일과 훈련을 우리에게 요구한다)와 격려(성경은 놀랍고 귀중한 약속들을 우리에게 한다)라는 두 가지 방법을 통해 우리의 소망이 자라게 한다. 성경의 명령들과 약속들에 귀 기울인다면 기뻐하며 인내하는 가운데 삶의 소망이 커질 것이다.

"너희로"(5절). 이제 논의의 초점이 교회 안의 관계로 돌아온다. 바울은 5-6절에서 믿음이 강한 사람들과 믿음이 약한 사람들이 로마서 14장과 15장 1-3절의 가르침대로 하나가 되기를 기도하고 있다. 이러한 하나 됨은 본질적으로 초자연적인 선물이다. 하나 됨의 정신은 어떤 방법을 통해 만들어 내는 것이 아니라 하나님이 주시는 것이다. 그리고 이것은 그리스도를 함께 따를 때 주어진다. "그리스도 예수를 본받아 서로 뜻이 같게" 되었을 때 하나님이 우리에게 주시는 것이다(5절). 이렇게 진정한 하나 됨은 우리가 그것을 직접 구할 때는 이루어지지 않는다. 도리어 예수를 본받아 살고자 할 때 그 결과물로 주어진다. 수동적인 그리스도인들은 이 하나 됨을 경험하기 어려울 것이다. 성장과 섬김을 가장 중요하게 생각하고 그리스도를 열심히 본받으려는 사람들만이 깊은 하나 됨을 경험할 수 있다.

그리고 이 하나 됨은 우리가 함께 드리는 예배를 통해 표현되고 확장된다. "한 마음과 한 입으로 하나님… 아버지께 영광을 돌리게 하려 하노라"(6절). "입"이라고 한 것을 보면 공동

---

5 이제 인내와 위로의 하나님이 너희로 그리스도 예수를 본받아 서로 뜻이 같게 하여 주사 6 한마음과 한 입으로 하나님 곧 우리 주 예수 그리스도의 아버지께 영광을 돌리게 하려 하노라

예배를 의미하는 것 같다. 우리가 함께 찬양하고 기도하지 않는다면 "한 입"으로 하나님께 영광 돌릴 방법이 없다! "하려 하노라"는 우리가 함께 예배드릴 수 있도록 하기 위해 하나님이 영적인 하나 됨을 주신다는 것을 보여 준다. 이처럼 함께 예배드리고자 할 때 우리는 더욱 하나가 될 것이다.

7절에서 그리스도 안에서 우리가 의롭게 된 것에 우리의 하나 됨의 근거가 있다고 바울은 덧붙여 말한다. "그리스도께서 우리를 받아 하나님께 영광을 돌리심과 같이 너희도 서로 받으라"(7절). 그리스도께 받아들여지기 위해 사는 것이 아니라 이미 받아주신 것을 깨달아 그렇게 살아갈 때 우리도 다른 사람들을 받아 줄 수 있다. 왜 그런가?

첫째, 자신의 인격이나 행동을 통해 하나님의 총애를 얻고 유지해야 한다고 믿는 율법주의자들은 계속해서 자신들을 의롭게 하려고 하기 때문이다. 이들의 내면은 하나님의 완전한 기준에 도달할 사람이 없다는 것을 알기에 늘 불안에 짓눌려 있다! 자신의 힘으로 구원을 얻고 싶은 사람들은 하나님의 사랑을 더 얻어내야 한다는 압박감 때문에 양심의 소리에 귀기울이지 않고 오히려 다른 사람들과 자신을 비교하며 그들의 잘못을 찾아내려고 한다. 이들은 올바른 사람이라는 확신을

---

7 그러므로 그리스도께서 우리를 받아 하나님께 영광을 돌리심과 같이 너희도 서로 받으라

얻기 위해 필사적으로 애쓴다. 그 결과 깊은 불안감에 시달리고 다른 사람들을 비난하거나 그들과 다투기 쉽다.

둘째, 율법주의자로 살아간다면 다른 사람들에게 어떻게 하면 자신을 의롭게 할 수 있는지 알려 주고 싶은 마음이 생기게 된다! 이들은 자신들의 율법주의를 다른 사람들에게 짐 지우면서 자신들과 같은 길을 가야 구원 받을 수 있다고 주장한다.

이처럼 복음을 깨닫지 못한 사람들에게는 서로 견해와 행동이 다르다는 것이 극복할 수 없는 큰 문제로 보인다. 하지만 우리의 불완전과 약점에도 불구하고 하나님이 받아 주셨다는 복음을 깨닫는다면, 다른 사람들이 불완전하고 약점이 있다 하더라도 받아줄 수 있을 것이다. 사실 우리가 복음을 얼마만큼 이해하고 있는지는 다른 사람들의 부족함에도 불구하고 우리가 얼마만큼 그들을 사랑하는지 보면 알 수 있다. 우리는 항상 나와 다른 사람들을 보며 이렇게 되물어야 할 것이다. "하나님이 그리스도를 통해 내 죄를 눈감아 주셨다면 나 또한 이 사람에게 그렇게 해야 하지 않겠는가? 내가 하나님보다 더 의롭다는 말인가?"(물론 받아 준다는 것이 그들의 죄와 맞서지 않는다는

---

8 내가 말하노니 그리스도께서 하나님의 진실하심을 위하여 할례의 추종자가 되셨으니 이는 조상들에게 주신 약속들을 견고하게 하시고 9 이방인들도 그 긍휼하심으로 말미암아 하나님께 영광을 돌리게 하려 하심이라 기록된 바 그러므로 내가 열방 중에서 주께 감사하고 주의 이름을 찬송하리로다 함과 같으니라

의미는 아니다. 우리는 로마서 12장 9절을 기억할 필요가 있다.)

:: 모든 사람의 종이 되신 그리스도

다시 한 번 바울은 그리스도께서 이러한 섬김의 모범이
되신다고 강조한다. 이번에는 예수님의 두 가지 섬김의 사명
에 초점을 맞춘다. 첫째, 그분은 "하나님께서 그들의 조상들에
게 약속하신 것을 이루시기 위해 유대인들의 종이 되셨습니
다"(8절, NIV성경). 그분은 아브라함의 자손들에게 복을 베푸셨
고, 야곱에게 주어진 약속을 이루셔서 유대인들에게 구원의
길을 열어 주셨다(창 12:1-3, 28:10-17). 둘째, "이방인들도 그 긍
휼하심으로 말미암아 하나님께 영광을 돌리게 하려" 친히 종
이 되셨다(9절). 하나님은 유대인과 이방인 모두를 받으셨고,
예수님은 복음을 통해 "원수된 것 곧 중간에 막힌 담"을 무너
뜨리셨다(엡 2:14). 따라서 유대인과 이방인, 믿음이 강한 사람
과 믿음이 약한 사람, 그리고 부유한 사람과 가난한 사람 모두
교회 안에서 다른 사람들과 어떻게 관계 맺고 있는지 복음 안
에서 자신을 돌아보아야 한다.

사실 하나님은 유대인과 모든 이방 민족들이 당신의 백
성이 되기를 늘 원하셨다. 바울은 이것을 로마서 15장 9-12절

---

10 또 이르되 열방들아 주의 백성과 함께 즐거워하라 하였으며

에서 네 가지 구약 성경의 말씀을 인용하면서 밝히고 있다. 그 과정은 점차 고조되어 간다. 첫째, 하나님의 이름이 이방인들 사이에서 당신의 백성에 의해 찬양받는다(9절). 둘째, 이방인들이 "주의 백성과 함께" 찬양하도록 초청받는다(10절). 셋째, 그래서 "모든 백성들(유대인과 이방인)"이 하나님을 찬양하게 된다 (11절). 넷째, 이 모든 일은 "이새의 뿌리"(이새의 아들 다윗왕의 후손으로 위대한 통치자이신 예수님)에 의해 성취될 것이다. 왜냐하면 열방들은 그의 다스리심을 받고 그에게 소망을 둘 것이기 때문이다(12절). 하나님은 당신의 백성들이 "하나님은 찬양받기에 합당하신 분이시다"라고 선포해서, 열방들이 모두 예수님의 통치를 받게 되기를 늘 원하셨다. 더글러스 무는 이렇게 강조한다.

> 바울은 구약 성경의 모든 부분, 곧 역사서(9절과 11절), 율법서(10절), 그리고 예언서(12절)를 인용해서, 하나님이 이방인들도 유대인들과 함께 당신을 찬양하게 되는 것을 늘 원하셨다는 것을 보여 준다.[1]

하나님은 모든 분열과 불일치를 넘어 복음 안에서 하나

---

11 또 모든 열방들아 주를 찬양하며 모든 백성들아 그를 찬송하라 하였으며 12 또 이사야가 이르되 이새의 뿌리 곧 열방을 다스리기 위하여 일어나시는 이가 있으리니 열방이 그에게 소망을 두리라 하였느니라

됨을 이루기 위해 늘 일하신다. 로마 교회의 그리스도인들이 -
유대인과 이방인, 믿음이 강한 사람들과 믿음이 약한 사람들,
부유한 사람들과 가난한 사람들 등 - 함께 만나 이새의 뿌리
인 예수 그리스도를 찬양할 때 "그리스도 예수를 본받아 서로
뜻이 같게"(5절) 되고, 하나님의 계획을 구현해서 그분께 영광
을 드리게 된다(6절). 다시 한 번 말하지만, 하나님만이 이러한
하나 됨을 이루실 수 있다. 그래서 바울은 성령을 통해 그것을
이루어 주시길 기도한다(13절).

:: 사도의 권위로 격려하다

바울은 어떤 면에서 자신이 지나치게 강조해서 말했다는
것을 알기에(15절), 로마 교회의 하나 됨을 위해 기도하고 호소
한 다음에 사도로서 가르칠 수 있는 권위가 자신에게 있음을
상기시켜 준다. 비록 로마의 그리스도인들을 만나 보지는 못
했지만, 그들이 "스스로 선함이 가득하고 모든 지식이 차서 능
히 서로 권하는 자임을 확신"했다(14절). 바울은 그들이 함께
자신의 편지 속에 담긴 복음의 깊은 의미들을 더욱 잘 깨닫게
될 것을 확신했다. 바울은 자기 스스로 원해서 된 것이 아니라

---

13 소망의 하나님이 모든 기쁨과 평강을 믿음 안에서 너희에게 충만하게 하사 성령의
능력으로 소망이 넘치게 하시기를 원하노라 14 내 형제들아 너희가 스스로 선함이 가
득하고 모든 지식이 차서 능히 서로 권하는 자임을 나도 확신하노라

"하나님께서 내게 주신 은혜로 말미암아"(15절) "이방인을 위하여 그리스도 예수의 일꾼"으로(16절) 세워졌기 때문에 로마 교회가 복음 안에서 성장해 가야 한다고 말한다. 그는 "사도로 부르심을" 받았다(1:1). 바울의 말은 흔한 충고가 아니다. 그 속에는 예수님의 권위가 깃들어 있다. 바울의 편지를 읽으며 격려와 도전을 함께 받는 로마의 그리스도인들과 21세기의 그리스도인들은 하나님이 바울에게 주신 권위를 인정하고 바울이 로마서에서 펼쳐 보이는 복음의 깊은 의미를 한 마음이 되어 겸손함과 기쁨으로 깨달아야 할 것이다.

:: 복음을 나누고자 하는 바울의 열정

기독교는 선교를 지향한다. 곧 복음의 메시지를 나누고자 하는 열망이 내재되어 있다. 바울은 교회의 역사에서 가장 위대한 선교사였다. 15장 16-23절에 나오는 바울의 복음 전도 사역을 보면서 우리는 많은 것을 배우게 된다.

첫 번째, 복음 전도에 대한 바울의 동기를 알게 된다. 그에게 복음 전파는 단지 의무가 아니라 열정이었다. 그는 자신

---

15 그러나 내가 너희로 다시 생각나게 하려고 하나님께서 내게 주신 은혜로 말미암아 더욱 담대히 대략 너희에게 썼노니 16 이 은혜는 곧 나로 이방인을 위하여 그리스도 예수의 일꾼이 되어 하나님의 복음의 제사장 직분을 하게 하사 이방인을 제물로 드리는 것이 성령 안에서 거룩하게 되어 받으실 만하게 하려 하심이라

의 일을 "이방인을 위하여… 하나님의 복음"(16절)을 선포하는 것이라며 "내가… 자랑하는 것이"(17절) 있다고 한다. 왜 그런가? 바울에게 있어서 복음 전도는 제사장의 직분이었다. "하나님의 복음의 제사장 직분을 하게 하사 이방인을 제물로 드리는 것이 성령 안에서 거룩하게 되어 받으실 만하게 하려 하심이라"(16절). 12장 1절에서 살펴보았듯이 구약 성경에서 제사장들의 직무는 기본적으로 두 가지 제사 혹은 제물을 하나님께 바치는 것이었다. 곧 하나님께 용서를 구하며 속죄의 의미로 드리는 "속죄 제물", 그리고 감사함으로 섬기며 하나님께 영광을 돌리겠다는 의미의 "번제 제물"과 "감사 제물"이 그것이다. 제사장의 직무는 개인이나 공동체 전체를 대신해서 이러한 제사들을 드리는 것이었다. 그런데 신약 성경은 예수님이 최종적이고 완전한 속죄 제물이 되셨다고 말한다. 따라서 우리도 그리스도의 대속하심에 감사해서 자신을 "산 제물"로 하나님께 바쳐야 한다(12:1).

여기서 바울은 이방인 그리스도인들이야말로 하나님께 바치는 자신의 제물이라고 말한다! 그는 복음 전도를 하나님께 감사하고 찬양하는 하나의 방법으로 생각한다. 로마서 12장 1절에서 "예수님께서 너에게 주신 것에 비추어서 너희 자신을 온전히 하나님께 드려라"고 권면했던 바울이 자신

---

17 그러므로 내가 그리스도 예수 안에서 하나님의 일에 대하여 자랑하는 것이 있거니와

의 복음 전도를 예수님께서 자신에게 베푸신 것에 대한 보답으로 하나님께 바치는 제물이라고 표현한 것이다. 마찬가지로 우리의 복음 전도도 그리스도께 우리 자신을 제물로 바치는 것이다. 복음의 증인이 된다는 것은 그리스도인의 삶에서 중심이 되는 것이지 부차적인 것이 아니다.

두 번째, 바울은 자신이 수고하는 목적이 무엇인지 말해 준다. 그에게 중요한 것은 "그리스도께서 이방인들을 순종하게 하기 위하여 나를 통하여 역사하신 것 외에는" 없다(18절). 1장 5절에서는 자신이 이방인들을 "믿어 순종하게" 한다고 했다. 이러한 순종은 하나님의 의의 선물인 복음을 받아들인 결과로 생기게 된다. 그런데 바울이 복음을 전하는 목적은 단지 기독교로 개종시키는 것이 아니라 완전히 새로운 삶을 살게 하는 것이다. 그는 그들이 하나님께 순종하는 거룩한 사람들이 되기를 원했다. 다시 말해 우리가 복음을 전하는 목적이 집회에서 하나님께 헌신하겠다고 약속하는 것이나 응답받기 위해 기도하는 차원에 머물러서는 안 되고 그리스도의 제자가 되게 하는 것이어야 한다는 것이다(마 28:19-20). 복음 전도의 목적은 삶이 완전히 새로워지는 것이다. 스스로 자기 삶의 주인이 되는 것을 포기하고 기쁘게 주님의 종이 되기 전까지는

---

18 그리스도께서 이방인들을 순종하게 하기 위하여 나를 통하여 역사하신 것 외에는 내가 감히 말하지 아니하노라 그 일은 말과 행위로

복음을 온전히 받아들인 것이 아니다.

세 번째, 바울은 복음 전도가 그의 삶에서 얼마나 중요한지 보여 준다. "그리스도께서 이방인들을 순종하게 하기 위하여 나를 통하여 역사하신 것 외에는 내가 감히 말하지 아니하노라"(18절). 이것은 매우 강한 어조의 말이다! 교회사에서 가장 위대한 신학자였던 바울은 많은 것들을 이루었다. 하지만 그가 자랑스러워하는 것은 신학자로서 이룬 업적들이 아니다(17절). 자신의 사역을 통해 사람들이 죽음에서 생명으로 옮겨 가는 것을 볼 때 그는 자신이 살아 있음을 느꼈다.

그렇다면 우리도 모두 이렇게 바울처럼 느껴야 하는 것일까? 위에서 언급한 바울의 동기와 목적은 모든 그리스도인들이 추구할 만한 가치가 있다. 하지만 바울은 우리와 달리 복음 전도에 특별한 은사를 받았고, 특별히 이방인들의 사도로 부름 받았다. 따라서 자신의 삶에서 복음 전도만큼 중요하고 만족스러운 일은 없다고 말한 것은 그가 특별히 교회 개척을 위한 복음 전도자로서 부름 받았다는 사실을 반영한다고 볼 수 있다. 그럼에도 교회는 바울을 보면서 복음 전도의 엄청난 중요성을 인식해야 한다. 물론 개인적으로 도전받는 사람들도 있을 것이다. 비록 바울이 가졌던 소명이나 은사들은 없지만, "모든 민족을 제자로 삼아"(마 28:19) 우리 "속에 있는 소망에 관한 이유를 묻는 자에게는 대답할 것을 항상 준비하되"(벧전 3:15), 자신에게 주어진 기회를 최대한 이용하는 그리스도인들이 되기를 다짐했으면 좋겠다(골 4:5). 복음 전도가 바울처럼 우리 삶과 사역의 모든 것은 아닐지라도 중요한 우선순위가 되어야 할 것이다.

　다음으로 바울은 복음 전도의 수단들에 관해 언급한다. 그는 "말과 행위로" 사람들을 얻었다고 한다(18절). 글자 그대로 "말과 행위로"다. 이것은 바울이 말로만 복음을 전한 것이 아니라 자신의 삶과 행동으로 전했다는 의미다. 이어 "표징과 이적의 능력으로"라고 하면서 자신이 한 몇 가지 행동에 관해 언급한다(19절). 그렇다고 바울이 눈으로 볼 수 있는 행위로 하는 복음 전도만 했다고 오해하면 곤란하다. 앞으로 보겠지만 바울은 가난한 사람들을 돌보라고 교회에 권고했고 데살로니가전서에서는 자신을 통해 그리스도를 믿게 된 사람들에게 다음과 같이 말했다. "우리가 너희 가운데서 너희를 위하여 어떤 사람이 된 것은 너희가 아는 바와 같으니라… 우리는 그리스도의 사도로서 마땅히 권위를 주장할 수 있으나 도리어 너희 가운데서 유순한 자가 되어 유모가 자기 자녀를 기름과 같이 하였으니 우리가 이같이 너희를 사모하여 하나님의 복음뿐 아니라 우리의 목숨까지도 너희에게 주기를 기뻐함은 너희가 우리의 사랑하는 자 됨이라… 우리가 너희 믿는 자들을 향하여

---

19 표적과 기사의 능력으로 성령의 능력으로 이루어졌으며 그리하여 내가 예루살렘으로부터 두루 행하여 일루리곤까지 그리스도의 복음을 편만하게 전하였노라

어떻게 거룩하고 옳고 흠 없이 행하였는지에 대하여 너희가 증인이요 하나님도 그러하시도다"(살전 1:5, 2:7-8, 2:10).

다시 말해 바울은 자신의 삶으로 복음을 전했다. 우리는 사람들에게 입으로만 말하는 것이 아니라 우리의 몸가짐과 관계들을 통해 구체적으로 복음을 보여 주어야 한다. 어떤 의미에서는 대담하게 사람들을 초대해 우리의 모습을 들여다보게 하고 복음으로 인해 삶이 어떻게 새로워지는지 알게 해야 한다.

19절에서 바울은 '표징과 이적의 능력'에 대해 말한다. 지금도 이적은 일어날 수 있지만 바울의 사역 중에 일어난 이적들은 사도인 그에게 한정된 것이었다. 그것은 예수님께서 베푸신 이적들을 우리도 행하기를 기대하거나 요구해서는 안 되는 것과 같다. 사실 이것은 별개의 큰 주제이지만 로마서 15장에서 바울이 집중하는 것은 아니기에 여기서는 18-19절에 대한 존 스토트의 설명을 인용하는 것으로 대신하겠다.

이러한 언어와 행위, 곧 말로 소리 내는 것과 보이게 행하는 것의 결합은 인간이 종종 귀로 듣는 것보다는 눈으로 보는 것을 통해 더 많은 것을 배운다는 사실을 인식하게 한다. 언어는 행위를 설명하지만 행위는 언어를 생생하게 보여 준다. 예수님의 공생애는 이것을 가장 잘 보여 주신 것인데, 예수님은 승천하신 후에도 사도들을 통해 계속해서 행하시고 가르치신다(행 1:1). 그렇다고 '행위'가

271

이적만을 의미한다고 단정 지어서는 안 된다. 예수님이 보여 주신 가장 큰 도움들 가운데 하나는 아이들을 안아 주신 것이었고, 초대교회의 경우는 공동생활을 하며 가난한 사람들을 돌봐주는 것이었다. …자신의 사역과 관련해서 바울이 능력과 표징, 이적이라는 세 가지 말을 사용한 다른 곳은 고린도후서 12장 12절밖에 없는데, 이것들이 사도의 표시라고 했다. …하나님이 오늘날에도 이적을 행하실 수 있다는 것을 부정하는 것은 아니다. …오히려 이것들의 주된 목적이 오직 하나뿐인 사도들의 사역이 믿을 만한 것임을 인정하는 데 있다는 것을 말하는 것이다(히 2:4 참조)[2]

:: 복음 전도를 위한 바울의 전략

마지막으로 바울은 복음 전도를 위한 자신의 전략을 펼쳐 보인다. 첫째, 그것은 개척이다. "또 내가 그리스도의 이름을 부르는 곳에는 복음을 전하지 않기로 힘썼노니 이는 남의 터 위에 건축하지 아니하려 함이라"(20절). 그는 그리스도에 대해 한 번도 들어본 적이 없는 사람들에게 가서 복음의 증인이 되고자 했다(21절). 이러한 사실로 미루어 보아 초대교회에서도 많은 전도자들이 다른 사람에 의해 이미 복음을 받아들이고 제자가 된 사람들을 성장시키는 일이나, 혹은 이미 복음은 들어보았지만 받아들이지는 않은 사람들에게 가서 일하는 것을 선호했다는 것을 알게 된다. 바울은 복음에 대해 전혀 들어보지 못한 사람들에게 가서 전하고자 하는 열정이 있었다. 그는 복음에서 가장 멀리 떨어져 있는 사람들, 곧 '가장 단단한 땅'에서 쟁기질하기를 원했다. 바로 이러한 이유로 로마 교회를 방문하려던 그의 계획은 번번이 좌절되었다(22절). 왜냐하면 로마 교회는 다른 사람에 의해 이미 세워져 있었고, 바울은 개척하는 사람이었기 때문이다.

둘째, 그의 전략은 도시에 집중하는 것이었다. "내가 예루살렘으로부터 두루 행하여 일루리곤(지금의 발칸 반도)까지 그리스도의 복음을 편만하게 전하였노라"(19절). 따라서 "이제 이 지방에 전할 곳이 없고"(23절)라고 바울은 말한다. 이 말에는 약간의 과장이 있다. "내가 그리스도를 전하는 일을 완수했다"고 말하는 것처럼 들리기 때문이다. 자신이 전하는 복음을 들어 본 적이 없는 수만 명의 사람들이 소도시들과 촌락들에 분명히 있는데 어떻게 이런 말을 할 수 있었을까? 그 해답은 바울의 선교 전략이 주로 도시에 집중되어 있었다는 데서 찾을 수 있다. 그는 소도시들과 촌락들을 지나치는 대신 영향력 있

20 또 내가 그리스도의 이름을 부르는 곳에는 복음을 전하지 않기를 힘썼노니 이는 남의 터 위에 건축하지 아니하려 함이라 21 기록된 바 주의 소식을 받지 못한 자들이 볼 것이요 듣지 못한 자들이 깨달으리라 함과 같으니라

는 대도시에 들어가서 자생적인 가정교회 운동이 일어날 때까지 그곳에서 복음을 전했다. 그러면 그가 개척한 도시의 가정교회들이 주변의 온 지역으로 복음을 전했다. 그래서 바울은 주요 도시들을 선교의 전략적인 요충지로 생각했다. 한 지역의 가장 큰 도시에 교회를 개척했다면 그 지역에서는 자신의 일을 다 한 것이다. 이와 관련해 존 스토트의 부연 설명을 들어 보자.

> 물론 바울은 오늘날 우리가 말하듯이 복음을 온 지역에 완전히 스며들게 하지는 않았다. 그의 전략은 인구가 많고 영향력이 큰 도시에 복음을 전해서 그곳에 교회를 개척하고, 주변 지역에 복음을 전하는 일은 그곳의 그리스도인들에게 맡기는 식이었다.[3]

다시 한 번 말하지만 우리는 바울처럼 도시 교회의 개척자들은 아니다. 하지만 바울의 모습을 보면서 오늘날의 교회들은 도시에 복음을 전하는 일의 중요성을 인식하고 적극적인 참여와 재정적 지원, 그리고 기도를 통해 자신들의 역할을 제

---

22 그러므로 또한 내가 너희에게 가려 하던 것이 여러 번 막혔더니 23 이제는 이 지방에 일할 곳이 없고 또 여러 해 전부터 언제든지 서바나로 갈 때에 너희에게 가기를 바라고 있었으니 24 이는 지나가는 길에 너희를 보고 먼저 너희와 사귐으로 얼마간 기쁨을 가진 후에 너희가 그리로 보내주기를 바람이라

대로 하고 있는지 돌아보아야 할 것이다.

:: 가난한 사람들을 돕다

이제 바울은 재정적인 후원의 문제로 주제를 옮겨 간다. 지금까지는 사람들의 영적인 필요, 곧 복음 전도에 초점을 맞추었다면 이제는 사람들의 사회적인 필요에 대해 주목하기 시작한다. 바울은 아직 전도자들의 발길이 닿지 않은 스페인에서 복음을 전하기를 소망했는데, 로마를 경유해서 가려고 했다(24절). 하지만 먼저 예루살렘 교회의 '사회적 필요'에 대해 관심을 가졌다. 바울은 다른 교회들이 예루살렘 교회의 가난한 성도들을 위해 마련한 구제금을 전달하기 위해 예루살렘으로 가는 길이었다(25-26절). 위대한 복음 전도자인 바울이 자신의 전도 계획을 수정할 만큼 이 일은 그에게 중요한 것이었다.

예루살렘에 사는 성도들이 왜 가난해졌는지에 대해서는 설명하지 않는다. 사도행전에 의하면 그 무렵 기근이 발생했다고 하는데(행 11:27-28), 다른 이유가 있었는지도 모르겠다. 바울은 빈곤의 상황을 설명함으로써 로마의 그리스도인들이 구

---

25 그러나 이제는 내가 성도를 섬기는 일로 예루살렘에 가노니 26 이는 마게도냐와 아가야 사람들이 예루살렘 성도 중 가난한 자들을 위하여 기쁘게 얼마를 연보하였음이라 27 저희가 기뻐서 하였거니와 또한 저희는 그들에게 빚진 자니 만일 이방인들이 그들의 영적인 것을 나눠 가졌으면 육적인 것으로 그들을 섬기는 것이 마땅하니라

제금을 마련하도록 동기를 부여하지는 않는다. 그 대신 아가야와 마케도니아의 그리스도인들이 가난한 사람들을 위한 구제금을 기쁜 마음으로 모았다고만 전한다(26절). 그러고 나서 이렇게 말한다. "저희는 그들에게 빚진 자니"(27절). 이 말은 가난한 사람들을 돕는 것이 할 수 있으면 하는 선택 사항이 아니라는 의미다. 그것은 우리의 의무이자 갚아야 할 빚이다.

하지만 결정적으로 중요한 것은 그리스도인들이 기쁜 마음으로 이러한 나눔의 의무를 다해야 한다는 것이다(27절). 베푸는 사람에게서 나누려는 마음이 우러나와야 하고, 나눔을 통해 자신도 기쁨과 충만함을 누려야 한다. 다시 말해 가난한 사람들을 돕는 것은 꼭 해야 할 일이지만 단지 의무감 때문에 해서는 안 되고 우리 속에 돕고 싶은 마음이 차고 넘쳐야 한다는 것이다.

하지만 가난한 사람들을 위해 우리 자신을 쏟아 부을 만큼 우리 마음을 기쁘게 하는 것은 무엇인가? 바울은 이방인 그리스도인들이 가난한 유대인 그리스도인들에게 빚을 지고 있다고 말한다. 은혜의 복음이 구약 성경과 유대인들을 통해 이방인들에게 왔기 때문이다. "만일 이방인들이 그들의 영적인 것을 나눠 가졌으면 육적인 것으로 그들을 섬기는 것이 마땅

---

28 그러므로 내가 이 일을 마치고 이 열매를 그들에게 확증한 후에 너희에게 들렀다가 서바나로 가리라

하나라"(27절).

우리는 이것을 일종의 '민족적 보상'으로 착각하지 않도록 주의해야 한다. 모든 이방인들이 모든 유대인들에게 민족적 차원에서 빚지고 있다는 것이 아니다. 오히려 이방인들은 복음을 통해 '영적인 복들'을 받았기 때문에 가난한 유대인 그리스도인들을 잘 도와주어야 한다는 의미다. 따라서 이방인들이 이들을 돕는 데 특별히 관심을 가져야 하는 이유는 민족이 아니라 은혜 때문이다. 바울이 고린도교회에 예루살렘의 가난한 그리스도인들을 위해 구제금을 마련할 것을 호소하는 고린도후서 8-9장에서도 이것은 분명하게 드러난다. 바울은 고린도교회의 그리스도인들이 그리스도에게 빚을 졌기 때문에 가난한 사람들에게도 빚진 것이라는 사실을 상기시켜 준다. 그리스도께서 자신들에게 베푸신 것을 알기 때문에 이들도 베풀 것이다. 더욱이 하나님이 계속해서 베풀 수 있도록 넉넉하게 채워 주실 것이다(고후 8:9, 9:7-8).

로마서 15장에서 바울은 그리스도께서 베푸신 모든 것에 대한 감사의 표시로 그리스도인들이 아끼지 않고 도와주는 것처럼 유대인들에 대한 감사의 표시로 이방인들도 그렇게 해야 한다고 말한다. 바울은 우리의 돈을 "하나님의 모든 자비하심

---

29 내가 너희에게 나아갈 때에 그리스도의 충만한 복을 가지고 갈 줄을 아노라

으로"(12:1) 사용해야 한다고 말한다. 하나님을 기쁘시게 하는 제물처럼 쓰라는 것이다. 우리의 은행 계좌 입출금내역서는 하나님의 은혜로 우리의 마음이 참으로 새롭게 되었는지 보여 주는 가장 큰 증거이다.

:: 기도로 싸움에 동참하라

바울은 구제금을 예루살렘 교회에 확실히 전달한 다음에 스페인으로 가는 길에 서로 복을 나누기 위해 로마에 들를 것이라고 말한다(28-29절; 1:11-12 참조).

그리고 그때까지 자신을 위해 기도해 달라고 로마 교회에 요청한다. 자신의 싸움에 기도로 동참해 달라는 것이다(30절). 특별히 대적하는 사람들로부터의 안전과 성공적인 구제금 전달, 그리고 로마 교회를 방문해 열매를 거두려는 계획을 위해 기도해 주기를 원한다(31-32절).

33절에서 바울은 로마 교회의 그리스도인들을 위해서도 기도로 싸움에 동참하고 있다. 14-15장에서 보았듯이 로마 교회는 서로 화평하고 하나되는 데 어려움을 겪고 있었다. 그래서 바울은 이들을 위해 기도함으로 그 싸움에 동참하고 있

---

30 형제들아 내가 우리 주 예수 그리스도와 성령의 사랑으로 말미암아 너희를 권하노니 너희 기도에 나와 힘을 같이하여 나를 위하여 하나님께 빌어 31 나로 유대에서 순종하지 아니하는 자들로부터 건짐을 받게 하고 또 예루살렘에 대하여 내가 섬기는 일을 성도들이 받을 만하게 하고

다. "평강의 하나님께서 너희 모든 사람과 함께 계실지어다 아멘"(33절).

그리스도인들은 힘든 문제로 싸우고 있는 형제와 자매들을 기도로 도울 수 있다. 그리스도인들은 한 번도 만난 적이 없는 사람들을 위해 기도함으로 그들의 문제에 함께할 수 있다. 우리는 자신들의 삶을 희생하고 있는 사람들을 위해 기도함으로 우리의 시간을 희생할 수 있다. 선교 현장에 있지는 않지만 기도함으로 늘 선교에 참여할 수 있다.

우리는 기도로 그리스도인 동역자들을 도울 수 있다. 위대한 종교개혁의 설교자이자 신학자였던 장 칼뱅은 다음과 같이 말했다.

경건한 사람들은 자신의 형제를 위해 기도해야 한다. … 마치 자신이 그 형제가 되어 같은 어려움에 처한 것처럼 말이다.[4]

---

32 나로 하나님의 뜻을 따라 기쁨으로 너희에게 나아가 너희와 함께 편히 쉬게 하라
33 평강의 하나님께서 너희 모든 사람과 함께 계실지어다 아멘

●

하나님께 영광이 있을지어다

롬 16:1-27

●

주 예수의 은혜가
너희에게
있을지어다

　　이제 편지를 거의 마무리하면서 바울은 개별적인 인사를 한다. 로마에 있는 지인들에게 소식을 전하고(1-16절), 마지막 교훈을 당부한 다음(17-20절), 동역자들의 안부를 전해 주고(21-23절), 마지막으로 하나님을 찬양한다(25-27절).

　　16장에 나오는 사람들의 삶에 관해서는 자세히 알려진 바가 거의 없다. 따라서 16장에 나오는 단편적인 정보로 이들에 대해 너무 자세히 알려는 것은 지혜롭지 않다. 그럼에도 여기 나오는 이름들은 바울이 실존 인물이었고 실제로 생존했던 사람들에게 편지를 썼다는 사실을 알게 해준다. 또한 우리에게 초대교회의 삶을 들여다 볼 수 있는 작지만 귀중한 창문을 열어 준다.

먼저 바울은 뵈뵈에 대해 언급한다(1절). 뵈뵈는 어떤 사람일까? 첫째, 바울은 그녀를 추천하는데 아마도 자신의 편지를 로마 교회에 전한 사람이기 때문일 것이다. 바울이 자신의 자매이자 일꾼으로 추천하는 것으로 봐서 뵈뵈가 교회에 중요하고 유익한 역할을 했다는 것을 알 수 있다. 그녀는 어떤 성과를 거두었는가? "그가 여러 사람과 나의 보호자가 되었음이라"(2절). 여기서 "보호자"는 헬라어 프로스타티스(*prostatis*)를 번역한 것인데 이 말은 '후원자'라는 의미다. 따라서 그녀가 자신의 재능과 재력으로 교회를 지원하고 많은 사람들을 도왔던 사업가이거나 자산가였을 가능성이 매우 높다. 그녀는 틀림없이 다른 사업 관계로 로마를 여행했을 것이다.

둘째, 뵈뵈는 "일꾼"으로 불리는데, NIV 성경은 "여성 집사"라고 설명한다. 왜냐하면 이 말이 헬라어로는 디아코노스(*diakonos*)이기 때문이다. 신약 성경에서 이것은 두 가지로 번역될 수 있다. 어떤 경우에는 가장 넓은 의미에서 '사역'이나 '봉사'를 의미한다. 가장 변변찮은 섬김부터 베드로와 바울 같은 사도직까지 예수님의 이름으로 이루어지는 어떤 봉사도 디아코노스(*diakonos*)로 불릴 수 있다. 뵈뵈가 어떤 사역을 했는지는

---

1 내가 겐그레아 교회의 일꾼으로 있는 우리 자매 뵈뵈를 너희에게 추천하노니 2 너희는 주 안에서 성도들의 합당한 예절로 그를 영접하고 무엇이든지 그에게 소용되는 바를 도와 줄지니 이는 그가 여러 사람과 나의 보호자가 되었음이라

모르겠지만 어쨌든 그녀는 섬겼고 일꾼으로 불렸다.

그렇지만 다른 경우에는 이 말이 교회 안의 특별한 직분인 "집사"를 나타내었다(빌 1:1, 딤전 3:8,12). 집사들은 장로들과 더불어 주로 사람들의 물질적이고 육체적인 필요들을 채워 주는 일을 했다. 곧 경제적으로 곤궁한 사람들이나 육체적으로 쇠약한 사람들을 돌보고 위로했다(행 6:1-7 참조). 바울이 이 두 가지 중 어떤 의미로 사용했는지 알 수는 없다. 어쨌든 뵈뵈는 교회 안에서 섬김으로 인정받는 탁월한 여성이었다.

:: 교회의 다양한 구성원들

로마서 16장 1-16절에 나오는 26명이 어떤 사람들인지 모두 알지는 못하지만, 로마 교회가 다양한 사람들로 이루어졌다는 사실은 분명히 알 수 있다.

- 민족 : 유대인 그리스도인들 [브리스가와 아굴라(3절), 그리고 바울의 친척들(7절,11절)] 및 이방인 그리스도인들이 있다.
- 계급 : "아리스도불로"(10절)와 "나깃수"(11절)는 왕족이거나 고위직이었을 것이다. 두 사람 모두 "권속" 혹은 사유지의 수장으로 불린다.
- 성 : 26명 가운데 여성은 8-9명이다. 바울은 그 가운데 여러 사람을 별도로 언급한다(12절). 뵈뵈에 대한 언급

과 함께 이것은 교회의 계속되는 사역과 선교 현장에서 여성들이 능동적으로 참여하며 영향력을 끼쳤다는 것을 보여 준다.

7절에서는 안드로니고와 유니아가 눈에 띄게 사도들에게 존중히 여겨지고 있다고(outstanding among the apostles, NIV) 묘사되고 있다. 이들은 예수님에 의해 선택된 열두 사도도 아니고 부활하신 예수님을 만나서 나중에 특별히 택함 받고 사도로 부름 받지도 않았다(맛디아-행 1:20-26, 바울-행 9:1-19). 그렇다면 바울이 그랬던 것처럼 지금도 예수님의 권위로 사도라고 말할 수 있는 이들이 있다는 의미인가?(롬 1:1, 15:15-16 참조) 그렇지 않다. 초대교회에서 이들은 "교회의 사자들"로 불렸다(고후 8:23). "사자들"의 헬라어인 아포스톨로스(*apostolos*)는 단지 '보내졌다'는 의미다. 이런 의미에서 안디옥으로 "보내진" 바나바도 "사도"였다(행 11:22, 14:14). 하지만 바나바는(안드로니고와 유니아도) 바울과 열두 사도들처럼 부활하신 그리스도를 결코 만난 적이 없고, 그리스도께 직접 복음을 배우지도 않았으며 그리스도의 권위로 파송 받지도 않았다. 따라서 선교사로 보내진

---

3 너희는 그리스도 예수 안에서 나의 동역자들인 브리스가와 아굴라에게 문안하라 4 그들은 내 목숨을 위하여 자기들의 목까지도 내놓았나니 나뿐 아니라 이방인의 모든 교회도 그들에게 감사하느니라 5 또 저의 집에 있는 교회에도 문안하라 내가 사랑하는 에배네도에게 문안하라 그는 아시아에서 그리스도께 처음 맺은 열매니라 6 너희를 위하여 많이 수고한 마리아에게 문안하라 7 내 친척이요 나와 함께 갇혔던 안드로니고와 유니아에게 문안하라 그들은 사도들에게 존중히 여겨지고 또한 나보다 먼저 그리스도 안에 있는 자라

사람들 혹은 지도자로서 남다른 은사를 지녔던 이들에 대해서는 '작은' 사도들이라 부를 수 있겠다. 이에 반해 '큰' 사도들은 성경 말씀을 통해 절대적인 권위를 가지고 있는 사람들을 지칭한다.

이 단락에 나오는 문안들은 우리에게 로마 교회의 구조에 대해 알 수 있는 작은 실마리를 제공해 준다. 그것은 가정교회나 소모임들이 교회의 주축이었다는 것이다. 바울은 "저희(브리스가와 아굴라) 집에 있는 교회에도 문안"한다(5절). 14-15절에서 어떤 사람들은 "그들과 함께 있는 모든 성도"에게 문안하는데, 모든 성도란 그들의 가정교회에서 만나는 나머지 사람들을 가리키는 것 같다. 초대교회에서는 이러한 형태의 교회가 일반적이었다(고전 16:19, 골 4:15, 몬 2 참조). 따라서 그리스도인들이 가족 규모로 모여 로마서 15장에 묘사된 성경공부(4절), 예배(6절), 친교(5-7절), 복음 전도(14-23절), 그리고 구제 사역(25-29절)을 한 것이다.

---

8 또 주 안에서 내 사랑하는 암블리아에게 문안하라 9 그리스도 안에서 우리의 동역자인 우르바노와 나의 사랑하는 스다구에게 문안하라 10 그리스도 안에서 인정함을 받은 아벨레에게 문안하라 아리스도불로의 권속에게 문안하라 11 내 친척 헤로디온에게 문안하라 나깃수의 가족 중 주 안에 있는 자들에게 문안하라 12 주 안에서 수고한 드루배나와 드루보사에게 문안하라 주 안에서 많이 수고하고 사랑하는 버시에게 문안하라 13 주 안에서 택하심을 입은 루포와 그의 어머니에게 문안하라 그의 어머니는 곧 내 어머니니라 14 아순그리도와 블레곤과 허메와 바드로바와 허마와 및 그들과 함께 있는 형제들에게 문안하라 15 빌롤로고와 율리아와 또 네레오와 그의 자매와 올름바와 그들과 함께 있는 모든 성도에게 문안하라 16 너희가 거룩하게 입맞춤으로 서로 문안하라 그리스도의 모든 교회가 다 너희에게 문안하느니라

17절에서 바울은 한 번 더 "분쟁을 일으키거나 거치게"
하지 말라고 역설한다. 하지만 이번에는, 14-15장에서와 달리,
"우리 주 그리스도를 섬기지 아니하고 다만 자기의 배만"(18절)
섬기는 사람들이 노골적으로 분쟁을 일으킬 것이라고 경고한
다. 이런 사람들이 로마 교회에 들어와 가르침을 전했다고는
보이지 않지만 바울은 갈라디아교회처럼 이들이 곧 나타날 수
도 있다는 위험을 감지하고 있었다(갈 4:17, 5:7-10). 그래서 로마
교회에 "그들에게서 떠나라"고 경고한다(17절).

그렇다면 어떻게 이런 사람들을 알아볼 수 있을까? 바울
은 두 가지 방법이 있다고 한다. 첫째, 이들은 "너희가 배운 교
훈을 거슬러" 행한다(17절). 바울은 이들이 그럴 듯한 말과 아
첨하는 말을 할지라도 복음으로 그 말을 평가하라고 권면한
다(18절). 둘째, 그들의 목표는 그리스도가 아니라 자신들을 섬
기는 것이다(18절). 바울의 말처럼 아무리 훌륭한 말을 하는 교
사일지라도 그 말이 자신들을 위한 것인지 아니면 그리스도를
위한 것인지 분별해야 한다.

이들을 막을 수 있는 방법은 없을까? 바울은 로마의 그

---

17 형제들아 내가 너희를 권하노니 너희가 배운 교훈을 거슬러 분쟁을 일으키거나 거
치게 하는 자들을 살피고 그들에게서 떠나라 18 이같은 자들은 우리 주 그리스도를
섬기지 아니하고 다만 자기들의 배만 섬기나니 교활한 말과 아첨하는 말로 순진한 자
들의 마음을 미혹하느니라

리스도인들이 "선한 데 지혜롭고 악한 데 미련하기를" 간구한다(19절). 로마 교회는 순종하는 것과 순진하게 속아 넘어가는 것을 잘 구별해야 한다. 곧 어떻게 하나님을 사랑하고 선을 행하며 순종할 것인지 계속해서 배울 필요가 있다. 그리고 복음과 일치하는 않는 어떠한 악도 단호히 뿌리쳐야 한다. 요컨대 안주하거나 타협해서는 안 된다.

하지만 바울은 이 짧은 단락을 큰 격려와 함께 마무리한다. "평강의 하나님께서 속히 사탄을 너희 발아래에서 상하게 하시리라"(20절). 가장 큰 거짓말쟁이인 사탄에게는 사람들을 분열시키고 사람들이 자기 자신에게만 몰두하게 만드는 무기가 있다. 그러나 이미 패배한 사탄은 지금은 물론 앞으로도 패배할 것이다. 바울이 "상하게(crush)"라고 한 것은 에덴동산에서 아담과 하와가 죄를 짓고 심판 받은 후 쫓겨났을 때 하나님께서 주신 약속을 상기시켜 준다. 하나님은 사탄인 뱀에게 "네 머리를 상하게 할" 사람이 태어날 것이라고 말씀하셨다(창 3:15). 예수님은 십자가 위에서 죽으심과 부활하심을 통해 사탄을 상하게 하셨다. 따라서 그리스도인들도 이 승리에 동참한다. 누군가 그리스도를 믿고 의롭게 되어 지옥을 탈출할 때마

---

19 너희의 순종함이 모든 사람에게 들리는지라 그러므로 내가 너희로 말미암아 기뻐하노니 너희가 선한 데 지혜롭고 악한 데 미련하기를 원하노라 20 평강의 하나님께서 속히 사탄을 너희 발 아래에서 상하게 하시리라 우리 주 예수의 은혜가 너희에게 있을지어다

다, 그리스도인들이 하나님께 기쁘게 순종할 때마다, 그리고 하나님의 백성들이 믿음 안에서 하나 되어 하나님을 함께 찬양할 때마다 사탄은 패배한다. "우리 주 예수의 은혜가" 우리에게 역사해서 가장 큰 원수를 이기게 한다(20절).

:: 하나님께 영광이 있을지어다

로마서를 썼을 당시 고린도에 있었을 바울은 이제 자신과 함께 있는 사람들의 안부를 간단히 전한다. 동역자 디모데와 친척들(21절), 대필자인 더디오(22절), 그리고 바울에게 거처를 제공한 가이오가 나온다(23절). "이 성의 재무관 에라스도"(23절)를 통해 하나님은 다양한 사회적 배경과 계급의 사람들을 부르신다는 것을 다시 한 번 확인하게 된다.

바울은 편지의 마지막 문장들을 하나님을 위해 남겨 둔다. 그리고 25-27절에서 한 번 더 1장을 되돌아본다. 그는 로마의 그리스도인들이 이 부분을 읽고 하나님께 영광 돌리게 되길 바란다(27절). 그리고 복음이 무엇이고, 어떤 일을 하는지 사람들의 기억을 새롭게 함으로써 그렇게 한다.

---

21 나의 동역자 디모데와 나의 친척 누기오와 야손과 소시바더가 너희에게 문안하느니라 22 이 편지를 기록하는 나 더디오도 주 안에서 너희에게 문안하노라 23 나와 온 교회를 돌보아 주는 가이오도 너희에게 문안하고 이 성의 재무관 에라스도와 형제 구아도도 너희에게 문안하느니라

첫 번째, 복음은 어떤 일을 하는가? - 그것은 하나님이 "너희를 능히 견고하게" 하시는 방법이다(26절). 여기서 "능히"(뒤나메노, *dynameno*)는 '강력한'이라는 의미다. "복음은… 하나님의 능력이 됨이라"(1:16). 복음은 하나님이 어떻게 사람들과 그들의 미래를 변화시키는가에 관한 것이다. 16장 26절에서 바울이 "너희를 구원할 수 있는"이라고 하지 않고 오히려 복음을 통해 하나님의 능력이 우리를 "견고하게" 한다고 하는 것에 유의하자. 이것은 복음이 그리스도인의 삶으로 들어가는 입구일 뿐 아니라 그리스도와 함께 계속 성장하는 삶을 누리는 길이기도 하다는 것을 알려 준다. 바울은 로마서에서 복음이 어떻게 우리를 구원하는가(1-5장)와 복음이 어떻게 우리를 새롭게 하는가(6-8장, 12-15장)를 보여 주었다. 우리가 복음을 믿으면 복음을 통해 하나님이 우리 안에 강력하게 역사하신다.

두 번째 복음은 무엇인가? - 바울은 "나의 복음"과 "예수 그리스도를 전파함"을 같은 의미로 말한다(25절). 복음은 "그의 아들에 관하여… 곧 우리 주 예수 그리스도"에 대한 것이다(1:3-4). 복음의 중심은 예수님이다. 그분은 그리스도로서 온 세상을 영원토록 다스리시기 위해 죽으셨다가 부활하신 하나님

---

24 (없음) 25 나의 복음과 예수 그리스도를 전파함은 영세 전부터 감추어졌다가 26 이제는 나타내신 바 되었으며 영원하신 하나님의 명을 따라 선지자들의 글로 말미암아 모든 민족이 믿어 순종하게 하시려고 알게 하신 바 그 신비의 계시를 따라 된 것이니 이 복음으로 너희를 능히 견고하게 하실

의 아들이다. 곧 예수님이 복음이다. 다른 어떤 복음도 우리를 구원하거나 변화시키지 못한다. 예수님은 구약 성서에 약속되셨지만 "영세 전부터 감추어졌다가 이제는 나타나신바" 되었다(25-26절; 1:2, 3:21 참조). "선지자의 글을 통해" 예언되었고, 나타나셨고, 그리고 지금도 선포되시는 구원자이며 통치자이신 예수님이 바로 복음이다.

세 번째 복음은 또한 어떤 일을 하는가? - 바울은 배경이나 국적에 상관없이 어느 누구든 마음과 행동으로 복음을 믿고 하나님께 순종할 수 있다는 로마서의 핵심 주제로 되돌아간다. "모든 민족이 믿어 순종하게 하시려고" 그리스도가 나타나셨다(26절; 1:5 참조). 예언되셨고, 나타나셨고, 선포되셨고, 그리고 믿음을 통한 순종으로 지금도 우리를 부르시는 주 예수님에 관한 복음을 생각할 때 우리는 바울과 더불어 "지혜로우신 하나님께 영광"을 돌리게 된다(27절). 우리는 그리스도의 의로 옷 입고, 성령의 역사로 그리스도를 닮게 되어 "예수 그리스도로 말미암아 세세무궁토록" 하나님께 영광을 돌릴 것이다. 이 옛 찬송가는 우리의 마음을 아름답게 잘 표현했다.

---

27 지혜로우신 하나님께 예수 그리스도로 말미암아 영광이 세세무궁하도록 있을지어다 아멘

1. 그 큰일을 행하신 주께 영광
이 세상을 사랑해 주 오셨네
우리 죄를 위하여 죽으시사
저 영원한 생명 문 여시었네
2. 그 큰일을 행하신 하나님께
주 예수님 인하여 기뻐하네
주 예수님 우리가 만날 때엔
그 기쁨을 어디에 비하리오

(후렴)
우리 주 높이세
귀한 말씀 듣고 우리 주 높이세
모두 기뻐하며 주 예수님 힘입어
하나님께 그 행하신 큰 역사 찬양하세
(새찬송가 615장)

부록 1

하나님의 절대주권과 택하심에 관한 교의

로마서 8-11장에서 바울은 인간 역사의 모든 사건들에 대한 하나님의 절대주권에 대해 가르친다. 여기서는 이 책의 본문에서 다루었던 것보다 더 상세하게 하나님의 절대주권과 택하심에 대한 성경의 가르침과 이 교의들에 대한 일부의 반론과 의문들을 논의하기로 하겠다. 물론 이 글이 이 진리들에 대한 모든 논의를 담고 있는 것은 아니다. 사실 이 교의들과 씨름한 그리스도인들 가운데 일부는 오히려 마음이 혼란스러워졌다. 다른 모든 교의들과 마찬가지로 이 교의들은 다른 그리스도인들과 함께 토론하고 생각할 때 가장 잘 이해될 수 있다. 따라서 이 부록을 교회의 다른 그리스도인들과 함께 토론의 주제로 삼는 것도 괜찮을 것 같다.

:: 성경이 가르치는 것

성경은 두 가지 진리를 함께 묶는다.

A. 모든 일은 하나님의 지시로 발생하는 것이다.

"우리가 알거니와 하나님을 사랑하는 자 곧 그의 뜻대로 부르심을 입은 자들에게는 모든 것이 합력하여 선을 이루느니라"(롬 8:28). 로마서 8장 28절은 하나님이 그리스도인들의 삶을 다스리시는 방법들에 대해서 가리키고 있지만, 에베소서 1장 11절은 하나님이 모든 사람들에게 이렇게 하신다고 말한다. "모든 일을 그의 뜻의 결정대로 일하시는 이의 계획을 따라." 에베소서 1장 11절과 로마서 8장 28절에는 같은 헬라어가 사용되었다. 하나님은 일어나는 "모든 일"(판타, panta)을 "행하신다"(에르곤, ergon). 로마서 8장 28절에 의하면 하나님은 모든 일이 "합력하게"(쉬네르게이, synergei) 명령하신다. 곧 하나님은 당신의 능력으로 모든 상황에 영향을 행사하실 뿐 아니라, 모든 사건들이 당신의 전체적인 계획의 일부가 되도록 하신다. "모든"이란 말을 진지하게 생각해 본다면 그 의미는 다음과 같다.

첫째, 하나님의 계획에는 '작은 일'도 포함된다. 궁극적으로 우연이란 없다. 잠언 16장 33절은 이렇게 말한다. "제비는 사람이 뽑으나 모든 일을 작정하기는 여호와께 있느니라." 동전을 던지는 것조차 하나님 계획의 일부이다.

둘째, 하나님의 계획에는 '나쁜 일'도 포함된다. 세상의 악은 하나님이 원래 계획하신 것이 아니었다. 죽음, 질병, 죄, 그리고 부패는 죄의 일시적인 결과이다(롬 8:18-23). 우리가 고난당할 때 하나님도 괴로워하시고(사 63:9), 우리가 고통당할 때 하나님도 슬퍼하신다(시 56:8). 그러므로 하나님은 이러한 곤란, 슬픔, 그리고 고통마저 당신의 계획대로 엮어 가신다. 왜냐하면 하나님의 계획은 궁극적으로 하나님께 영광을 돌리고 당신

294

의 백성들에게 선을 이루는 것이기 때문이다(롬 8:28). "너희 아버지께서 허락하지 아니하시면 그 하나도 땅에 떨어지지 아니하리라"(마 10:29). "여호와의 행하심이 없는데 재앙이 어찌 성읍에 임하겠느냐"(암 3:6). "나는 여호와라 다른 이가 없느니라… 나는 평안도 짓고 환난도 창조하나니 나는 여호와라 이 모든 일들을 행하는 자니라"(사 45:6-7).

셋째, 하나님의 계획에는 '죄'들도 포함된다. 사실 우리와 다른 사람들의 죄들은 여기서 말하는 "모든 일"의 대부분을 차지한다. 만일 우리의 죄들이 하나님의 계획에서 빠진다면 남는 것이 거의 없을 것이다. 시편 76편 10절은 하나님에 대해 이렇게 고백한다. "진실로 사람의 노여움은 주를 찬송하게 될 것이요." 다시 말해 하나님은 악하고 폭력적인 사건들조차 뒤집고 조종하셔서 당신 백성의 선과 당신의 영광이 되게 하신다. 창세기 50장 20절에서 요셉은 자신의 형제들에게 다음과 같이 말하였다. "당신들은 나를 해하려 하였으나 하나님은 그것을 선으로 바꾸사 오늘과 같이 많은 백성의 생명을 구원하게 하시려 하셨나니." 형제들이 자신을 노예로 판 악한 행동을 하나님은 오히려 더 큰 선이 되도록 사용하셨다는 것이다.

B. 모든 선택은 우리의 책임이 따르는 자유로운 행위다.

바울은 다음과 같이 말한다. "그런즉 원하는 자로 말미암음도 아니요 달음박질하는 자로 말미암음도 아니요 오직 긍휼히 여기시는 하나님으로 말미암음이니라"(롬 9:16). 나아가 이렇게 말한다. "의의 법을 따라간 이스라엘은 율법에 이르지 못하였으니 어찌 그러하냐 이는 그들이 믿음을 의지하지 않고 행위를 의지함이라"(롬 9:31-32).

많은 사람들은 로마서 9장의 내용이 모순된다고 생각한다. 9장의 앞부분에서 바울은 많은 유대인들이 복음을 믿지 않는 것은 이들이 택하심을 받지 못했기 때문이며, 하나님은 행위에 근거해서 당신의 백성들을 택하시지 않는다고 했다(10-18절). 하지만 9장 끝부분에서는 이들이 은혜 받기를 완고히 거부했기 때문에 믿지 않는 것이라고 한다(9:30-33). 이것은 모순처럼 보이지만, 사실 성경의 모든 곳에서 이와 같은 균형이 유지되고 있다.

달리 말해 하나님의 계획은 우리의 선택들을 피해 우회하거나 우리의 선택에도 불구하고가 아니라 우리의 선택들을 통해 이루어진다. 예들 들어 하나님은 우리의 선택들이 확실히 이루어지게 해서 계획을 이루시지만 우리에게 책임을 묻지 않는 것은 아니다. 하나님의 절대주권에 대한 그리스도인들의 교의는 그리스인들의 '운명'이나 무슬림들의 '숙명'과는 사뭇 다르다. 오이디푸스에 대한 그리스 신화는 운명론의 절정을 보여 준다. 오이디푸스는 아버지를 죽이고 어머니와 결혼할 운명이었다. 그와 주변의 인물들이 이 같은 운명을 모면

하기 위해 할 수 있는 모든 일을 하지만 결국은 그의 운명대로 되고 말았다. 그와 그의 부모들이 그렇게 되지 않도록 갖은 노력을 다 했지만 그의 선택에도 불구하고 그렇게 되고 말았다. 반면 그리스도인들의 관념은 이와 매우 다르다. 우리의 선택에는 결과가 따르는데 우리가 원하는 것 말고 다른 것을 하도록 하나님이 강제하시는 경우는 절대로 없다. 하지만 하나님은 우리의 의도적인 행위를 통해 당신의 뜻을 완벽하게 이루신다. 이것은 놀라운 일이다!

마틴 로이드 존스는 이 문제에 대한 논의를 확장한다.

왜 인간은 그렇게 행동하는 것일까? …이에 대해 세 가지 기본적인 설명이 있다. 첫 번째는 우연성이라고 하는데, 이것은 어디에도 행동의 근거가 없고 무작정 되는 대로 되는 것이라고 한다. 두 번째는 결정론으로 '당신은 어쩔 도리 없이 그와 같이 행동한다는 것이다.' 모든 것은 결정되어 있고 당신은 전혀 자유롭지 못하다. 이는 인간이 자신의 안에 있는 다양한 선(腺, glands:몸에 필요한 호르몬 등을 만드는 장기의 일종)들에 의해 결정된다는 생물학적인 관점이다. 어떤 프로이트주의자는 '정신분석학이 겉보기에 의도적으로 보이는 우리의 행위들이 사실은 우리가 알지 못하는 동기들에 의해 얼마나 자주 결정되는지 규명함으로써 자유의지의 실체에 대한 우리의 확신을 허물었다'고 했다. 이 설명들은 사도 바울의 가르침과는 다른 이론들로 자연의 힘에 의해 우리가 결정지어졌다거나 우연히 되는 대로 된다는 것이다. 하지만 세 번째 설명은 우리가 책임져야 하는 선택을 하지만 그것은 모두 하나님의 절대주권 하에서 이루어진다는 확실성에 대한 성경적인 교의이다.[1]

하나님이 어떻게 당신 백성들의 삶 가운데 역사하시는지 성경에 나오는 사례들을 살펴보기로 하자.

첫 번째, 유다의 예다. – 사도행전 2장 23절은 예수님이 십자가에 달려 죽으신 것은 하나님의 계획에 따른 것이지만 "법 없는 자들"에 의한 것이기도 하다고 말한다. 예수님을 죽인 사람들의 행위는 악하고 법적인 책임을 피할 수 없지만 하나님은 이들의 악한 의도를 이용하셔서 당신이 원하신 정확한 때와 방법대로 예수님을 십자가에 못 박으셨다. 그래서 베드로는 다음과 같이 말했다. "형제들아 성령이 다윗의 입을 통하여 예수 잡는 자들의 길잡이가 된 유다를 가리켜 미리 말씀하신 성경이 응하였으니 마땅하도다"(행 1:16).

두 번째, 야곱의 경우다. – 야곱은 자신의 아버지를 속이고 형의 장자권을 훔쳤다. 그 결과 그는 고향을 떠나 타지에서 고난과 불의를 겪어야 했다(창 27:1-28:5). 하지만 그곳에서 사랑하는 여인을 만나 결혼하고 자녀들을 낳았는데 바로 그 후손들 가운데 예수님이 태어나셨다(창 29:16-30:24 - 여기에도 수많은 죄로 물든 욕망과 행위가 연루되어 있다!). 비록 야곱이 죄를 지었지만 그렇다고 하나님이 원래 그에게 주시고자 한 삶에서 벗어나지는 않았다. 그것은 모두 야곱을 향한 하나님의 완벽한 계획 가운데 일부분이었다. 하나님은 야곱의 죄를 결과적으로 선이 되도록 만드셨다. 그렇다고 야곱에게 자신의 죄에 대한 책임이 없는 것일까? 아니다. 그에게도 책임이 있다. 그렇다면 야곱은 자신의 어리석은 행위의 대가를 지불했는가? 그렇다. 그는 지불했다. 이렇듯 야곱에게 전적인 책임이 있지만 하나님은 어떠한 오류도 없이 상황을 모두 다스리고 계셨다.

세 번째, 풍랑을 맞은 바울의 경우다. - 타고 가던 배가 풍랑을 맞자 바울은 일행들에게 다음과 같이 예언했다. "너희 중 아무도 생명에는 아무런 손상이 없겠고 오직 배뿐이리라"(행 27:22). 그는 하나님의 계획을 계시로 드러냈다. 그들의 안전은 확실했다. 하지만 31절에서 바울은 선원들이 거룻배에 올라타서는 안 된다고 경고한다. "이 사람들이 배에 있지 아니하면 너희가 구원을 얻지 못하리라!" 하나님의 계획이 확실하다 하더라도, 지혜롭게 행동하고 올바르게 선택할 책임이 사람들에게 있는 것이다. 바울은 이렇게 말하지 않았다. "좋습니다. 하나님이 이 풍랑에서 우리 모두를 살리기로 이미 결정하셨기 때문에 당신들이 무엇을 하든 상관없습니다." 하나님이 어떤 결과를 미리 정하실 경우, 그 결과를 이루는 수단인 우리의 선택과 노력도 정하신다. 바울에게는 그리스적인 운명관이 없었다. 바울의 예언은 운명론적인 사고방식과는 전혀 다르다.

그레샴 메이첸(Gresham Machen)은 이렇게 진술하였다.

> 하나님은 우리들의 개별적인 행위를 우리가 자유와 책임을 완전히 지는 방식으로 이루어지게 하신다. 이것은 가능한 일인가? 우리가 다른 사람들을 설득할 수는 있지만, 우리가 그들에게 하라고 설득한 것을 할지 말지는 그들의 자유의지로 결정된다. 그렇다면 우리가 우리의 작은 힘으로 망설이면서 하는 것을 하나님이 확실하게 하실 수 없으시겠는가? 우리의 영혼을 만드신 하나님이 우리 본래의 모습대로 자유가 파괴되지 않도록 우리의 마음을 변화시키지 않으시겠는가?"[2]

메이첸의 두 질문에 대한 답은 "맞습니다. 하나님이 그렇게 하십니다!"가 틀림없다.

그러므로 구원에 대해 성경은 다음과 같이 가르친다 :

C. 하나님을 택한 사람들은 오로지 하나님이 그들의 마음을 열어 주셨기 때문에 그렇게 한 것이다. 반면 하나님을 택하지 않은 사람들은 다만 그들이 마음을 닫았기 때문이다.

이 진술들을 차례로 살펴보자.

오직 하나님께 우리의 구원에 대한 책임이 있다. "하나님을 찾는 자도 없고"(롬 3:11). "육신의 생각은 하나님과 원수가 되나니 이는 하나님의 법에 굴복하지 아니할 뿐 아니라 할 수도 없음이라"(롬 8:7). "그 자식들이 아직 나지도 아니하고 무슨 선이나 악을 행하지 아니한 때에 택하심을 따라 되는 하나님의 뜻이 행위로 말미암지 않고 오직 부르시는 이로 말미암아 서게 하려 하사… 기록된바 내가 야곱은 사랑하고 에서는 미워하였다 하심과 같으니라… 그런즉 원하는 자로 말미암음도 아니요 달음박질하는 자로 말미암음도 아니요 오직 긍휼히 여기시는 하나님으로 말미암음이니라"(롬 9:11-16).

바울의 가르침처럼 우리는 죄 때문에 진리를 아는 능력과 하나님을 섬기려는 갈망을 잃어버렸다. "하나님을 찾는 자도 없고"(롬 3:11). 인간에게는 자신의 의지가 원하는 것을 할 자유가 있다. 그런 면에서 인간은 자유롭다. 그러나 바울은 우리가 하나님을 절대로 원할 수 없다고 말하고 있다. 우리에게는 하나님을 택할 자유가 없다. 우리 마음은 하나님께 복종하지 않는다. 사실은 복종할 수가 없다. 달리 말해 인간의 의지는 결코 자유롭게 하나님을 택하지도, 원하지도 않을 것이다. 하나님이 우리에게 오시지 않으면 우리는 하나님을 택할 수 없다.

그래서 하나님이 우리에게 오신다. "그런즉 원하는 자로 말미암음도 아니요 오직 긍휼히 여기시는 하나님으로 말미암음이니라"(롬 9:16). 우리 자신이 우리의 구원을 시작하는 것이 아니다. 우리는 심지어 그것을 원하지도 않는다. 오직 하나님이 스스로 깨어날 수 없는 잠으로부터 우리를 깨우신다. 스스로 어떻게 할 수 없는 상태에 있는 우리를 풀어 주신다. 《비전의 계곡》이라는 청교도들의 기도 집에 들어 있는 다음과 같은 기도도 그것을 보여 준다.

> 저는 죄 가운데 죽어서 당신을 보지 못했습니다.
> 당신의 목소리도 듣지 못했습니다.
> 당신의 기쁨을 맛보지도 못했습니다.
> 당신을 알아보지도 못했습니다.
> 그러나 성령이 저를 재촉해서
> 새로운 존재로 새로운 세상에 데려 왔습니다.
> 당신은 사랑의 끈으로 저를 끌어당겼습니다.

우리가 받는 정죄의 책임은 모두 우리에게 있다. "토기장이가 진흙 한 덩이로 하나는 귀히 쓸 그릇을, 하나는 천히 쓸 그릇을 만들 권한이 없느냐 만일 하나님이 그의 진노를 보이시고 그의 능력을 알게 하고자 하사 멸하기로 준비된 진노의 그릇을 오래 참으심으로 관용하시고 또한 영광 받기로 예비하신바 긍휼의 그릇에 대하여 그 영광의 풍성함을 알게 하고자 하셨을지라도 무슨 말을 하리요 이 그릇은 우리니 곧 유대인

중에서 뿐 아니라 이방인 중에서도 부르신 자니라"(롬 9:21-24).

우리는 로마서 9장에서 다음과 같은 복음의 가장 중대한 '비대칭'을 보게 된다. 우리의 영적인 영광을 예비하는 분은 오직 하나님이시지만, 우리의 영적인 파괴를 준비하는 것은 우리 자신 밖에 없다. 이것들은 두 가지의 기본적이고 서로 모순되는 관점들이다. 이러한 관점에는 '결정론'이나 '우연성'과 부합되는 부분도 있지만 전적으로 그런 것은 아니다.

- 과도한 칼뱅주의 : 운명론은 그리스 사상과 이슬람교, 그리고 동양 종교들 가운데서 발견되지만 일부 그리스도인들도 오랜 시간 그것을 받아들였다. 이러한 관점에 의하면 하나님은 동등하고 비대칭적으로 모든 사람들의 운명을 예비하신다. 하나님은 절대주권으로 어떤 사람들은 구원하시고 어떤 사람들은 구원하지 않으신다. 그리고 각자 정해진 길을 따라 가게 하신다. 곧 하나님은 우리에게 영광 또는 파멸을 예비하신다.

- 펠라기우스주의(이 명칭은 5세기의 수도사였던 펠라기우스에게서 유래한다) : 이 관점도 고대와 근대의 철학에서 발견되는데, 특히 지난 이백 년 동안 서구에서 널리 유행했다. 이 관점에 의하면 모든 인간은 하나님이나 자신을 섬기기 위해 선 또는 악을 선택할 수 있다. 이러한 능력은 모든 인간에게 동일하게 있다. 따라서 모든 사람은 자신이 선택할 수 있는 능력에 따라 구원받는

사람은 구원받고 마찬가지로 구원받지 못하는 사람은 구원받지 못한다. 곧 우리 자신이 우리에게 영광을 예비하거나 파멸을 예비한다.

로마서 9장 22-24절에서 바울은 매우 조심스럽게 이 두 가지 관점 모두를 배격한다. 바울은 하나님이 어떤 그릇은 영광스럽게 예비했지만 다른 그릇은 파멸되도록 예비했다고 말하지는 않는다. 바울은 이들이 정죄받기로 예비되어 있지만 하나님은 오래 참으심으로 이들을 견뎌 주시기로 선택하셨다고 한다. 그러므로 그들이 정죄받기로 예비된 것은 하나님이 하신 일이 아닌 것 같다. 다시 말해 모든 인간은 자유롭게 죄를 택했기에 정죄 받아 마땅하다는 의미다. 하나님은 우리가 죄를 택했을 때 우리 모두가 멸망하게 허락하실 수도 있었다. 사실 하나님은 어떤 사람들이 자신들을 위해 준비한 파멸을 맞도록 허락하기도 하신다. 그러나 하나님은 영광을 위해 준비하신 어떤 사람들에게는 개입하셔서 그 눈을 뜨게 하신다.

우리는 바울의 말을 이렇게 밖에는 이해할 길이 없다. 만일 당신이 운명론적인 입장에 서 있다면, 당신은 바울이 하나님이 파멸을 위한 그릇을 예비하셨다고 말하지 않는 이유를 설명하지 못한다. 그러나 만일 모든 사람이 동등하게 하나님을 택할 수 있다는 관점을 받아들인다면, 하나님은 구원받은 사람들에게 구원받지 못한 사람들보다 더 많은 은혜를 베풀지 않았다는 결론에 이르게 되어서 구원이 은혜로 주어진 것이 아니라는 의미가 된다. 그렇게 되면 그릇들은 스스로 영광을 준비하는 것이 된다.

다음은 로마서 9장 21-24절에 대한 로이드 존스와 존 스토트의 주석인데, 바울의 관점이 이 두 가지 잘못된 관점들 사이에서 어떻게 문제를 해결하는지 설명해 준다.

바울은 다양한 가정용품과 도구들을 만들고 있는 토기장이의 모습을 보여 준다. …그런데 '창조'란 '무로부터 만드는 것'을 의미하기에, 토기장이가 진흙을 창조한 것은 아니다. …진흙은 토기장이 앞의 작업대 위에 놓여 있고, 그는 그것으로 지금 무엇인가를 만들려고 한다. …따라서 바울은 여기서 하나님이 원래 인간을 창조하신 계획에 대해 논의하고 있는 것이 결코 아니다. 이것은 하나님이 타락한 인간에게 무엇을 행하시는가에 대한 이야기이다. …하나님이 의도적으로 어떤 사람들은 지옥에 가도록 만드셨다고 생각하는 사람들이 많다. 그러나 그것은 거짓이다! 성경 어디에서도 그러한 가르침은 찾을 수 없다. …하나님은 모든 것을 선하게 창조하셨다. 죄를 짓도록 강요받은 사람은 아무도 없다. 인간 자신이 하나님께 반역하고 죄를 지었다. …사도 바울은 이것을 배경으로 하나님이 인간에게 하시는 일에 대해 논의하고 있다. 곧 하나님은 자신이 뜻하시는 대로 할 수 있는 완전한 절대주권을 가지고 있다고 말한다. 지옥에 떨어질 수밖에 없는 아무 희망 없는 사람들 속에서도 하나님은 당신의 은혜와 영광과 목적 때문에 일부를 택하시고 뽑으셔서 영광스럽고 명예롭게 만드신다.

…이 대목에서 우리 모두에게 있는 의문은, 왜 하나님이 어떤 사람은 영광스럽게 만들기로 결정하셨고, 다른 사람은 불명예스럽게 하기로 결정하셨는가 하는 것이다. 그에 대한 답은 나도 모른다는 것이다! 다른 모든 사람들과 마찬가지로 나도 성경에서 말하지 않는 것을 말할 수는 없다. 모든 성경은 하나님이 그것을 하셨는데 그렇게 하실 권한이 그분께 있고, 만일 내가 의문을 제기한다면 그것은 나의 창조주와 다투는 것이 된다고 말한다.

…그렇다면 바울의 가르침을 이렇게 바꾸어 보기로 하자. 만일 어떤 사람이 구원받는다면 그것은 전적으로 하나님의 긍휼과 택하심 때문이다. 그런데 만일 어떤 사람이 구원받지 못한다면, 그것은 전적으로 그들의 책임이다.[3]

만일 어떤 사람이 구원받지 못한다면 자신에게 책임이 있지만, 구원받는다면 하나님 덕분이다. 이러한 이율배반에는 지금 우리의 지식으로는 해결할 수 없는 신비가 있지만, 이것은 성경과 역사, 그리고 경험과 일치한다.[4]

1. "택하심"은 그저 바울이 만든 교의가 아닌가?

그렇지 않다. 바울이 그것을 로마서와 다른 곳에서(엡 1:3-
5, 살전 1:4-5, 살후 2:13-14, 딤후 1:9) 가르치긴 해도, 택하심의 교의
는 성경 전체에 골고루 퍼져 있다. 세 가지 사례만 들어 보겠
다.

• 요한복음에 나오는 예수님의 가르침 :

"그러나 내가 너희에게 이르기를 너희는 나를 보고도 믿
지 아니하는도다 하였느니라 아버지께서 내게 주시는 자는 다
내게로 올 것이요 내게 오는 자는 내가 결코 내쫓지 아니하리
라 내가 하늘에서 내려온 것은 내 뜻을 행하려 함이 아니요 나
를 보내신 이의 뜻을 행하려 함이니라 나를 보내신 이의 뜻은
내게 주신 자 중에 내가 하나도 잃어버리지 아니하고 마지막
날에 다시 살리는 이것이니라"(요 6:36-39).

"나를 보내신 아버지께서 이끌지 아니하시면 아무도 내
게 올 수 없으니 오는 그를 내가 마지막 날에 다시 살리리
라"(요 6:44).

"예수께서 대답하시되 내가 너희에게 말하였으되 믿지
아니하는도다 내가 내 아버지의 이름으로 행하는 일들이 나
를 증거하는 것이거늘 너희가 내 양이 아니므로 믿지 아니하
는도다 내 양은 내 음성을 들으며 나는 그들을 알며 그들은 나

를 따르느니라 내가 그들에게 영생을 주노니 영원히 멸망하지 아니할 것이요 또 그들을 내 손에서 빼앗을 자가 없느니라"(요 10:25-28).

여기서 예수님은 두 가지를 말씀하신다. 첫 번째는 만일 어떤 사람들이 믿지 않는다면 그것은 하나님이 그들을 예수님께 주시지 않았기 때문이다. 두 번째는 예수님께 주어진 모든 사람들이 그에게 올 것이고 아무도 잃어버려지지 않을 것이다. 왜 예수님은 이렇게 말씀하실 수 있었을까? 왜냐하면 어느 누구도 하나님께서 이끌어 주지 않으시면 예수님께 올 수 없다는 전제가 세 번째 원칙이기 때문이다. 이것은 로마서 3장 11절에서 아무도 하나님을 찾지 않는다는 바울의 말과 일치한다. 그러므로 누군가 하나님을 찾는다면 그것은 하나님께서 이끌어 주셨기 때문이다. 만일 하나님이 이끌어 주신다면 그들은 구원받고 보존될 것이다.

• 베드로의 가르침 :

"곧 하나님 아버지의 미리 아심을 따라 성령이 거룩하게 하심으로 순종함과 예수 그리스도의 피 뿌림을 얻기 위하여 택하심을 받는 자들에게 편지하노니"(벧전 1:2).

• 누가의 가르침 :

"이방인들이 듣고 기뻐하여 하나님의 말씀을 찬송하며 영생을 주시기로 작정된 자는 다 믿더라"(행 13:48).

"안식일에 우리가 기도할 곳이 있을까 하여 문 밖 강가에 나가 거기 앉아서 모인 여자들에게 말하는데 두아디라 시에 있는 자색 옷감 장사로서 하나님을 섬기는 루디아라 하는 한 여자가 말을 듣고 있을 때 주께서 그 마음을 열어 바울의 말을 따르게 하신지라"(행 16:13-14).

누가가 이렇게 말하지 않는다는 사실에 유의하자. "모든 믿는 사람들은 영원한 생명을 얻도록 정해졌다." 누가는 도리어 이렇게 말하고 있다. "영원한 생명을 얻도록 정해진 모든 사람들은 믿었다." 그러므로 믿음이 약속의 결과이지 약속이 믿음의 결과가 아니다.

2. 하지만 택하심의 교의는 단순한 복음을 오히려 복잡하게 만든다! 그것이 중요해지지 않았으면 더 유익할 뻔했다!

아니다. 택하심의 교의는 단순한 복음을 확고하게 한다. 이것이 없다면 도리어 더 많은 문제들이 발생하게 될 것이다. 왜 그런가? 택하심의 교의를 받아들이지 않는다면 구원은 오직 하나님의 은혜 때문이 아니라 결국은 믿는 사람에게 있는 더 나은 점 때문에 받는 것이라고 할 수밖에 없다.

다음은 마틴 로이드 존스의 예리한 통찰력이 돋보이는 글이다.

마지막으로 한 가지 주장이 남아 있다. 택하심의 교의를 버리면 만족스러울 것이라고 생각하는 사람들이 있는 것 같다. 하지만 바울이 여기서 가르치는 것을 거부하면 어떻게 될지 알아보자. 사도행전 28장 24절을 예로 들어보겠다. "그 말을 믿는 사람도 있고 믿지 아니하는 사람도 있어." 그렇다면 왜 어떤 사람은 믿고 어떤 사람은 믿지 않았는가? 그들은 모두 같은 배경을 가진 사람들이지만, 어떤 사람은 믿고 어떤 사람은 믿지 않았다. 왜 그렇게 결정했을까?

…바로 '자유의지' 때문이라고 매우 간단하게 대답하는 사람들도 있다. 어떤 사람은 믿기로 선택했고, 또 어떤 사람은 믿지 않기로 선택했다는 것이다. 그러면 왜 그렇게 선택했을까? 어떤 사람은 믿고 어떤 사람은 믿지 않도록 선택하게 만드는 그것은 무엇일까? 어떤 사람은 이렇게 보고 어떤 사람은 다르게 보기 때문이라고 한다. 하지만 그렇다면, 왜 어떤 사람은 이렇게 보고 또 어떤 사람은 저렇게 보는 것일까? 이렇게 질문은 끝없이 이어질 것이다.[5]

만일 우리가 왜 어떤 사람은 믿고, 또 어떤 사람은 믿지 않으면서 택하심을 거부하는지 계속해서 질문하다 보면, 한 사람이 다른 사람보다 어떤 면에서 더 겸손하고, 진리에 더 열려 있고, 더 도덕적이라는 결론에 도달할 수밖에 없게 된다. 곧 어떤 사람이 구원받게 하는 차별성의 결정적인 요인은 그 사람 안에 있는 다른 사람들보다 더 나은 점 때문이다. 요컨대 우리는 행위로 의롭게 된다는 오류에 다시금 빠지게 된다.

바울은 의롭다 함의 교의를 지키기 위해서는 택하심의 교의가 반드시 필요하다고 강조한다. 하나님은 "그 자식들이 아직 나지도 아니하고 무슨 선이나 악을 행하지 아니한 때에 택하심을 따라 되는 하나님의 뜻이 행위로 말미암지 않고 오직 부르시는 이로 말미암아 서게 하려 하사" 야곱을 택하셨다 (롬 9:11-12).

그러므로 택하심의 교의를 위한 마지막 논증은 우리가 구원받은 것은 우리의 선함 때문이 아니라 순전히 은혜 때문이라는 것을 다시금 상기하게 해준다. 물론 택하심의 교의로 인해 여러 가지 곤경에 부딪치게 된다. 하지만 성경이 그것을 가르치고 있고, 더욱이 다른 모든 대안들이 더 많은 문제들과 어려움들을 만들어 내기 때문에 택하심의 교의를 받아들일 수밖에 없다. 그렇지 않으면 행위가 아니라 은혜만으로 구원받는다는 성경의 진리를 훼손하게 된다. 믿지 않는 사람들과 믿는 사람들의 차이가 궁극적으로 그 사람들 속에 (더 겸손하고 더 열려 있다는) 있다면 우리 자신이 구원의 장본인이 되고 만다.

3. 택하심을 믿는다면, 왜 하나님은 모든 사람들을 택하셔서 구원하

시지 않는가라는 문제에 부딪히게 된다.

맞는 말이다. 하지만 택하심을 믿지 않는 그리스도인들
도 같은 문제에 부딪힌다. 택하심의 교의가 이 문제를 일으키
는 것이 아니라 단지 이 문제에 대해 생각하게 하는 것이다.
택하심의 교의를 부정한다고 해서 이 문제가 없어지는 것이
아니다. 이것은 모든 그리스도인들에게 있는 문제로서 이 문
제 때문에 택하심의 교의에 반대할 수는 없다. 택하심을 믿지
않는 사람도 같은 문제를 안고 있다.

(a) 하나님은 모든 사람이 구원받기를 원하신다.

(b) 하나님은 모든 사람을 구원하실 수 있다.

(c) 하나님은 그렇게 하지 않으신다.

따라서 질문은 여전히 남는다. "왜 그렇게 하지 않으시는
가?" 이것이 궁극적인 질문인데, 택하심의 교의를 부정하는 것
이 답을 주지는 않는다.

어떤 사람들은 이렇게 말한다. "하나님은 구원받지 못하
는 사람들이 없기를 원하시지만, 그런 사람들이 생기는 이유
는 그들이 잘못된 것을 선택하고 하나님이 그들의 선택의 자
유를 침범하지 않으시기 때문이라고 나는 믿는다." 하지만 왜
선택의 자유가 침해되어서 안 되는 것인가? 나는 자식의 선택
의 자유를 존중하려고 노력하지만, 그 선택으로 인해 아이가
죽을 수도 있다면 그렇게 하지 않는다. 왜 하나님은 영원히 우

리를 구원하시기 위해 잠깐 동안만 우리의 선택의 자유를 무시할 수 없으실까?

아니다. 우리의 선택이나 하나님의 택하심으로 우리가 구원받았다고 당신이 생각하든 하지 않든, 당신은 여전히 같은 문제를 안고 있다. "만일 하나님께 우리 모두를 구원하시고자 하는 마음과 권능이 있다면 왜 그렇게 하시지 않는 것일까?" 이것이 매우 어려운 문제이기는 하지만 택하심의 교의에 반대하는 주장의 근거가 될 수는 없다.

더 깊이 들어가 보자. 택하심이 거짓이라고 가정해 보자. 무한한 시간 전에 하나님이 다음과 같은 구원의 체계를 세웠다고 가정해 보자. 모든 사람들에게 미래에 있을 그리스도의 죽으심과 부활에 관해 소개하는 복음의 메시지를 통해 그리스도를 영접하거나 거부할 수 있는 공평한 기회가 주어질 것이다. 하나님이 이러한 구원의 체계를 확립하시는 순간, 하나님은 정확히 누가 구원받고 누가 구원받지 못할지 바로 아실 것이다. 따라서 하나님이 그러한 구원의 체계를 세우는 그때 그분은 사실상 어떤 사람은 구원하시고, 또 어떤 사람은 지나치셨다. 우리는 같은 문제에 도달한다. 하나님은 모든 사람들을 구원하실 수 있으신데 그렇게 하지 않으신다.

그러면 왜 그렇게 하지 않으실까? 우리가 알 수 있는 것은 두 가지 사실밖에 없다. 첫째, 그 답은 하나님의 완전한 성품과 관계있는 것이 틀림없다. 하나님은 완전한 사랑이시고 또한 완전하게 의로우시다. 따라서 이 두 가지 성품 가운데 어느 하나가 더 우월하다면 하나님이실 수가 없다. 어쨌든 그 답은 하나님이 당신의 완전한 성품과 모순되지 않으신다는 것과 관계가 있다. 둘째, 우리는 그림 전체를 볼 수 없다. 왜 그런가? 우리가 하나님보다 더 자비로운 구원의 체계를 만들 수 있다고 상상하는 것은 착각에 지나지 않는다. 왜냐하면 하나님은 우리가 감히 상상하는 것보다 훨씬 더 자비로우시기 때문이다. 마침내 우리가 하나님의 전체 계획과 답을 알게 된다면 우리는 어떠한 트집도 잡기 어려울 것이다.

4. 하지만 하나님이 어떤 사람은 택하시고 어떤 사람은 택하시지 않는 것은 불공평하다.

어떤 의사가 다섯 사람의 환자를 진료한 다음에 두 사람만 택해서 치료하기로 한다면, 이것은 불의한 일이다. 왜냐하면 그에게는 의사로서 모두를 돌보아야 할 의무가 있고, 모든 환자들에게는 치료받을 권리가 있기 때문이다. 그러나 어떤 판사가 수많은 범죄자들에게 유죄를 선고한 후 몇 사람을 사면해 준다면, 이것은 자비로운 일이다. 왜냐하면 이 판사는 어떤 범죄자들에게도 갚아야 할 것이 없기 때문이다(물론 판사의 결정이 옳으냐에 대한 의문들이 제기될 수 있다. 바울은 어떻게 하나님이 의로우면서도 동시에 자비로운지 로마서 3장 21-26절에서 정성껏 설명해 주었다).

올바른 질문은 왜 하나님이 모든 사람을 택하지 않는가가 아니라 어떤 사람을 택하는가이다. D. 제임스 케네디의 비유는 다시 한 번 인용할 가치가 있다.

다섯 사람이 은행을 털기로 모의했다. 이들은 모두 나의 친구들이다. 그 사실을 알고서 나는 그들에게 간청하며 그렇게 하지 말라고 빌었다. 결국 그들은 나를 밀쳐내고 출발했다. 그때 나는 한 친구의 다리를 걸어 넘어뜨리고 그와 뒤엉켜서 싸웠다. 한편 다른 친구들은 은행을 강탈했다. 은행 경비원 한 사람이 죽었고, 친구들은 체포된 후 유죄가 인정되어 사형을 선고받았다. …가담하지 않은 그 친구는 구형을 면했다. 여기서 당신에게 이렇게 질문하겠다. 네 사람의 친구가 죽은 것은 누구의 잘못 때문인가? …그렇다면 구형을 모면한 그 친구는 '나는 아주 착한 마음을 가졌기 때문에 살아남았다'고 말할 수 있는가? 그가 자유로운 이유는 내가 그를 제재했기 때문이다. 이렇듯 지옥에 가는 사람은 자기 자신밖에는 어느 누구도 책망할 사람이 없다. 또한 천국에 가는 사람은 예수 그리스도 밖에는 어느 누구도 찬양할 분이 없다. 따라서 우리는 구원이 처음부터 끝까지 전적으로 은혜라는 것을 알게 된다.[6]

5. 하지만 택하심의 교의는 하나님을 독단적으로 보이게 한다.

아니다. 그것은 하나님을 은혜롭게 한다. 성경은 하나님의 택하심에 아무런 이유가 없다고 말하지 않는다. 우리는 하나님이 항상 올바르고(창 18:25) 지혜롭게(롬 11:33) 행하시는 것을 안다. 하나님이 우리를 무작위로 택하신다는 암시는 성경 어디에도 없다. 하나님은 이유들이 있지만 그 이유들이 우리 안에 있지는 않다는 것을 우리는 잘 안다. "누가 너를 남달리 구별하였느냐 네게 있는 것 중에 받지 아니한 것이 무엇이냐"(고전 4:7). 하나님의 택하심의 근거가 무엇인지 모른다고 하는 것과 하나님의 택하심이 독단적이라고 하는 것은 엄연히 다르다.

왜 하나님이 어떤 사람만 구원하시는지에 대한 한 가지 단서가 있기는 하다. "하나님께서 세상의 미련한 것들을 택하사 지혜 있는 자들을 부끄럽게 하려 하시고, 세상의 약한 것들을 택하사 강한 것들을 부끄럽게 하려 하시며, 하나님께서 세상의 천한 것들과 멸시 받는 것들과 없는 것들을 택하사 있는 것들을 폐하려 하시나니, 이는 아무 육체도 하나님 앞에서 자랑하지 못하게 하려 하심이라"(고전 1:27-29). 우리가 어리석거나 약하거나 멸시받는 사람들이기 때문에 하나님이 당신과 나를 택하셨을 수도 있다!

위에서도 말했지만 택하심의 교의의 유일한 대안은 우리

안에 구원 받지 못한 사람들보다 무엇인가 더 나은 것이 있기 때문에 구원받았다고 믿는 것이다. 이것은 성경의 복음과 전적으로 모순된다.

6. 그러나 만일 모든 것이 정해져 있고 확실하다면, 도대체 왜 기도하고 복음을 전하고 무엇을 해야 하는가?

멀리 내다보지 못하기 때문에 이런 질문이 나온다. 첫째, 만일 모든 일이 거룩하시고 사랑이신 하나님에 의해 계획된 것이 아니라면, 우리는 아침에 잠에서 깰 수 있을지조차 두려워하게 될 것이다. 우리의 행위들은 끔찍한 결과들을 가져올 수 있을 것이다. 모든 일이 우리 자신에게 달려 있게 된다! 만일 모든 것이 거룩하시고 사랑이신 하나님에 의해 계획되지 않았다면, 우리가 복음을 전할 때 엄청난 압박을 받게 될 것이다. 우리의 말주변 없음 때문에 한 사람이 구원 받을 기회를 놓칠 수도 있기 때문이다. 이것은 끔찍한 전망이다.

둘째, 우리가 복음을 전하고 기도하는 이유는 하나님의 사역에 동참하는 것이 특권이기 때문이다. 예를 들어, 어떤 아버지가 장작을 패서 직접 난로를 피울 수 있지만, 그는 자녀들에게 장작을 패고 난로를 피우는 것을 배우라고 요구한다. 자녀들이 이렇게 말한다고 가정해 보자. "우리는 장작을 패고 싶지 않아요. 우리가 하지 않아도 아버지가 하실 거잖아요. 아버지가 우리를 추위에 떨게 만들지는 않으실 거니까요!" 그러자 아버지는 이렇게 대답한다. "물론 내가 할 수도 있지만 너희들도 함께했으면 좋겠구나." 하나님 아버지와 함께 일한다는 특권과 권위라면 충분한 동기부여가 되고도 남는다! 하나님은 우리를 위해 우리와 함께 일하시기를 원하신다.

또 하나 우리는 하나님보다 앞서가서는 안 된다. 곧 누가 택함을 받았는지에 대해 결코 우리 마음대로 추측해서는 안 된다! 하나님이 모든 사람들을 회개하도록 부르신 것처럼 우리도 그렇게 해야 한다. 사실 택하심의 교의로 인해 우리는 사람들과 일하면서 더 큰 소망을 가지게 된다. 왜 그런가? 소망이 없는 사람은 한 사람도 없기 때문이다! 우리가 보기에는 많은 사람들이 가망 없고 구원받지 못한 것처럼 보이지만, 구원은 하나님의 택하심에 달려 있기 때문에, 우리는 모든 사람들을 소망을 갖고 대해야 한다. 하나님은 우리를 통해 사람들을 죽음에서 생명으로 부르시기 때문이다.

그러므로 하나님의 절대주권은 복음 전도에 방해가 되는 것이 아니라 동기를 부여해 준다. 사도행전 18장에 보면 바울이 고린도에 있을 때 그곳에 사는 유대인들이 복음을 거부하는 모습이 나온다. 이에 하나님은 바울에게 "두려워하지 말며 침묵하지 말고 말하라"고 하신다(행 18:9). "내가 너와 함께 있으매 어떤 사람도 너를 대적하여 해롭게 할 자가 없을 것이니 이는 이 성중에 내 백성이 많음이라 하시더라"(행 18:10). 하나님은 바울에게 당신의 현존과 보호하심, 그리고 택하심에 대한 확신을 심어 주셨다. 그래서 바울은 "일 년 육 개월을 머물며 그들 가운데서 하나님의 말씀을 가르치"는 것으로 응답한다(행 18:11). 그러므로 우리가 알아야 할 교훈은 다음과 같다. 곧 우리가 위해서 기도하거나 복음을 나누고 있는 바로 그 사람을 하나님이 택하셨을 수 있고, 우리 또한 그 사람이 믿음을 갖도록 하나님이 미리 정하신 통로의 일부로 쓰임 받을 수 있다는 것이다.

7. 택하심의 교의 때문에 나는 택함을 받았다는 우월감에 빠지게 되지는 않을까?

이러한 질문을 한다는 것은 질문자가 택하심의 교의에 대해 제대로 이해하지 못하고 있다는 것을 보여 준다. 택하심의 교의는 오히려 정반대의 결과를 가져온다. 두 번째 반론에 대해 대답했듯이 택하심의 교의를 부정할 경우에 믿지 않는 사람들보다 더 우월하다는 논리적인 결론에 이르게 된다. 택하심을 부정하게 되면, 믿는 사람들은 믿지 않는 사람들에게 이렇게 말하고 싶은 강한 유혹을 받게 될 것이다. "왜 당신은 이것을 저처럼 잘 보지 못하나요? 당신은 저보다 더 어리석거나 교만한 게 틀림없군요!" 택하심의 교의에 의하면 믿는 사람들은 "선택받을 자격이 있는 사람들"이 아니라 "선택받은 사람들"이다. 우리가 잘나서 택함 받은 것이 아니다. 우리가 택함 받은 이유는 우리 안에 있지 않다. 믿는 사람들이 믿지 않는 사람들보다 잘난 것은 하나도 없다.

8. 나는 성경을 믿고 택하심에 관한 모든 가르침을 알지만 왜 여전히 그것이 마음에 들지 않는 것일까?

나는 복음이 너무나 초자연적이어서 자연적인 이성이나 문화와 결합할 수 없는 특징들이 항상 함께 있다고 생각한다. 의롭다 함의 교의는 복음을 보는 한 가지 방법이다. 그것은 어느 누구도 생각해 내지 못한 방법으로 율법과 사랑을 결합시켰다. 율법과 상관없이 구원받은 우리는 이제 율법을 지킬 수 있게 되었다. 다른 모든 철학들은 율법주의이거나 반 율법주의이다. 택하심의 교의는 다른 관점에서 복음을 바라본 것이다. 그것은 하나님의 절대주권과 인간의 책임을 결합한 것이다. 여기서도 우리는 인간의 문화와 철학들이 이 두 가지를 양립시킬 수 없음을 보게 된다.

따라서 어떤 문화적 배경을 가지고 있든지 간에 사람들이 보기에 택하심의 교의는 실제보다 더 단순하거나 더 극단적일 것이다. 동양 철학과 종교는 항상 운명론적인 성격이 두드러졌다. 이들은 개인의 자율성이 환상에 불과하다고 믿는다. 따라서 동양 출신의 사람들에게 복음은 '단순한 개인주의'로 보일 것이다. 반면 서구 세속주의는 자신의 인생과 운명을 결정하는 각 개인의 권리와 능력을 신봉한다. 따라서 서구 출신의 사람들에게 복음은 '단순한 운명론'으로 보일 것이다.

그러므로 우리의 문화적이고 기질적인 배경이 어떠하든 상관없이, 우리는 "값없이 의롭다 함"과 "택하심"이라는 복음 속에 있는 미묘한 균형을 분별하기 위해 노력해야 한다. 우리가 성경을 가치중립적으로 보지 않는다는 것을 명심해야 한다. 우리는 균형있는 관점을 지니기 위해 기꺼이 배울 용의가 있어야 한다.

:: 실제적인 적용들

하나님의 절대주권에 대한 기독교의 개념은 놀랍고 실제적인 원칙이다. 신비로운 것이기는 하지만 혼란스럽게 하지는 않는다. 그것은 다음과 같은 상황에서 우리에게 확신과 안정감을 준다.

• 삶의 고난들 : 하나님이 우리에게 고난들을 허락하신 것과 또한 우리 안에 있는 우둔함과 악이 좋지 못한 결과를 가져올 것을 알고, 우리는 우리의 지혜와 의지를 사용해서 가장 선한 삶을 살기 위해 최선을 다하게 된다. 동시에 하나님은 우리에게 우리의 삶이 종국에는 망가지지 않을 것이라는 확실한 약속을 주셨다. 우리의 실패와 고난마저도 하나님의 영광과

우리의 유익을 위해 사용될 것이다. 이보다 더한 위로는 없다!

시편 기자는 "나를 위하여 모든 것을 이루시는 하나님께 로다"라고 고백한다(시 57:2). 모든 것들이 하나님의 뜻대로 되어 갈 때 우리 안에는 즐거운 마음과 평온한 기쁨이 자라난다. 이 세상과 인간 마음속의 악으로부터 오는 비극과 불법조차도 하나님의 지혜로운 계획에 따라 사용된다는 것을 알기 때문이다.

하지만 우리는 로마서 8장 28절의 약속이 믿는 사람들을 위해 주어진 것임을 안다. "하나님을 사랑하는 자 곧 그의 뜻대로 부르심을 입은 자들에게는 모든 것이 합력하여 선을 이루느니라." 이것은 예수님을 구세주로 믿어서 하나님의 가족이 된 사람들에게 주어진 보장이다. 당신이 하나님의 가족이 아니라면 당신에게 일어나는 좋은 일마저도 당신에게 유익이 되지 않을지 모른다. 좋은 일이 당신의 마음을 완고하고 교만하게 해서 자신이 매여 있다는 것과 부족하다는 것을 보지 못하게 할 수도 있다. 하지만 하나님의 자녀들에게는 하나님의 절대주권이 사랑과 자비의 모습으로 늘 역사한다.

• 친밀한 찬양과 예배 : 택하심의 사랑은 궁극적인 사랑이다. 만일 하나님이 우리 안에서 다른 사람보다 더 나은 무언가를 발견하셨기 때문에 사랑하셨다면, 우리는 하나님의 사랑을 잃게 될까봐 항상 두려워할 것이다. 또한 우리는 하나님의 사랑이 완전한 기적이라는 것을 깨닫지 못할 것이다. 하나님

은 이렇게 말씀하시지 않는다. "네가 나를 더 잘 섬길 것 같아서 내가 너를 사랑한다." "네가 다른 사람보다 더 겸손하기 때문에 내가 너를 사랑한다." 오히려 이렇게 말씀하신다. "단지 내가 너를 사랑하기 때문에 내가 너를 사랑한다." 이것은 완전한 사랑이다. 이것을 깨닫는다면 찬양과 감사가 끊임없이 샘솟을 것이다.

부록 2

로마서 8-16장 전체 구조

로마서 8장

8:1-4 구원 - 죄에 대한 완전한 승리

1절 죄에 대한 정죄함이 없다.

2절 죄에 속박되지 않는다.

3절 그리스도께서 죄에 대한 정죄함이 없게 하신다.

4절 성령의 일하심으로 죄에 속박되지 않는다.

8:5-13 성령으로 죄에 대해 승리함

성령을 따라 생각하라

5절 생각을 사로잡는 것이 삶을 지배한다.

6절 무엇을 생각하느냐에 따라 죽음 또는 평화에 이른다.

우리의 생각은 죄를 극복할 수 없다

7절 우리의 생각은 원래 하나님께 적대적이다.

8절 하나님을 기쁘시게 하는 삶을 살지 못한다.

성령은 죄를 처리할 수 있다

9절 성령이 없는 사람은 그리스도인이 아니다.

10절 성령이 있는 사람은 영적인 삶을 살고 있다.

11절 새롭고 죽지 않는 몸이 될 것이다.

성령과 더불어 죄를 죽이라

12절 우리의 동기 : 우리는 빚진 자들이다!

13b절 성령이 우리의 능력이다.

13b절 자신의 죄 된 본성을 죽이는 것이 우리의 목적이다.

13c절 영적인 삶이 보상으로 주어진다.

8:14 하나님의 자녀가 되는 조건

14절 성령을 가진 사람만이 하나님의 자녀이다.

8:15-17 하나님의 자녀가 되는 혜택

15절 친밀함 : 우리는 아버지께 나아갈 수 있다.

16절 확신 : 우리는 아버지 안에서 안전함을 얻는다.

17절 유업 : 우리는 아버지의 풍요함을 누리지만 쉽고 편하게 얻는 것은 아니다.

8:18-25 하나님의 자녀로서 갖는 소망

18절 미래의 영광과 유업이 지금 받는 고난을 넉넉히 이기게 한다.

19-22절 우리가 죄로부터 자유로워질 때까지 자연은 무력하고 훼손된 상태이다.

23절 우리가 죄로부터 자유로워질 때까지 우리는 무력하고 훼손된 상태이다.

24-25절 우리는 이러한 소망으로 인해 고난 받을 때 참을 수 있다.

8:26-27 하나님의 자녀이기에 받는 도움

26-27절 우리가 하나님의 자녀답게 살기에는 너무 연약할 때 성령이 우리를 도우신다.

8:28-30 그리스도인의 확신

28절 역사에서의 하나님의 절대주권. 모든 상황을 통해 우리에게 가장 좋은 것을 주시기 원하시는 하나님의 뜻. 어떠한 대적도 우리를 상하게 할 수 없다.

29-30절 하나님의 구원의 확실성. 하나님은 우리를 단계별로 차근차근 구원하신다. 우리에게 있는 모든 약점이나 죄악이 사라질 것이다.

8:31-39 왜 이러한 확신이 있는가?

하나님의 타당성. 우리 안이나 밖에 있는 어떤 것도 하나님으로부터 우리를 단절시킬 수 없다. 다섯 가지의 질문들.

31절 하나님의 권능 : 하나님이 우리 편이시면, 누가 우리를 대적하겠는가?

32절 하나님의 관대하심 : 자기 아들을 아끼지 아니하시고 내어 주신 분이 어찌 모든 것을 거저 주시지 않겠는가?

33절 하나님의 용서 : 의롭다 하시는 분이 하나님이신데, 누가 감히 고발하겠
　　　는가?
34절 그리스도의 사역 : 죽으셨지만 다시 살아나신 그리스도 예수가 우리를 위
　　　해 대신 간구해 주시는데 누가 감히 정죄하겠는가?
35절 그리스도의 사랑 : 누가 우리를 그리스도의 사랑에서 끊을 수 있겠는가?
36-39절 각각의 질문에 대한 대답 : 어느 누구도 그리고 아무것도 할 수 없다!

로마서 9장

9:1-5 유대인들이 복음의 메시지를 가장 분명하게 이해했을 법한데, 왜 이들은 믿지 않았는가?

1-3절 동족인 이스라엘로 인한 바울의 고뇌
4-5절 이스라엘의 여덟 가지 엄청난 특권들

9:6-13 첫 번째 대답 : 하나님의 약속들이 실현되지 않았기 때문이 아니다.

6절 이스라엘 민족이라고 해서 모두 참된 이스라엘은 아니다.
7-9절 이삭과 이스마엘의 사례
10-13절 야곱과 에서의 사례

9:14-18 두 번째 대답 : 하나님이 자비를 불공평하게 베푸시기 때문이 아니다.

14-16절 하나님은 어떤 사람에게만 자비를 베푸시는데, 일관성 없이 그렇게 하
　　　　시는 것은 아니다. (모세의 예)
17-18절 하나님은 어떤 사람들을 심판하시는데, 일관성 없이 그렇게 하시는 것
　　　　은 아니다. (바로의 예)

9:19-29 세 번째 대답 : 우리에게 책임을 묻는다고 하나님께서 불공평하신 것은 아니다.

19절 왜 하나님은 우리를 책망하시는가?

20-21절 우리는 누구인가? 우리는 하나님의 소유이다.

22-23절 하나님은 모든 사람을 버릴 수 있었지만 그렇게 하지 않으셨다.

24-29절 구약 성경에 이 모든 것이 예언되었다.

9:30-33 이스라엘이 믿음으로만 구원받는 길을 거부했기 때문이다.

30절 의를 구하지 않았던 이방인들이 의를 얻었다!

31절 의를 구하였던 유대인들은 의를 얻지 못했다!

32a절 왜 그런가? 유대인들이 행위로 의롭게 되려고 했기 때문이다.

32b-33절 유대인들은 아연실색하였다. 이들의 자부심은 그리스도와 그분의 구원에 의해 상처를 입었다.

로마서 10장

10:1-4 이스라엘은 인간의 의가 아닌 하나님의 의에 의해 구원받는 것에 대해 무지하였다.

1-2절 유대인들은 하나님을 향한·열심히 있었지만 그것은 무분별하고 타당하지 않은 것이었다.

3절 유대인들은 의가 필요하다는 것은 인식했지만, 스스로 의롭게 되려고 했다.

4절 그리스도의 근본적이고 완전한 사역을 깨닫게 되면 더 이상 율법주의가 설 자리는 없다.

10:5-8 성경에 나오는 의에 이르는 두 가지 길

5절 모세는 모든 율법을 지켜야만 구원 받는다고 한다(레 18:5).

6-8절 하지만 모세는 단지 믿음을 통해 새로운 생명을 얻을 수 있다고 한다(신 30:14).

10:9-15 어떻게 하면 하나님의 방법대로 의롭게 되는가?

9a절 역사적 사건으로서 그리스도의 사역을 믿음으로 고백한다.

9b절 마음으로 그리스도의 사역을 믿는다.

10절 9절을 반복한다. 의롭다 함과 구원은 본질적으로 같다.

11-13절 누구에게나 이 길은 열려 있다.

14-15절 복음의 메시지는 사람들을 통해 전해진다.

10:16-21 왜 이스라엘은 의롭게 되는 하나님의 길을 거부했는가? 그들은 무지했다. 하지만 그 무지는 극복할 수 있는 것이었다.

16-17절 이사야가 예언하였듯이 모든 이스라엘이 믿지는 않았다.

18절 이스라엘은 복음의 메시지를 듣지 않았는가? 물론 들었다.

19-20절 이스라엘은 복음의 메시지를 이해하지 못했는가? 유대인들은 의롭게 될 필요성을 알았지만 이방인들은 그렇지 못했다.

21절 이스라엘이 거부한 이유는 완악한 마음 때문이었다.

로마서 11장

11:1 첫 번째 질문 : 하나님은 이스라엘을 버리셨는가? 아니다!

11:1b-10 모든 이스라엘이 믿지 않은 것은 아니다.

하나님은 이스라엘을 버리지 않으셨지만 대부분은 복음에 대해 완고한 마음을 가졌다

1b절 바울은 믿음을 가진 유대인이다.

2a절 하나님은 영원 전부터 각 사람에 대해 이미 아신다.

2b-3절 엘리야도 이스라엘에 믿는 사람이 한 사람도 없다고 잘못 생각하였다.

4절 하지만 믿는 사람들이 많이 있었다!

5절 마찬가지로 바울 당시에도 많은 유대인들이 믿었다.

6절 이들은 순전히 은혜로 택하심을 받았다.

7절 이스라엘 전체가 하나님의 의를 발견한 것은 아니지만, 택하심을 받은 이스라엘인들은 의를 발견했다.

8-10절 구약 성경은 하나님이 당신을 거부한 사람들의 마음을 완악하게 하신

다고 서술한다.

11:11a 두 번째 질문 : 유대인들은 회복 불능의 상태인가? 아니다!

11:11b-32 이스라엘의 불신앙이 끝은 아니다.

대다수 유대인들의 마음이 완악한 것은 일시적인 것이다. 미래에 이것
은 변하게 될 것이다

11-14절 축복의 세 단계
    -1단계(11절) : 이스라엘이 복음에 대해 갖는 문제들로 인해 이방인들이 구
    원에 이르게 되었다.
    -2단계(12절) : 결국 이스라엘의 믿음이 세상에 더 큰 복을 가져 온다.
    -3단계(13-14절) : 이방인들의 믿음을 통해 이스라엘도 믿게 된다.
15절 이스라엘의 불신앙으로 인한 유익들을 생각해 보면, 이들이 믿을 때 얼마
    나 더 큰 복을 받게 되겠는가?
16절 하나님이 이스라엘의 일부를 믿게 하신 것을 보면, 모두를 믿게 하실 것을
    기대하게 된다.
17절 이방인들은 참 감람나무에 접붙여진 돌 감람나무 가지이다. 이들은 이스
    라엘의 성경적 종교로부터 혜택을 받는다.
18-22절 따라서 이방인들은 교만해져서는 안 된다! 믿지 않은 유대인들이 잘
    려 나갔듯이 믿지 않으면 이들도 잘려 나갈 것이다.
22-24절 유대인들도 낙심할 필요가 없다! 믿는 사람은 누구든지 접붙여질 수
    있다.
25-27절 축복의 세 단계에 대한 반복
28-29절 지금은 대부분의 이스라엘이 복음을 거부하고 하나님의 심판 아래 있
    지만, 하나님은 이스라엘의 선조들과 하셨던 약속들을 기억하신다.
30-31절 축복의 세 단계에 대한 반복
32절 유대인과 이방인 모두 심판 받아 마땅하지만, 모두 긍휼을 받을 것이다.

11:33-36 송영!

33절 구원과 택하심 속에 있는 하나님의 지혜는 그 풍요함이 무한히 깊다.

34-35절 그것은 우리를 하나님의 지식과 은혜에 전적으로 의존하게 한다.

36절 하나님은 만물을 창조하시고, 지속케 하시고, 그리고 궁극적으로 소유하신다.

로마서 12장

12:1-2 하나님께 나아가는 법

1절 너희 자신을 드려라.

1a절 하나님의 존재와 자비하심을 기억하여라.

1b절 너의 모든 삶을 희생 제물로 드려라.

1c절 그것이 우리의 합당한 예배이기 때문이다.

2a절 이 세상에 순응하지 말라.

2b절 마음을 새롭게 함으로 새롭게 되어라.

2c절 그 결과로 하나님의 뜻을 분별하라.

12:3-4 우리 자신을 제대로 보는 법

3a절 겸손하고 정확하게 자신을 평가하여라.

3b절 믿음의 기준으로 복음 안에서 우리는 모두 같다.

4절 섬기는 능력에 있어서 우리는 각자 기능이 다르다.

12:5-8 교회 안의 지체들과 관계 맺는 법

5절 우리는 모두 하나이고 분리되어 있지 않다.

6a절 우리는 모두 독특하고 다른 사람들과 다르다.

6b절 어떤 이들은 예언한다.

7a절 어떤 이들은 사람들의 물질적인 필요를 돕는다.

7b절 어떤 이들은 가르친다.

8a절 어떤 이들은 권면한다.

8b절 어떤 이들은 관대하게 나누어준다.

8c절 어떤 이들은 지도한다.

8d절 어떤 이들은 가난하고 아픈 사람들을 위해 일한다.

12:9-16 그리스도인들을 향한 사랑

9a절 가식 없는 사랑

9b절 진실한 사랑

10a절 다정한 사랑

10b절 존중하는 사랑

11절 열심 있는 사랑

12절 인내하는 사랑

13절 실제로 베푸는 사랑

14절 신랄하지 않는 사랑

15절 공감하는 사랑

16a절 한 마음으로 하는 사랑

16b절 겸손한 사랑

12:17-21 원수를 향한 사랑

17a절 되갚지 않는다.

17b절 올바른 일을 행한다.

18절 화평한 관계를 추구한다.

19절 하나님만이 심판하시기 때문이다.

20절 잘못한 사람에게 선을 행하여라.

21절 요약

로마서 13장

13:1-7 국가에 대한 관계

1-4절 국가의 책임들
1-2절 국가의 권위는 하나님께로부터 온다.
3-4절 국가의 책무는 선을 권장하고 악을 억제하는 것이다.
5-7절 그리스도인 국민들의 책임들
5절 복종
6-7a절 조세의 납부
7b절 존중

13:8-14 세상과의 관계

8-10절 이웃을 사랑하라.
8절 이웃 사랑의 의무
9-10절 이웃 사랑을 위한 지침
11-14절 세상의 영을 좇지 말라.
11-12a절 이미 구원의 때가 왔다.
12b-14절 완성될 구원의 때에 속한 사람처럼 살아라.

로마서 14장

14:1-3 서로 받아 주는 것이 근본 원리이다.

1a절 서로 다른 사람들을 받아 주어라.
1b절 하나님이 명시적으로 금하지 않은 문제로 다른 사람을 정죄하지 말라.
2-3절 왜냐하면 하나님은 모든 사람을 받아 주셨기 때문이다.

14:4-13a 믿음이 약한 사람들에 대한 권고

4절 심판하지 말라. 당신은 심판관이 아니다.

5절 당신의 마음에 확신을 가져라.

6-8절 이러한 문제들에 대해 우리는 주님께 책임이 있다.

9-13절 예수님만이 우리 양심의 주님이 될 수 있으므로, 당신이 하는 일을 하지 않는다고 다른 사람들을 더 이상 심판하지 말라.

14:13-23 믿음이 강한 사람들에 대한 권고

13a절 당신이 해도 된다고 알고 있는 것을 하려고 하지 않는 사람들을 더 이상 심판하지 말라.

13b절 다른 사람을 걸려 넘어지게 하지 말라.

14절 당신이 옳다 하더라도 말이다.

15절 사랑하면서 살아라.

16절 당신의 자유 때문에 비방거리를 만들지 말라.

17-18절 왜냐하면 하나님의 나라는 이러한 문제들과 아무 관계가 없기 때문이다.

19절 따라서 당신의 우선순위는 다른 그리스도인들을 세워 주는 것이 되어야 한다.

20절 당신이 고기를 먹는 문제로 다른 그리스도인들 속에서 하나님이 일하시는 것을 방해하지 말라.

21절 다른 그리스도인들을 자신의 양심에 반해서 행동하게 만든다면 하는 것보다 하지 않는 편이 차라리 낫다.

22-23절 양심을 거스르지 말고 오히려 귀 기울이라.

로마서 15-16장

15:1-16:16 하나 됨과 선교

15:1-3절 종의 마음은 섬김의 기본이다.

4절 성경은 섬김을 위한 지침이다.

5-13절 한 몸이 되는 것은 섬김을 위한 통로이다.

14-23절 세상은 섬김의 장이다.

24-29절 가난한 사람들을 돕는 일에 특별한 관심을 쏟아야 한다.

30-32절 힘 있게 섬기기 위해 기도하라.

33절 하나님의 평화가 함께 있기를 기도한다.

16:1-16절 마지막 문안 인사

16:17-23 경고와 인사

17절 분열을 일삼는 사람들을 멀리하라.

18a절 이들은 그리스도가 아니라 자신들을 섬기고 싶어 한다.

18b절 이들은 목적을 이루기 위해 그리스도인들에게 아첨한다.

19절 따라서 순종하며 악을 멀리하라.

20절 왜냐하면 하나님이 사탄을 패배시켰고, 패배시킬 것이기 때문이다.

21-23절 바울의 동역자들의 안부

16:25-27 마지막 송영

25a절 복음은 당신의 백성들을 구원하시고 지키시는 하나님의 능력이다.

25b절 복음의 중심은 그리스도이시다.

26a절 복음은 예언자들에 의해 예언되었고, 그리스도 안에서 나타났고, 이제
       선포되었다.

26b절 모든 사람들이 하나님을 믿고 순종하게 하기 위해서이다.

27절 하나님을 찬양하라! 아멘.

부록 3

생각해 보기 위한 질문들

1장

1. 정죄 받았다고 느껴본 적이 있는가? 무엇 때문인가? 이제 앞으로는 결코 정죄함이 없다는 것을 어떻게 확신할 수 있는가?

2. 예수님은 거룩하게 하시려고 당신을 구원하셨다. 이것이 오늘을 사는 데 어떤 동기를 부여해 주는가?

3. 홀로 있을 때 무엇을 하는가? 오늘 공부한 내용을 통해 복음에 대한 당신의 생각이 새롭게 바뀌었는가?

4. 성령의 일을 잊어버리는 '죽음'을 경험한 적이 있는가? 다시 말해, 성령의 일 속에 있는 '생명과 평화'를 잊었거나 잊고 있는가?

5. 혹시 자신 안에 근절하려 하기보다는 오히려 "가볍게 여기고 있는" 죄가 있는가?

6. 오늘 자기 자신에게 어떤 은혜의 설교가 필요하다고 생각하는가?

2장

1. 그리스도를 믿음으로 그분께 속해 있는가? 만약 그렇지 않다면 그리스도를 나의 주님과 구세주로 영접하는 것을 방해하는 것은 무엇인가?

2. 우리가 하나님의 아들인 것을 깨달았을 때, 아들의 특권 중 어떤 것이 마음을 설레게 하는가?

3. 이러한 특권이 당신의 생각과 우선순위, 행동에 어떤 변화를 가져올 것 같은가?

4. 당신은 그리스도를 닮으며 어떤 모습으로 성장하고 있는가? 더욱 더 많이 그리스도를 닮기 위해 어떤 기도가 필요한가?

5. 지금 자신을 탄식하도록 만드는 것은 무엇인가?

6. 우리가 영광을 향해 가고 있다는 것을 어떻게 기억할 수 있을까? 이것이 인생에 대한 관점을 어떻게 변화시키는가?

3장

1. 하나님께 기도하기에는 자신이 너무 약하다고 느낀 적이 있는가? 성령께서 당신을 위해 중보하신다는 사실이 격려가 되는가?

2. 로마서 8장 28절이 말하는 진리 중에서 가장 깊이 다가오는 것은 무엇인가?

3. 상황이 아니라 그 상황에 대한 마음가짐을 바꾸어야 하는 일이 있는가?

4. 오늘 공부한 내용을 통해 그리스도를 본받아 거룩한 삶을 살고 싶은 마음이 생겼는가?

5. 30절에 나오는 연결고리의 앞뒤를 살펴볼 때 가슴이 설레는가?

6. 하나님의 백성을 하나님으로부터 끊을 것이 아무것도 없다는 진리가 어떤 위로를 주는가?

Part 2

1장

1. 하나님의 약속들이 실패했는지 아닌지의 여부가 왜 중요한가?

2. 바울의 글 속에 담긴 그의 감정들에 어떤 감동이나 도전을 받는가?

3. 우리의 구원이 전적으로 하나님이 택하신 결과라는 사실 때문에 더 감사하게 되는가?

4. 하나님이 불공평하다고 말하는 사람들에게 로마서 9장을 토대로 무엇이라고 말할 것인가?

5. 20-21절을 묵상해 보라. 이러한 묵상을 통해 겸손한 마음으로 하나님께 찬양 드리게 되는가?

6. 택하심의 교리와 관련해서 당신이 더 연구하거나 씨름해야 할 의문들이 있는가?

2장

1. 스스로 의를 구하지 않았는데도, 하나님이 역사하시는 것을 경험한 적이 있는가?

2. 당신은 지식에 열심을 더해야 하는 사람인가, 아니면 열심에 지식을 더해야 할 사람인가?

3. 그리스도를 믿는 것은 구원을 얻기 위해 율법을 일체 의지하지 않는 것을 의미한다. 이 사실을 알고 나서 어떤 변화가 생겼는가?

4. 하나님의 구원 사역에서 당신이 맡게 된 역할이 자랑스러운가? 이것이 복음을 전하는 일에 동기가 되는가?

5. 오늘 어떻게 좋은 소식을 나누는 "아름다운 발걸음"이 될 수 있을까?

6. 복음의 메시지를 거부한 '좋은 사람'들을 위해 변명해 본 적이 있는가? 자신의 민족인 유대인에 대한 바울의 질책을 들으며 어떤 도전을 받는가?

3장

1. 당신이 생각하기에 하나님의 손길을 벗어난, 하나님도 포기한 사람이 있는가? 이러한 생각을 어떻게 극복할 수 있겠는가?

2. 하나님의 은혜는 받아들이지 못하면서 하나님의 거룩하심은 굉장히 중요하게 생각하는 사람들을 만나본 적이 있는가?

3. 누군가 당신의 꾸밈없는 삶을 보면서 복음으로 누리는 유익들을 시기할 것 같은가?

4. 하나님의 인자하심과 준엄하심 가운데 한 가지만 기억하거나 혹은 둘 다 기억하지 않는다면, 우리의 신앙생활에는 어떤 문제가 생길까?

5. 오늘 공부한 말씀을 통해 유대인들을 보는 관점이 바뀌었는가?

6. 로마서 9-11장의 진리들에 대해 깊이 생각해 보라. 그러고 나서 하나님의 성품과 하신 일들을 찬양하라.

Part 3

1장

1. 어떤 방법으로 하나님의 자비들을 계속해서 붙잡을 수 있을까?

2. 두려움 때문에 하나님께 순종해 본 적이 있는가? 만약 그때 하나님을 기쁘게 하기 위해 감사한 마음으로 순종했다면 무엇이 달라졌겠는가?

3. 반복해서 하나님께 불순종하는 방식을 분별해 보라. 이번 장에서 공부한 영적 침체를 극복하는 세 가지 방법을 자기 자신에게 어떻게 적용할 수 있겠는가?

4. 오늘 공부한 내용을 통해 자신에 대한 생각이 변했는가?

5. 자신에 대한 새로운 시각이 교회에 대한 시각도 새롭게 했는가?

6. 자신의 은사를 교회를 위해 새롭게 사용할 방법은 없을까?

2장

1. 다른 사람을 위한 당신의 사랑은 참된 사랑의 어떤 면을 보여 주는가?

2. 참된 사랑의 어떤 면을 보면서 가장 큰 도전을 받는가?

3. 무엇인가를 필요로 하는 그리스도인 친구 한 사람을 떠올려 보라. 그 사람을 위해 당신이 오늘 할 수 있는 일에는 어떤 것이 있는가?

4. 이전에 당신에게 악을 행한 사람이 있는가? 어떤 식으로 그 사람에게 복수하고 싶은 유혹을 받았는가?

5. 그때 선으로 악을 이겼다면 어떤 결과를 가져왔을까?

6. 당신에게 있는 어떤 분쟁이나 당신이 받은 부당한 대우를 해결하기 위해 성숙한 그리스도인과의 카운슬링이 필요한가?

3장

1. 권위에 대해 가지고 있는 나의 태도는 바울이 여기서 명령하는 것과 얼마나 일치하는가?

2. 당신은 하나님이 세우신 권위를 과대평가하거나 과소평가하는 경향이 있는가?

3. 하나님께 순종하기 위해 권위에 용감하게 불복종해야 하는 것이 있는가?

4. 당신은 냉철하게 조건부로 통치자들을 존중하는가?

5. 어떻게 하면 우리와 우리의 교회가 도시나 지역을 도울 수 있겠는가? (우리와 우리 교회가 오늘밤 사라진다면 주변의 공동체가 알아차리겠는가?)

6. 만일 그리스도께서 당신 바로 앞에 서 계신다거나, 혹은 당신이 그리스도로 옷 입는다고 상상한다면 오늘 어떤 삶의 변화가 생기겠는가?

4장

1. 모든 문제가 논란의 대상이 될 수 있다고 보는 편인가? 아니면 그렇지 않은 편인가?

2. 당신이 믿음이 약한 사람의 범주에 속할지도 모르는 어떤 영역이 있는가?

3. 만일 있다면 오늘 공부한 내용을 통해 어떤 도전을 받았는가? 이제 어떤 변화를 기대할 수 있겠는가?

4. 당신의 교회 안에 믿음이 강한 사람들과 믿음이 약한 사람들 사이에 논란이 되는 문제들이나 의견 차이가 있는가?

5. 만일 자신이 믿음이 강한 축에 속한다면 당신의 우선순위는 무엇인가? 자신의 자유를 누리는 것인가, 아니면 다른 그리스도인들을 섬기는 것인가?

6. 어떻게 자신이 속한 교회에서 보다 적극적으로 화평을 추구할 수 있겠는가?

Part 4

1장

1. 다른 사람들에게 기쁨을 주기 위해 어떤 분야에서 섬기고 있는가? 그리스

도가 보여 주신 섬김의 모범을 보며 어떤 면에서 동기 부여가 되는가?

2. 15장 4절에 나오는 성경에 관한 세 가지 진리가 성경을 읽고 알아가는 일에 새로운 눈을 뜨게 해주는가?

3. 교회 구성원들의 하나 됨을 위해 기도하며 애쓰고 있는가?

4. 복음을 전하는 데 있어서 복음 전도자인 바울의 모범이 어떤 격려와 도전을 주는가?

5. 복음 안에서 물질을 나누는 데 있어서 바울의 모범이 어떤 격려와 도전을 주는가?

6. 우리가 기도함으로 어떤 사람들의 싸움에 동참하고 있는가?

2장

1. 1-15절에 묘사된 평범한 교인들 중에서 특별히 인상적인 사람이 있는가?

2. 25-27절을 묵상하는 시간을 갖고서 하나님을 찬양하라.

3. 이번 책을 통해 어떤 면에서 하나님을 더욱 사랑하고, 하나님의 자녀 됨을 더욱 누리고, 또한 새롭게 되어 산 제물로 자신을 드리게 되었는가?

부록 4

용어해설

거룩한 : 전적으로 깨끗한, 구별된.

결정론 : 우리의 선택을 비롯한 모든 사건들이 우리의 의지와는 무관하게 일어난다는 이론. 모든 것은 이미 결정되어 있다.

관용구 : 개별 단어들이 지닌 원래 의미와는 다른 의미를 가진 표현.

교의 : 하나님에 관한 내용 중 진리로서 공인된 가르침.

구속된 : 값을 치러서 자유롭게 되고, 놓여나고, 돌아온.

남은 자 : 남은 부분. 성경에서는 바빌론에 포로로 잡혀 갔다가 돌아온 소수의 유대인들을 일컫는다.

덧없는 : 지속하지 못하고 단기간만 있는.

묵상하다 : 하나님의 말씀에 집중하고 깊이 생각하는 것.

복음 : '좋은 소식'으로 번역되기도 하는 선포. 로마 황제가 제국 전역에 승리나 성취를 선포할 때 포고문을 발표했는데 이것을 '복음'이라고 하였다. 복음은 믿어야 할 복 된 소식이지 따라야 할 좋은 충고가 아니다.

산헤드린 : 예수님과 바울의 시대에 있었던 이스라엘의 최고 법정.

섭리 : 세상과 우주 만물을 다스리는 하나님의 뜻.

성육신 : 하나님의 아들이 예수 그리스도라는 인간으로 오신 것.

성화 : 어떤 사람이 순전하게 예수님을 닮아 가는 과정.

속박 : 노예 상태.

신성 : 신적인 신분.

신학 : 하나님에 관한 진리를 연구하는 학문.

아람어 : 예수님 당시 이스라엘에서 통용되던 일상어.

양심의 가책 : 특정한 일련의 행위에 대해 의구심을 품거나 주저하는 감정.

억제 : 기를 꺾는 효과.

윤리 : 일련의 도덕 원칙들.

율법주의 : 경건한 삶이란 일련의 규범을 준수하는 것이라고 생각하면서 행동하는 것.

은혜 : 분에 넘치는 호의. 성경에서는 하나님이 당신의 백성들을 어떻게 대하시는지 묘사하기 위해 사용된다. 은혜가 충만하신 하나님은 믿는 사람들에게 영생을 주시고(엡 2:4-8), 지체들을 섬길 수 있도록 은사들을 주신다(엡 4:7, 11-13절).

의롭다 함 : 어떤 사람에게 죄와 책망 받을 것이 없고 완전히 결백하다고 선언하는 것.

이율배반 : 두 가지 신념이나 결론 모두 이치에 맞고 참이지만 둘 사이에 존재하는 명백한 모순.

자기중심성 : 세상에서 자기 자신이 가장 중요하므로 다른 사람들의 감정에는 아랑곳하지 않고 자신만 먼저 생각하는 것.

자유지상주의 : 국민들의 삶에 대한 국가의 간섭을 최소화하려는 정치 이론. 국가의 간섭 없이 거의 모든 영역에서 국민들이 스스로 자신의 삶을 영위하는 것을 지향한다.

자유의지 : 외부적인 요인과는 상관없이 자유롭게 선택하고 행할 수 있는 능력.

전체주의 : 국민들에게 삶의 모든 영역에서 국가에 완전히 굴복하기를 요구하는 국가 체제.

정죄 : 유죄를 선고하는 것. 로마서에서는 죄인들에 대한 하나님의 공의로운 심판을 말한다.

추론 : 증명할 수는 없지만 이성에 근거하여 원인이나 사실로부터 얻어낸 결론.

타락 : 본성의 부패와 죄 됨.

행정관 : 법을 집행할 책임이 있는 사람.

주

347

2장

1. *Dynamics of Spiritual Life*, p.211.
2. *Romans Chapter 9*, p.285.
3. *The Message of Romans*, p.283.

3장

1. *The Message of Romans*, p.297.
2. The Expositor, quoted in John Stott, *The Message of Romans*, p.300.
3. *The Message of Romans*, p.304-305.

Part 3

1장

1. *The Message of Romans*, p.322.

2장

1. *Hope Has Its Reasons*, p.93-94.

3장

1. *The Message of Romans*, p.339
2. *The Epistle to the Romans*, p.465.

4장

1. *The Epistle to the Romans*, p.477.
2. *The Message to the Romans*, p.361.

Part 4

1장

1. *The Epistle to the Romans*, p.878.
2. *The Message of Romans*, p.380-381.

3. *The Message of Romans*, p.382.

4. *Commentary on Romans*, chapter 38.

부록

1. *Romans Chapter 9*, p.204-205.

2. *The Christian View of Man*, p.100

3. Lloyd-Jones, *Romans Chapter 9*, p.199-203.

4. Stott, *The Message of Romans*, p.270.

5. *Romans Chapter 9*, p.207-208.

6. *Truths That Transform*, p.39-40.

참고문헌

- Arthur Bennett ed, *The Valley of Vison: A Collection of Puritan Prayer & Devotions* (Banner of Truth, 1975) 아서 베넷 《영혼을 일깨우는 기도》(생명의 말씀 사 역간)

- F.F. Bruce, *Romans in the Tyndale New Testament Commentaries Series* (IVP Academic, 2008) F.F. 브루스《로마서-틴델 신약 주석 시리즈 6》(기독교문서선교회 역간)

- John Calvin, *Commentaries on the Epistle of Paul to the Romans*, translated by John Owen (Calvin Tranlsation Society, 1849) 장 칼뱅, 《칼빈 주석-로마서》(규장 역간)

- Sinclair Ferguson, *Children of the Living God* (Banner of Truth, 1989)

- Timothy Keller, *Romans 1-7 For You* (The Good Book Company, 2014) 팀 켈러, 《당신을 위한 로마서 1》(두란노 역간)

- D. James Kennedy, *Truths that Transform* (Revell, 1974; now available as expanded edition, Revell, 1996)

- C.S. Lewis, *Mere Christianity* (MacMillan, 1969) C. S. 루이스, 《순전한 기독교》 (홍성사 역간)

- D. Martyn Lloyd-Jones, *Romans Series* (Zondervan, 1989) 마틴 로이드 존스, 《로마서강해》(기독교문서선교회 역간)

- Richard Lovelace, *Dynamics of Spiritual Life* (IVP, 1979)

- J. Gresham Machen, *The Christian View of Man* (Banner of Truth, 1984)

- Douglas J. Moo, *The Epsitle to the Romans in The New International Commentary Series* (Eerdmans, 1996)

- Leon Morris, The *Epistle to the Romans in the Pillar New Testament Commentary Series* (IVP, 1988)

- John Owen, *"On the Mortification of Sin in Believers"* in Temptation and Sin (Zondervan, 1958) 존 오웬, 《죄죽임》(부흥과개혁사 역간)

- Richard Manley Pippert, *Hope has its Reasons* (IVP, 2001)

- John Stott, *Men Made New* (IVP, 1966) 존 스토트, 《새사람》(아바서원 역간)

- John Stott, *The Message of Romans in the Bible Speaks Today series* (IVP Academic, 2001) 존 스토트, 《로마서 강해》(IVP 역간)